Juan Antonio Pérez Mateos

LA ESPAÑA
DEL MIEDO

PLAZA & JANES, S. A.
Editores

Primera edición: Febrero, 1978

© 1978, Juan Antonio Pérez Mateos
Editado por PLAZA & JANES, S. A., Editores
Virgen de Guadalupe, 21-33. Esplugas de Llobregat (Barcelona)

Printed in Spain — Impreso en España
ISBN: 84-01-33124-2 — Depósito Legal: B. 3.997 - 1978

GRAFICAS GUADA, S. A. - Virgen de Guadalupe, 33 - Esplugas de Llobregat (Barcelona)

ÍNDICE

Nota del autor 11

ONCE AÑOS, OCULTO EN TRES CUEVAS, EN EL NORTE. 17
Un fusil y un machete, 25. — El «corzo» oculto, 27. — Un hombre de cuartenario... con el fondo de la guerra, 28. — El guerrillero, 29. — El plan, 31.

CERCA DEL FERROL: TRES HOMBRES OCULTOS SUMAN, ENTRE LOS TRES, MÁS DE TREINTA AÑOS . . . 35
Descalzo por el monte, 38. — Debajo de la «Lareira», 39. — Debajo de un pesebre, 40. — En la bodega, 41.

VEINTE AÑOS DE NO-VIDA EN EL «CASASVIEJAS ALCARREÑO 43
Veinte kilómetros sobre la nieve, 49. — Pena de muerte, 51. — Encerradas en el Ayuntamiento, 51. — A la cárcel de Pastrana, 53. — Declaraciones, 55. — Una tarjeta desde los campos de concentración, 57. — «Que me dejen libre», 58. — La gran fuga, 60. — «¡Calla, hijo, calla, que soy tu padre!», 61. — Padre, madre e hijo abrazados y ocultos, 63. — Registro, 65. — Gozarse con la captura, 68. — «¡Micaela, que subas al Ayuntamiento!», 71. — La vida... un martirio, 73.

DIECINUEVE AÑOS ENTRE CUATRO PAREDES . . 77
«Aún ardían las casas», 79. — Un saladero de hombres, 80. — «Nadie sospechó nada», 81. — «Esto se ha terminado», 82. — Otros escondidos en la alcaldía, 83.

LOS TREINTA AÑOS OCULTOS DE DOS HERMANOS EN EL PUEBLO DE SALVADOR RUEDA 85
Una cárcel insólita, 90. — La culpa de unas tierras..., 91. — La devolución, 91. — Un pueblo muere... de hambre, 92. — La comedia del parto, 93. — Inventar un padre, 94. — El primo de negro, 95. — La criba de la vida, 96. — La pistola que mató a un niño, 96. — «Viene hacia aquí», 97. — Una mujer entre escopetas, 98. — El encuentro de la hija, 99. — Hacia otro escondite, 100. — Vestir de mujer, 100. — Hacia la libertad, 101. — La mujer de Manuel Hidalgo: «Pasamos muchas calamidades», 101.

MIENTRAS JUAN HIDALGO COMBATÍA CERCA DE UTANDE (GUADALAJARA) 105
La gente respondió, 107. — «Detente viajero...», 108. — La situación empezó a empeorar, 109. — «Un camión...», 110. — Mañana venimos, 110. — En Utande, 112. — «Me voy al campo», 113. — Morir de sed, 113. — Pasé el río a nado, 115. — La luz se fue aquella noche, 116. — Estampidos lejanos, 117. — La Iglesia oculta, 118.

«¡TREINTA AÑOS ESCONDIDO POR UN IDEAL!» . . . 121
«¿Por qué has vuelto?», 124. — Cuestión económica, 125. — El novio, una pesadilla, 126.

TREINTA Y TRES AÑOS ESCONDIDO EN UNA COCHINERA 129
La muerte de «Otete», 133. — Saltar las tapias del cementerio, 134. — Salir y entrar de Moguer, 135. — El asesinato de un guarda, 136. — El hueco, 137. — La espera, 137. — Olía a diablos, 138. — Noches de soledad, 139. — La tarea, 140. — Seguir la vida de oído, 141. — «El quemachozas» andaba por los montes, 141.

TREINTA AÑOS ESCONDIDO TRAS UNOS APELLIDOS FALSOS 143
El padre Vázquez Camarasa, en el Alcázar, 146. — Madrid, Albacete, Pozoblanco, 140. — Un campo de concentración, 150. — Recorrer distrito a distrito, 152. — El miedo, 153. La rutina de Rodríguez Aragón, 155. — Vivir oculto en la serranía, 156. — El Guerrillero de la noche, 160.

TREINTA Y TRES AÑOS REPARTIDOS ENTRE UN ARCÓN Y UN DIVÁN 161
El precio de un hombre, 163 — La vida en un arcón, 165. — Y la familia al fondo, 166. — Cambio de refugio, 167.

CATORCE AÑOS ELUDIENDO LA MUERTE 171
Los obreros, bajo nuestras directrices, 173. — «Aquí estamos como borregos», 174. — «Lo destriparon allí en el tejado», 175. — ...La vida del zorro, 176. — Cinco meses en casa de una señora, 177. — Los registros, 178. — Carabinero, 178. — «Estaba a disgusto en Tamariz», 179. — Me sabía los partes de memoria, 180. — Otra vez Portugal, 181. — Jornadas de ochenta kilómetros, 182. — La marcha

a Cuenca de Campos, 183. — Nadie sospechó el traslado, 183. — La salida, 184.

VEINTIOCHO AÑOS ENTRE UN MAIZAL, UN POZO, UNA FINCA, EN CASA 187
El espíritu socialista, 189. — La casa del pueblo, 190. — «El movimiento no me sorprendió», 191. — «¡Viva la República!», 192. — Esconderse, 193. — Cambio, 194. — En un maizal, 195. — Ahora un pozo, 196. — Julia antes de la cárcel, 197. — Los guardias de Rueda, 198. — A la cárcel, 199. — Seguir en el pozo, 200. — Debajo de unas baldosas, 201. — Al descubierto; pero..., 202. — A mi casa, 203. — Sustos, 204. — La niña, 205. — «Me faltó valor», 207. — Un pretendiente, 207. — La detención, 208. — Al gobierno civil, 209.

«LA VIDA ALLÍ, EN EL HUECO DE UNA BÓVEDA, ERA MUY DURA 211
La historia trágica de Badajoz, 213. — Los años de la bóveda, 215. — La fiscalía que no llegó, 216. — «Estaba muerto para todos», 216. — La tumba junto al pozo, 217. — No tenía noción de la vida, 218. — Los duros momentos de una vida, 219. — Una vida... por el ojo de una cerradura, 220.

PATRICIO GRAJO SIERRA DOCE AÑOS OCULTO EN ORELLANA LA VIEJA (BADAJOZ) 223
No aguantaba la cárcel, 226. — El Guadiana, a nado, 226. — Registros, 227. — Velar al padre, 230. — El secreto de una caja de cerillas, 231.

EL TIEMPO DE GUERRA Y ALGO MÁS LO PASÉ OCULTO. 235
La capea, 238. — Cuestión de obras, 239. — En el monte, 239. — La mujer a la cárcel, 240. — En una cochinera, 241. — La detención, 242.

VARIOS AÑOS OCULTO Y HUIDO 245
De Toledo a Aldeanueva, 247. — Metido en el colchón, 248. — En Portugal, 249.

EN UNA SACRISTÍA 253
Cesáreo Blanco, en un baúl, 259. — El hombre-nido, 259.

DIECIOCHO MESES, OCULTO DURANTE LA GUERRA . . 261
«No contéis para nada...», 263. — Afiliado, 264. — Proble-

ma con el administrador, 266. — El movimiento, 267. — Esconderse, 270. — La visita de un amigo, 272. — Padre e hijo, cerca de la muerte, 273.

ANTOLÍN HERNÁNDEZ OCULTO DIECISIETE AÑOS EN BÉJAR 277
Y estalló la guerra, 280. — «No quería hacer daño», 281 — «Escondido entre las flores», 282. — «Los doce apóstoles», 283. — «Le daban ideas...», 284. — A la cárcel, 285.

TRASLADADO EN UNA CÓMODA DE UN EXTREMO A OTRO DE BÉJAR 287
Los falangistas, 290. — Perseguidos, 291. — En una cueva, 291. — La muerte del compañero, 292. — Tras unas zarzas, 293. — En Portugal, 294. — Vuelta a Sanchotello, 295. — Desesperado, 295. — Traslado en una cómoda, 296. — Registros, 297. — Gente sin ley, 299. — Salida, 299.

«EN VEINTE AÑOS SE ACABA PERDIENDO EL CONTACTO CON LA VIDA» 303
Setecientos manifestantes, 305. — Los niños con armas, 306. — Estado de guerra, 306. — La crisis de los uniformes, 306. — En la cárcel, 307. — La guerra, 308. — Oculto, 309. — «Veinte años son muchos», 310. — Béjar, un nido de «escondidos», 311. — Tres años oculto Manuel Sánchez, amigo de Maurín, 311.

OCHO AÑOS OCULTO EN DISTINTOS PARAJES DEL CAMPO Y PUEBLO DE FUENTES DE OÑORO (SALAMANCA) 313
Refugiado en Portugal, 315. — Testimonio del hijo mayor, 317. — En las fachas de paja, 318. — Una infancia sin padre, 318.

OTROS «ESCONDIDOS» 320

ÉSTOS FUERON LOS INDULTOS DEL RÉGIMEN DE FRANCO 320

A Estrella, a todos los «escondidos».

BIOGRAFÍA

Juan Antonio Pérez Mateos nació en un pueblecito de la Alta Extremadura. Bachiller en Cáceres, estudiante de Medicina en Salamanca, maestro nacional y graduado en la Escuela de Periodismo de Madrid, ha colaborado en los principales medios de comunicación social. En el campo periodístico ha cultivado —y cultiva— los distintos géneros. Viajero incansable de la España real, prendido por el tirón del paisaje y los pueblos publicó en 1972 el libro Las Hurdes, clamor de piedras, *cuyas páginas un destacado crítico calificó «entre las mejores de las que, atendiendo simultáneamente aspectos diversos, todos de relieve, se han escrito desde hace, cuando menos, varios decenios».*

Hombre preocupado por todo lo humano y la pequeña historia, dedica atención preferente a los temas de la España actual.

En noviembre de 1975 salió su segundo libro Entre el azar y la muerte, *del cual un solvente crítico dijo: «Este libro es un documento de máximo valor y, además, está escrito con la garra literaria que cada lance requería. Ha de constituir una sorpresa para todos y un éxito, pienso yo, ruidoso.»*

En diciembre de 1976 publicó Los confinados (relato vivo de los desterrados), libro que abría por vez primera la investigación sobre unos hechos, los desterrados en España, por los últimos regímenes contemporáneos, que alcanzó un resonante éxito, tanto de público como de crítica.

NOTA DEL AUTOR

En una España sometida a la represión y al miedo en plena contienda civil, o fresco el final de la misma, hubo unos hombres que, lejos de encontrar la libertad por los obstáculos de la geografía, por la situación toponímica, no tuvieron otro remedio que ocultarse —sin conocer la suerte que correrían— hasta que un día se concediera una medida de gracia que atenuase en la cárcel del tiempo sus —en la mayoría de los casos— inexistentes culpas. Porque estos hombres, temerosos de cualquier tipo de represalias, muy usuales durante esa época, preferían la sepultura del ocultamiento a la auténtica.

Son éstos unos españoles que muy pocos españoles conocen y que, la propia densidad de cualquiera de sus vidas, ocuparía un libro.

El autor ofrece en una primera parte —dado el gran porcentaje de escondidos existentes y que posee— algunos con un jirón a veces breve de sus vidas dado el difícil acceso y la parquedad y desconfianza que, en muchas ocasiones, sufrió el autor para abordarlos. Siempre esta tarea resultó muy ardua por las circunstancias comprensibles que rodeaban a estos hombres con los que la vida había sido excesivamente dura. Simplemente, la tarea de entrevistarlos, la manera de llegar hasta ellos, siempre rodeada de un aspecto detectivesco y policial, tendría un libro..., pero los protagonistas son los hombres ocultos, unos seres, en suma, que vivieron la guerra y la posguerra en el más riguroso encierro, en los lugares más inhóspitos, en los rincones más insospechados. Siempre tratando de huir de la muerte o, al menos, de esquivarla. Y para ello recurrían a la agudeza de ingenio, que encontraba el sitio más inverosímil hasta en lugares tan rudimentarios como el de una sencilla, casi elemental casa, una cueva en el monte o una encina en el campo, lugares tan corrientes que evitaban cualquier tipo de sospechas. Y todo ello creado con una hipersensibilidad del instinto de defensa que, en muchas ocasiones la imaginación de los escondidos supera a cualquier relato fantástico.

La diáspora republicana se había llevado españoles a varios continentes; era aquella muchedumbre que levantaba su carpa de exilio en los sitios más cercanos y alejados de los Pirineos, pero siempre fuera de la patria. Cuando esa diáspora tomaba el rumbo de la aventura, un grupo de españoles sin acceso a otras fronteras democráticas, sepultados en un paisaje infranqueable, se amparaban en la libertad del miedo. Eran los escondidos, los hombres ocultos, unos seres que hicieron de la vida una especie de madriguera donde a ese recaudo, al pobre amparo de un inmundo refugio, cuidaban el poco aliento de vida que les quedaba entre un inmovilismo desesperante y una comedia —representada por la mujer, la madre, la hermana en la mayoría de los casos— que podía convertirse en tragicómica.

Para estos hombres no había ni la aduana de unos rayos de sol, ni el consuelo de unas gotas de lluvia. Su único horizonte, su exilio voluntario y obligado por el miedo lo configuraban una especie de túneles horadados en el tiempo y en la tierra. Con ellos nacía la «España del miedo». Ellos bautizaban una España «underground» donde el silencio ahogaba toda voz; era la España de los escondidos, los hombres que cavaron en vida su propia fosa, por miedo, simplemente.

Hombres humildes, incapaces de encontrar un camino para salvar su vida, optaron en un ingenio imaginativo arroparse en una «no-vida». Cuando salieron a la luz eran seres rotos, con la voz apagada, doblada la columna y unos pies temblorosos, que habían olvidado sus funciones...; hombres que, en suma, parecían salir de las tinieblas.

Resulta curioso conocer el papel tan importante que la influencia geográfica desempeñó en el ocultamiento de estos hombres. Mientras resultaba innecesario esconderse cerca de la frontera francesa por la cercanía y la facilidad con que se pasaba al país vecino, sin embargo, una amplia faja del suelo español distante de Portugal unos ciento cincuenta kilómetros —que comprende zonas extremeñas y castellanas —registra un elevado porcentaje de hombres ocultos que, ante la situación del régimen imperante, dictatorial, en el pueblo lusitano, hubieron de abandonar su deseo y esconderse. No les quedaba otro remedio si querían sobrevivir... En este sentido, hay varios personajes en esta obra que nos demuestran la necesidad que tuvieron de volverse, ante la persecución del régimen Salazarista.

Portugal, visto desde su oscura perspectiva, resultaba un paraíso, pero no era así...; para otros, el mar estaba lejos, y las posibilidades de salir del país, si las había, eran a base de correr un riesgo de muerte.

Hay que resaltar la importancia que la mujer jugó como protectora de la vida de estos hombres. Si no era la esposa, era la madre o la hermana. Ellas son las grandes protagonistas de estas vidas calladas, de estas voces silenciosas, de estos pies sin camino. Ellas representaban el teatro y la tragedia de la vida mientras los escondidos eran marionetas de un extraño y miedoso guiñol, seres, en definitiva, que vegetaban en las candilejas de un teatro duro y realista, el de la España de la dictadura.

TESTIMONIO DE AGRADECIMIENTO

Quiero agradecer a todos los «escondidos» y a sus respectivos familiares las facilidades que me dieron para acceder a ellos. Y a los que me sirvieron de lazarillo hasta encontrarles.

También mi agradecimiento a: Pilar Gómez Acebo, José Luis Guerra, José Ramón Codina, Felipe y «Chiqui» Carriero, José Luis Merino, Conchita Fernández, Don Luis, el médico de Aldanueva del Camino, Rafael Gómez, L.-G. y Antonio Yáñez.

ONCE AÑOS, OCULTO EN TRES CUEVAS, EN EL NORTE

- «GORETE»: «LLEGUÉ A SER UN PERSONAJE EXTRAÑO EN EL MONTE»
- «LOS ANIMALES TENÍAN RARAS ACCIONES ANTE MI PERSONA»

Gregorio García Díaz, «Gorete», es todo un personaje de la alta montaña leonesa. «Gorete» permaneció oculto en tres cuevas durante once años, tres meses y cinco días, muy cerca de su pueblo natal Puebla de Lillo. La vida de «Gorete» es tan intensa, tan bucólica, tan pastoril que llegó a ser un hombre extraño en el monte para los propios animales; cada uno le respondía de distinta forma. Su olor a monte motivaba extrañas reacciones a los animales.

«Gorete» pasó muchas vicisitudes durante su larga estancia; hombre inquieto, luchador, baquiano de los secretos del monte, andaba por él como uno de nosotros pueda hacerlo por su propia casa. «Gorete» caminaba con tres metros de nieve, y se hacía, en muchas ocasiones, cuarenta kilómetros de andadura, siempre de noche.

El monte y él formaron como una especie de noviazgo. «Gorete» llegó a familiarizarse con la propia Naturaleza; hubo entre ella y él como una especie de pacto. En una ocasión, con motivo de una marcha a Asturias, estuvo perdido durante cuatro días. Fue un viaje alucinante. Alucinante es su vida en estas tres cuevas, una de ellas situada a 1.800 metros de altitud. Su vida llega a alcanzar cotas de hombre primitivo, de hombre del cuaternario con el fondo de una guerra.

«Gorete» llevó un diario en el monte; cada día que pasaba, lo anotaba con agujero en el cinturón. Sus cuevas eran refugios muy bien acondicionados. En una de ellas hacía su matanza, cocinaba y hacía fuego de tal suerte *que lograba evitar el humo. Es una de las vidas más sugestivas que uno pueda imaginarse. Todo ello con el fondo de la guerra y el miedo de la postguerra.*

«Gorete» vive en la actualidad, está casado con una mujer, Lices, que le ayudó como tanta gente de la causa en ciertos escarceos a su pueblo natal. Lices es una mujer extraordinaria, guapa e inteligente, madre de cuatro hijos: «Goretín», Pepín, Rolando y Eleonora. Es una familia unida, con un sentido grande del humor. «Gorete» le lleva a Lices 27 años... «Gorete» tiene una vida tan apasionante que el autor de estas líneas prepara un largo libro sobre él.

Aquí adelanto unas muy breves y deshilvanadas páginas de su vida. No quiero que el personaje se desgaste, aunque «Gorete» tiene tantas y tantas escenas que le acercan a un Robinson Crusoe de nuestro país durante y después de la Guerra.

Ofrecer toda la dimensión de su apasionante aventura daría, como mínimo, un extenso volumen. Perdone el lector que le ofrezca tan poco, una sinopsis a veces deshilvanada, porque lo alucinante de esta vida se halla en las correrías por el monte.

Yo tenía una gran simpatía por la gente de izquierdas. De muchacho había frecuentado en Madrid, la Casa del Pueblo, había oído hablar a Besteiro y a otros destacados socialistas. Presencié los primeros de mayo, y los jaleos que se producían durante las manifestaciones en la calle Alcalá.

Por la muerte de un hermano, hube de abandonar Madrid y regresar a Lillo, donde me dediqué a la ganadería. Con la implantación de partidos, unos treinta individuos constituímos en el pueblo el partido Radical Socialista del que yo era presidente; también era presidente de la junta vecinal del pueblo y de la sociedad ganadera. En fin, que con mi participación política me signifiqué mucho. Frecuentaba León y había asistido en Madrid a un congreso del partido.

En 1935 cogí una bicicleta y, en dos etapas, cubrí los cuatrocientos kilómetros que separan Madrid de Lillo, para asistir, en el campo de Comillas, a un mitin de Manuel Azaña. Ni que decir tiene que los otros cuatrocientos kilómetros de vuelta los cubrí en bicicleta.

Bueno, cuando estalló el Movimiento, estaba atareado con la recogida de la hierba. Yo vivía en una casería y bajaba de noche al pueblo a escuchar la radio. En seguida supimos que los falangistas estaban en Boñar. Rápidamente se movilizaron.

Recuerdo que una noche bajé con mi «sarré» (es como un carbajín de dos ruedas, movidas por un caballo), venía de Cofiñal y me encontré con el mejicano y su familia que estaban en la terraza del chalet. Esta familia —que veraneaba en el pueblo— mostró cierta preocupación ante lo que se avecinaba..., yo quedé en recogerles y subirles a mi casería de las Repuntas después que oyera la radio. El salón, donde estaba el aparato, estaba lleno de gente. De pronto llega uno y dice: «¡Ya están aquí! ¡Ya están aquí!» En efecto, los seis falangistas más significativos —de Boñar— entraban por la puerta. En el salón se encontraba además el Comité de guerra, creado para evitar desmanes y muertes causadas por elementos incontrolados. Cuando entraron los falangistas, la gente que estaba en el salón se tiró por las ventanas, en su mayoría. Algunos hombres y mujeres lo hicieron arrojándose a un molino de agua. A otros no nos dio tiempo y nos quedamos allí. Entró «Manolón», un hombre del pueblo, con un fusil acompañado de Girón y un capitán del Ejército. Girón llevaba el gorro de Falange, y se le veían unos pelánganos en los bajos. Llega allí y dice: «Se acabó; esto se acabó. Aquí no hay más que... El gobierno de la República ya se ha terminado.» Y nos pusieron a todos, de cara a la pared, con los brazos en alto. Yo estaba entre los míos y los otros. Cerca de mí estaba un hijo de Manolón. Manolón dijo: «Respondo por todos.» Entonces el hijo le replicó: «Debe responder por usted y no por nadie más».

Yo tenía confianza con este Manolón y tenía prisa por irme a mi casa. Cuando iba a salir, Manolón me dijo: «No salgas, el pueblo está rodeado de falangistas.» Girón dijo otro tanto. Nos dejaron marchar a todos y no pasó nada. Pero al día siguiente subieron los de Boñar y éstos vinieron buscándome a mí, al otro, al otro... Y al primero en detenerme fue a mí; fueron a buscarme a la casería.

Los muchachos que habían abandonado el salón, se encontraban en el monte, cerca de mi casa. Tenía contacto con ellos. Mandé que se marcharan a casa a unos cuantos que no estaban significados; sin embargo, a otros que peligraban les dije: «Vosotros para arriba.»

Estaba tranquilamente en casa desayunando, cuando un primo mío que se encontraba en la parte de fuera me dijo: «Oye, viene un camión de falangistas.» Venían cantando, llevaban la bandera, gritaban.

Total, que llega el camión ante mi casa, se bajan todos, y la rodean. En ese instante, yo salgo fuera. Observo que se trata de individuos que tan apenas saben manejar un fusil. Vienen hacia mí Manolo el del Pino y otro asturiano. Los dos venían con su gorro; eran pequeños.

Con este Manolo tenía yo relaciones de amigo: Él venía mucho a Lillo y le gustaba cazar. Alternábamos en las juergas, pero nunca hablábamos de política. Hay que decir que, últimamente, yo me había retirado un poco de ella.

Pero cuál no es mi sorpresa, cuando este Manolo me pone la pistola en la sien y el otro asturiano en el corazón y me dicen: «A ver, que estuvo un hermano mío detenido.» Era el pretexto que esgrimía para justificar la detención. Todo esto era mentira. Ellos dijeron: «Y no digas que no», a lo que repliqué: «Pues, entonces, ¿qué voy a decir?»

Bueno... sería interminable contar aquellos días... A mí me subieron en un camión y estuve varias horas detenido en el salón del Ayuntamiento. Luego tenía que presentarme. Y aquí pasaron, durante esos días, muchos acontecimientos. Al bajar del camión quisieron meternos en un torreón antiquísimo que hay en Lillo. Pero nos llevaron a la Comandancia de Falange. Se da el caso de que cuando llegamos allí había una señora, muy beata, Clotilde...

En fin, que yo vi que aquello cada día se ponía peor. Sería interminable —vuelvo a decir— narrar, minuciosamente, todas las peripecias de aquellos días eternos en los que uno parecía que estaba predestinado a morir tontamente. Y todo por la falsa acusación de que un hermano de Manolo el del Pino había sido detenido en mi casa... Yo quedé en libertad. Únicamente tenía que presentarme por la mañana y por la tarde ante los falangistas.

A los cuatro días, con la autorización de los falangistas, marché en busca de mi hermana, detenida por los republicanos en zona de éstos, y ya de ahí me incorporé a las milicias en Gijón, en agosto de 1936. Hay un oficio fechado en Gijón el día 6 de diciembre de 1936 en el que puede leerse: «Ejército del Norte, Asturias, Estado Mayor, sección 2.ª. Información, número 483. "Nombramiento provisional." El camarada Gregorio García Díaz ha sido nombrado provisionalmente "Oficial Informador" en el sector de Lillo-Tarna-San Isidro. Lo que ponemos en conocimiento de todos los camaradas, ordenando que le den el máximo de facilidades, tanto en lo concerniente a medios de transporte, como manutención, etc...., al objeto de que pueda cumplir debidamente su importante misión.» Lo firma, ilegible el jefe de la sección.

Vamos a pasar por alto todo lo relativo a la guerra. El caso es que el 27 de noviembre de 1937 llegaba a Redipollos, donde tenía un tío carnal, hombre de derechas, pero muy buena gente. Y aquí, a parte de estar oculto, salía por las cabañas, hacía mis excursiones..., pero había en la casa un chaval, Monchi, que estaba con la mosca tras la oreja porque sospechaba que allí, en casa, había alguien. Con este chaval ocurrieron escenas muy curiosas. Hubo muchos episodios protagonizados por el chico y por mí.

Recuerdo que, a primeros de febrero, tuve una gran aventura para llegar hasta Monterredes, en Asturias. Por cierto, que encontré allí unas pistas recientes de unas patrullas de rebecos y corzos. Es un monte muy apropiado para practicar la caza mayor. Pasé el arroyo que había allí y, de pronto, me quedé como inutilizado de los pies. Estuve un rato penando y mirando de un lado para otro por si venía alguien. Estaba inmovilizado. Andaba como si arrastrara 200 kilos de peso. Creí que no llegaría nunca. Y así desde por la mañana temprano hasta bien anochecido que llegué a Caleao. ¡Pero llegué!

Ya en Caleao, me atendieron muy bien en la casa de una chica, que era novia mía. Allí permanecí oculto. Los moros tenían ocupada la zona. Una vez que descansé unos días, regresé nuevamente hacia Redipollos. Aquí hubiese estado yo de mil maravillas si no hubiese sido por la intranquilidad que nos creaba a todos el chaval ese. ¡Es que hay que ver la cantidad de escenas que nos producía el niño! El chico estaba tan intrigado... porque allí había alguien que él sospechaba, por más que se lo negaban; lo intuía, era Monchi un chico muy vivaz. Y se produjeron hechos muy pintorescos. A mí me tenían muy bien escondido, la casa ofrecía muy buenas posibilidades, pero a pesar de todo esto, el chico sospechaba de lo más mínimo.

En Redipollos me di cuenta de que la guerra se terminaba. Resultaba hasta peligroso el quedarme allí. Fue entonces cuando decidí echarme al monte. Era el 14 de abril de 1939. Salí de noche de Redipollos y llegué hasta la casa de Borcibela, la casa de donde me habían sacado a mí a punta de pistola. Esta casa la había levantado yo a base de mucho esfuerzo. Por una serie de circunstancias, esta casa pasó a ser propiedad de un señor, propietario en Lillo de unas minas de talco, llamado Gabioli. Era muy fascista y amigo personal de Mussolini. En la casa vivía el tío Juan Muñiz Cantero, que guardaba las vacas de Gabioli. El tío Juan había sido rico, era de izquierdas y tenía una gran bondad.

Bien, al tío Juan tuve oportunidad de mandarle razón. Y a esta casa llegué yo de noche. Junto a ella había unos chopos que yo había plantado. En la raíz de uno de ellos escarbé, metí un bote y, dentro de él, le dejé un mensaje en el que le decía donde me encontraba. Todo lo hice con mucho cuidado. Antes de ser de día, emprendí la marcha a Monte Vejiga. Desde este monte situado muy cerca de las minas de talco me comunicaría yo, constantemente, con mi hermana Juana, mediante muchas contraseñas.

Todo este terreno no tenía secretos para mí. En la casa había vivido unos ocho años. Con el ganado había dormido en numerosísimas ocasiones por estos pagos.

UN FUSIL Y UN MACHETE

La gente estaba en la guerra. Había mucho miedo y anduve por Monte Vejiga con tranquilidad, pero con precaución. Y en este monte encontré un lugar ideal para ocultarme de momento. Y en el mismo cerro, junto al peñón que me servía de base fuerte de resistencia, hice un gran agujero en la tierra. Delante, había un gran matorral, muy espeso, de brezos y piornos.

Llevaba un fusil —de los que habían quedado olvidados en el puerto de San Isidro—, y un machete del que me serví para hacer la cueva. También llevaba mucha polvora. Puedo decir que había mucha munición esparcida por todos aquellos lugares; había hasta cajas enteras. Tenía tres lugares para abastecerme de ella. Generalmente, yo llevaba 75 tiros. Dentro de las rutas preparadas, tenía bien guardado, para que no se me mojaran, varios peines.

En resumen, tuve suerte al encontrar el refugio en Monte Vejiga, aunque peligroso porque se hallaba cerca de la carretera; pero, circunstancialmente, me resolvía el problema. Por aquel lugar, apenas si se veía gente, únicamente los trabajadores de las minas de talco. Aún no se había hecho la desmovilización en condiciones.

En los pueblos había muy poca gente, sin embargo, fuerzas sí. De todas maneras, era muy difícil que a un hombre como yo, conocedor del terreno, palmo a palmo, le descubrieran.

En verdad, pensé que, aunque la guerra acababa de finalizar, había una solución para todos. No creía que me iban a esperar tantos años de lucha. Y nunca pensé que aquel agujero, se convertiría en una gran cueva —una basa natural en el campo— con camastro y todo.

Allí estaba resguardado. El suelo arenizo lo sostenían las raíces de las urces. Este terreno, arenizo, se hundía con frecuencia por los laterales, y los sujeté con piedras. También este terreno era muy sensible a las lluvias; este problema lo resolví gracias a unas chapas que había por allí —de la guerra—; chapas de dos metros de largo por un metro veinte de ancho, que las coloqué de forma que no entrara el agua.

Durante los primeros días de huida tomaba el sol y me encontraba un tanto descentrado. Me aliviaba, eso sí, el que, por aquella parte, no se acercara nadie. Lillo está del lugar de la cueva a más de un kilómetro. En el pueblo solamente había guardias, soldados, falangistas, niños y viejos.

Un «arma» muy valiosa para mí, durante los años del monte, fueron unos prismáticos. Con ellos seguía todas las incidencias de la vida del pueblo. Desde Monte Vejiga divisaba unos cuatro kilómetros de carretera, las minas de talco, el movimiento de los mineros, su trajín; también los guardias y falangistas que, de cuando en cuando, subían por allí. Éstos no sospecharon nunca que, a pocos metros, en una cueva, me encontraba yo.

En monte Vejiga pasé todo el verano. En setiembre tío Juan se disponía a abandonar la casería; casería de la que yo estaba muy cerca. Bien, convinimos que la familia Delibes, que había estado de caseros en la Zumbea, sustituyera al tío Juan. Para mí esto era una garantía, ya que eran de la causa. Esta familia había quedado destrozada por la guerra. Pasaban penalidades. Al padre lo habían fusilado; la madre había muerto, un tío y varios hermanos se encontraban en la cárcel. El tío y los sobrinos, en efecto, vinieron a vivir a la casería.

Yo los veía andar con el ganado por el monte. Un día tuve un encontronazo con dos de ellos en un lugar que se llama la Trincherana. Aquel día llevaba yo una boina y un palo, iba sin armamento. «¿No veríais unos gatos por ahí?» Contestaron que no. Les oí decir a ellos: «Sí, sí, andarás tú buscando gatos.»

De monte Vejiga pasé a otro refugio situado en los Lobiles. Esta cueva estaba en un lugar más alto que la otra y a la misma distancia del pueblo. La cueva de monte Vejiga la he conservado siempre, aunque yo tenía tres cuevas a las que acudía según las circunstancias. A los Lobiles llegué el 30 de junio del 41. El lugar de los Lobiles era más seguro; la gente que iba a las minas de talco miraba al fondo del valle. No tenía posibilidades de verme.

Los dos primeros años de monte Vejiga fueron muy duros para mí, apenas sí tenía para comer. Me suministraban unas patatas, un poco de leche, algo de chocolate. La situación en mi casa era muy precaria. Y no me atrevía a ir a ella, porque siempre encontré dificultades.

Mi hermana Juana ya sabía que yo me encontraba en el monte. De que vivía se enteró en Redipollos un día que había ido a ver a un tío nuestro, que estaba enfermo. Allí le preguntó mi prima por mí: «¿Qué sabéis del Goro?» «¿No sabéis nada?» «Creemos que lo mataron», contestó mi hermana. Yo estaba escuchando esta conversación. Yo quería que mi familia no supiera cómo me encontraba, porque ello suponía intranquilidades. Era muy difícil mi situación, era muy grave, gravísima. En casa no hubieran dormido de haber sabido que me hallaba allí. Por eso evité que se lo comunicara mi prima en aquel momento. Ella volvió otro día, en primavera. Mi prima le volvió a preguntar por mí. Mi hermana le dijo, «que seguían sin saber nada». Entonces mi prima le dijo: «Pues vive, vino por aquí.» Y para tranquilizarla aún más añadió: «Pues mira, está aquí escondido.»

«EL CORZO», OCULTO

Como el invierno era muy duro, y no tenía aún acondicionada la cueva de monte Vejiga, decidí ocultarme en casa de Suso, en mi pueblo. Allí pasé dos inviernos de gran dureza climatológica. Yo no quería comprometer a esta familia; había peligro por los niños. Durante el día permanecía escondido en el pajar, ya que por la casa no podía andar. Mi nombre no se pronunciaba. Se decía «el otro», «el Corzo».

Del pajar, me comunicaba con la casa mediante una larga soga que tenía atada al brazo. Esta tenía un largo recorrido. Cualquier anuncio me lo comunicaban tirándome de ella. Hubo escenas curiosísimas en torno a esta situación.

A esta familia le ayudaba en las tareas de distribuir la hierba para el ganado; tarea esta laboriosa, ya que tenían muchos animales.

La tenada de esta casa la abandoné tras los dos inviernos que permanecí en ella, al comenzar la primavera. Recuerdo que la primera vez —camino que hice de noche— me encontré con que la cueva de monte Vejiga estaba derrumbada. Toda la noche estuve trabajando para ponerla en condiciones. Bajaba, de cuando en cuando, a la casa de esta familia. Iba a por comida. Las precauciones se sobreentienden que eran, por mi parte, de lo más rigurosas. Yo comía al día un trozo de pan y una sardina, nada más.

En monte Vejiga tuve escenas muy curiosas. Allí andaba, como digo, con mucha precaución, pero a la vez, con gran libertad, sobre todo los días de fiesta en que contemplaba la gente en el pueblo... con los prismáticos.

Allí tenía, al lado de la cueva, un arroyo que canalicé rudimentariamente. Pues bien, este agua me servía para chapuzarme, para bañarme. Me desnudaba y así mantenía un aseo... Esto era en verano, y yo andaba por el monte casi estilo salvaje. Llevaba mucha barba, pero había que tener cuidado, porque entonces no era como ahora, una cosa habitual. Entonces había sus peligros. El pelo lo tuve, en esta ocasión, once meses al cero. Me lo cortó un pastor —había con él una gran confianza— con las tijeras de esquilar.

UN HOMBRE DEL CUARTENARIO... CON EL FONDO DE LA GUERRA

Yo no podía permanecer quieto... Y pasé, en muchas ocasiones, a Asturias, concretamente a Caleao, por el puerto de San Isidro, a las cabañas. Tuve escenas impresionantes.

Por lo que respecta a la cueva de los Lobiles, en ésta me encontraba con más seguridad. Estaba muy aislado, pero esto me daba tranquilidad. Los Lobiles era mi gran cueva, mi casa, vamos. Y en ella estuve hasta que la descubrieron los guardias. Porque luego yo tenía una tercera cueva: la de Susarón...; en ella pasaba los veranos.

Yo procuré siempre tener un lugar en el que me encontrara seguro, y que me permitiese ver, que tuviese horizonte. Desde la cueva de Susarón dominaba el pueblo, perfectamente, con los prismáticos. Veía a la gente en sus cocinas, en casa. Susarón estaba muy cerca del pueblo. La cueva de los Lobiles la localicé en una de tantas de mis andanzas. Vi que el sitio era muy seguro y por eso lo elegí. Ello me permitió que el primer año que la acondicioné pasara el invierno allí; un invierno durísimo... Pero no tenía más remedio. Yo sabía que tenía que arriesgarme, que si tenía una enfermedad no tenía salvación... Había pasado ya en la guerra muchas calamidades y me encontraba con resistencia. Digo: de haber tenido una enfermedad, en mis cálculos entraba el pegarme un tiro. Se lo había dicho a esa familia que me acogió los dos primeros inviernos... Si pasa ésto y ésto, caváis allí cerca de la cueva y me enterráis. Luego se lo comunicáis a mi familia.

En la cueva, me vacuné contra el tifus. Con la persona que más me comunicaba era con mi hermana Juana. Ésta lo padeció. Pues bien, un día subió al refugio el médico, don José, un republicano muy amigo mío, que había sufrido mucho el hombre durante la guerra y allí, en el monte, me vacunó.

El refugio de los Lobiles era muy grande, y en él tenía de todo, incluso hice hasta matanza. Por las noches, llegaba a los pastores, simulaba como que iba con unos cuantos y me llevaba alguna oveja.

Mi vida en el monte me dio un acento especial, un olor de monte, de humo. Yo olía de una manera peculiar... Los animales reaccionaban ante mí de una forma distinta. En este sentido, podríamos contar escenas curiosísimas, sobre todo con las yeguas... En fin, mucho...

En el monte apenas sí dormía. No tenía confianza para hacerlo... No dormía tranquilo. Allí desarrollé mucho el sentido del oído. Cuando los días se acortaban, me aburría más. En el refugio era de suma importancia para mí, más que el pan, el periódico. Estaba enterado de todo al día, vamos. Seguía la guerra mundial mediante —cosas de la vida— el *Arriba*. Leía mucho. Y abrigaba esperanza de que, al finalizar, esta contienda cambiase el panorama. ¡Pero quién iba a decir que iba a estar tanto tiempo en el monte!

EL GUERRILLERO

En el monte estuve un mes con Lisardo. Era éste un guerrillero que andaba por allí..., y que lo tenían protegido en una casa, donde, por cierto, paraban los guardias. Nunca quise cuenta con las guerrillas. Nunca. Veía esta acción como muy romántica y poco práctica. Este hombre había cometido delitos. Y yo, al tratarlo, le convencí para que no me dijera dónde se encontraba... no fuese que, en algún encontronazo, se le descubriera y me echara a mí las culpas. Y él fue el que me descubrió. Yo no tenía nada que ocultar... Estaba limpio de toda culpa. Si no llega a ser por eso... Yo sabía de partidas... pero ¡hubiese estado loco de haberme incorporado a cualquiera de ellas!

Lisardo estaba oculto en Redipuertas. Este hombre llegó al atraco. Comprendo que al vivir en una casa ajena, su actuación estuviese motivada por llevar el pan a esa familia, que le tenía amparado. Mi soledad en el monte motivó este encuentro con Lisardo. Anduvimos por Asturias. Él sabía dónde estaba mi refugio. Este hombre murió en un encontronazo en Asturias. Se lo había dicho muchas veces: «Vosotros acabáis cayendo.» Este Lisardo tenía dos novias. Una de ellas se enteró de que andaba con la otra. Total: que la guardia civil fue a por él a Redipuertas. Estaba escondido precisamente en la casa donde se hospedaba la guardia civil. Como éstos no registraron la casa, cuando los agentes se marcharon, él huyó.

Lisardo tenía un sobrino en las minas de talco, donde trabajaba mi hermana y mi hermano. Por el sobrino nos habíamos conocido.

Las minas de talco estaban cerca de una de mis cuevas. Yo me comunicaba muchísimas veces con mi hermana cuando ella iba o venía de la mina. Hay escenas curiosísimas... Bien, yo conocía a fondo la vida de Lisardo.

De Redipuertas, la guardia civil marchó a Lillo, a mi pueblo. Detuvo al sobrino de Lisardo y a mi familia: a mi hermano y a dos cuñados. Los bajaron a Boñar. Las sospechas se centraban sobre mi hermano Nicasio. Le pegaron mucho. Hubo tortura. Pero él nada más hacía que negar y negar. Mi hermano se creía que los guardias no sabían dónde me encontraba yo. Pero los guardias, al detener a las dos mujeres con las que andaba Lisardo, estaban enterados de todo. A pesar de los palos, a mi hermano no le sacaban ni una sola palabra. Así durante una semana. En vista de esto, los guardias ya le dijeron a una de las mujeres de Lisardo: «Dile, dónde tiene la cueva.» Ella le dijo: «Tu hermano está en Susarón.»

Mi hermano, junto con los guardias, fueron a la cueva, al término de Lillo. Mi hermano Nicasio sabía perfectamente que yo no me encontraba en la cueva, porque Susarón era la del refugio de verano. Ahora estábamos en pleno invierno. Y él sospechó toda la maniobra. Pensó: «éste nos está viendo perfectamente». Y así era. Yo estaba a la expectativa. Llegaron a la cueva. Tenía a la entrada una chapa de uralita. Los guardias iban armados. «Entra tú primero —le dijeron—.» Después incendiaron el refugio. Dos bombas, que yo tenía allí, explotaron. El 18 de enero se descubrió que yo vivía. Era el año 1949. Durante varios días anduve a la deriva. Dormía en chozas, pero con una gran precaución para no levantar sospechas. Camiones cargados de guardias civiles me perseguían, concretamente dieciséis guardias. El día 18 de enero en el mismo Lillo presenciaba toda la maniobra de mi captura. Estaba muy sereno. El pueblo vivía un gran miedo. Los guardias rodearon la casa de mi hermana. Aquí ocurren muchísimas escenas... Yo veía esta maniobra también. En la casa donde, circunstancialmente, yo estaba refugiado, no se enteraban... Llevaba dos días en casa de unos amigos... a cincuenta metros de mi casa. De ésta, me largué a la cuadra, camuflado. A todo esto con una gran serenidad. Los familiares que me albergaban no despertaban sospechas. Era gente de derechas, gente buena, muy amigos. Ellos se hallaban en la cuadra en ese instante. Le dije que mi casa estaba rodeada..., se tambaleaban de miedo. «No pasa nada», les dije. «Hay que tener serenidad... Coged el ganado y marchaos a darle agua en el pilón, así no sospecha nadie.» Cuando regresaban con el ganado, se encontraron con la guardia civil. Luego, ya en la cuadra, les dije: «Voy a esconderme en el pajar.»

EL PLAN

Todo mi plan lo tenía premeditado. Al anochecer salí campo a través. Me encaminé hacia los refugios, pero a la deriva. Hubiese sido un error meterme en cualquiera de las tres cuevas. Anduve cinco noches a la deriva. Las heladas eran intensas; mi miedo se centraba en lo que podía ocurrirme si nevaba. La sexta noche me metí en un chozo de un pastor. Las patrullas de la guardia civil me buscaban intensamente... En este chozo descansé un poco. Al ser de día, ya tomaba el camino para perderme entre los brezales y refugiarme. Yo me consideraba un animal más. A todo esto procuraba no dejar rastro alguno. La única comida que llevaba era una libra de chocolate, un poco de pan y un poco de coñac. Así anduve todos esos días. No tenía ganas de comer; estaba preocupado por la familia.

Hacia la semana de estar por el monte, me hallaba cerca de la casería en la que vivía la que, posteriormente, sería mi mujer. Gracias a esta familia, estaba al corriente de cómo iba la situación. Incluso planeamos una contraseña a base de trapos de distintos colores. Llegué a quedarme sin comida... Y ellas salieron con que a tender ropa y tal... con que les dije cómo me encontraba. Con mucho disimulo me trajeron algo para comer. Esto sería interminable... Es una historia esta de la salida interminable... Volví a dormir al chozo, y después a una casería, más abandonada, donde me hallaba más seguro.

Los guardias no cesaban en buscarme. El 22 de enero dormí en el chozo. Yo cambiaba constantemente para despistar. Recuerdo que este día subí al monte Rebollares: dominaba mucho terreno. Desde allí observé cómo llegaban los guardias en un camión, que se detuvo en una carretera que divisaba. Era la zona del Esquirón. «Vaya, otro día de marea» —dije para mí—. En el pueblo seguía el miedo y las palizas, según supe posteriormente. Seguí toda la trayectoria de los guardias con los prismáticos. Comprendí que estaban a la búsqueda de un muchacho que tenía contacto conmigo. Yo ví cómo lo montaron en el camión y se lo llevaron. Iban camino del monte. Pensé: «éstos van al chozo». Y así fue. Entraron, de los dieciséis que iban, dos o tres. Pero yo no dejaba señal en ningún sitio. Luego fueron a un caserío, el de Facio. También éste subió al camión. Tal y como lo ví, claramente, le habían pegado. Este Facio me había dado de comer en numerosas ocasiones. Luego se lo diría a los guardias. Aquí se dispersaron los agentes... Unos se fueron al monte mientras otros se llevaban a Facio. Ya había varios detenidos. Recuerdo que era el día de San Vicente, el 22 de enero.

Pero a todo esto, yo tenía contacto —sería muy largo de explicar para este relato todos los pormenores, cargados de aventuras—; yo tenía contacto —digo— con el tío Juan. «Está la cosa muy mala», me dijo. «Mira: la gente que tanto te ha favorecido dice: que se tome una botella de coñac y que se pegue un tiro... Que se mate él. Nuestra salvación está en eso...» Le convencí que si hacía esto, la gente pensaría que yo era un criminal; al contrario «lo que quiero demostrar es que he sido inocente...». A los que me encontré, siempre les dije: «No digas que has estado con Gorete...» Pero ya se sabe si uno le decía a otro: «Anoche estuve con Gorete» le faltaba tiempo para largárselo a otro, que le respondía: «pues yo también».

Yo tenía un amigo en el pueblo, muy amigo, de antes de la guerra. Era comandante y estaba mutilado. El tío Juan tenía un hijo casado con una hermana de ése. El caso es que el tío Juan fue a hablarle a este hombre de mi caso. Era un hombre de mucho peso en aquel momento. La gente que había tenido contacto conmigo, estaba acobardada.

Ahora me encontraba en monte Vejiga. Convine, previamente, una contraseña con el tío Juan, que, en esta ocasión, se hallaba a unos sesenta metros de mí. Él daba con un palo en el suelo mientras vigilaba el ganado... Le hablé: «¿Qué le dijo Jaime? No mire para atrás... No viene nadie.» «Que te entregues si no tienes las manos manchadas en sangre.» «Así no me entrego», le contesté. «La cosa está muy mal...» Yo decidí marcharme... Temía a que nevara. En esas circunstancias, no me entregaba porque sabía la paliza que podían darme. Y no estaba dispuesto. Volví al monte. Dejé el mosquetón y me llevé la pistola, unas bombas y un machete. Pensaba irme a Asturias, al menos hasta que la cosa pasara... Pasé por un caserío en el que, por cierto, el día antes habían estado los guardias. Allí se encontraban dos chicos, apolíticos. Me enteré por ellos de cómo seguía el ambiente en el pueblo. «La gente se tambalea.»

Bueno, a todo esto, siguieron ocurriendo escenas. El caso es, para resumir, que cuando iba yo camino de Asturias y, entretanto, paraba y oteaba el pueblo, vi al tío Juan con las vacas acompañado de Jaime. Pensé: «estos vienen en busca mía». Todo esto ocurría en el valle de Illarga. Mi contraseña con tío Juan era un silbido muy especial; la de él consistía en arrascarse la cabeza, mientras se echaba la boina hacia atrás. Jaime le dio como diciendo éste nos ha visto. Les veía, claramente, con los prismáticos. Ellos empezaron a subir carretera arriba. Yo empecé a bajar del monte para encontrame con ellos. Y me refugié junto a un piorno. Cuando estuve cerca de ellos, les chisté.

El encuentro con Jaime fue de una gran emoción, se le saltaban las lágrimas. Jaime llevaba informes procedentes de Madrid en los que no se aludía a ningún antecedente penal ni nada. Me preguntó si tenía algún delito de sangre... Le dije que había estado en el frente... Él me dijo que si así era que me entregara. «Responderé por ti», me dijo. Y le pregunté entonces: «¿Y quién me responde a mí que salga fulano o mengano y diga: pues éste mató a mi padre...?» Al momento llegó mi hermana Juana; venía con un oficio en el que se decía o que me entregara o que me mandarían desterrado a la provincia de Badajoz. Mi hermana me animó a que no me entregara. Le contesté que ya quería acabar con la vida que llevaba. Y yo me entregué con la condición de que nadie me pusiera la mano encima. «No he hecho ningún mal a nadie...» Y ya llegó el momento de la entrega, y el viaje a León, y la cárcel... Esto nos llevaría a escribir mucho...

CERCA DEL FERROL: TRES HOMBRES OCULTOS SUMAN, ENTRE LOS TRES, MÁS DE TREINTA AÑOS

«LE DEBO LA VIDA AL GATO QUE YO CRIÉ»

Once años menos dos meses permaneció oculto Manuel Martínez Alvariño, «Manolo de Martis» para los amigos. Durante ese tiempo padeció toda clase de enfermedades que él solo se curaba siguiendo las indicaciones de los artículos médicos que se publicaban en periódicos de la época. La mayor parte de ese tiempo la pasó con la familia, pero enterrado en un agujero del tamaño de una sepultura que construyó bajo la «lareira» de la cocina. Cuando salió a la luz, Manolo estaba blanco como la nieve. La barba le desapareció; hoy sólo tiene unas ténues cejas por único bello.

Manolo pasó su época de oculto en el pueblecito de «El Rojal», a doce kilómetros de El Ferrol, donde vive con su mujer, Angelita. Manolo, que cuenta en la actualidad sesenta y ocho años, nos relata los momentos más inolvidables de su aventura.

Llevaba casado un año cuando me avisaron para incorporarme al Movimiento Nacional; me negué a ello... Al mes de la fecha que tenía que incorporarme, vino la guardia civil a buscarme. Recuerdo que era la noche del 28 de setiembre de 1936. El día 1 de octubre —tres días después—, nacería mi hijo Toñito. Oí cuando llegó la Benemérita a mi casa... Así que cuando supe que eran ellos, salté por la ventana y huí hacia el monte... hasta llegar a Faeira, a la casa de mi compadre. Era la víspera de San Pedro, el de la fiesta de los Lunes. El hijo de mi compadre —un rapaz pequeño— iba a recoger las vacas, que había dejado solas, por ser un día de tormenta.
—¿Dónde las tienes? —le pregunté.
—Al otro lado del Eume. —Respondió.
Y me marché con el chaval. Por el camino me encontré con Bouza, un hombre muy conocido que vendía lotería. Charlamos. Llevábamos ya un rato cuando aparecen por un coto dos hombres. Le pregunté si serían de confianza, pero él, en un principio, no los reconoció. Cuando estuvieron más cerca de nosotros, supimos que era gente sospechosa. «Donde veño a perecer» —me dije—. Ya, con nosotros, me preguntaron que de dónde era, y les respondí que de Monfero. Y les añadí que hijo de Xoaquín «Eu nunca o vin nin-o conocen». Hubo entre los dos comentarios. Y me pidieron la documentación, que ya no llevaba. Así que di un salto atrás y me eché la mano al bolsillo como si llevase allí una arma que no poseía. Y les grité que les podía pedir la documentación con el mismo descaro. «Vámonos», dijeron. Y se marcharon.

Supuse lo que iba a pasar. Así que, entre el niño y yo recogimos las vacas y las llevamos a casa, a galope. Y así fue... Esta gente, que era sospechosa, dio parte de mí y, al poco rato, me buscaba la Guardia Civil de todos los alrededores.

Aquella noche no dormí. De madrugada oí unas voces. Me levanté, me fui con cautela a la ventana y, asombrado, vi cómo estaba toda la casa rodeada de civiles. Me encaminé hacia el huerto y me metí entre una plantación de coles altas. Quise gatear con intención de marcharme del huerto, pero me encontré con que el cerrado del mismo tenía un verdadero muro de laureles romanos; tenía, además, un alambre de espinos difícil de atravesar. Di un salto y pasé por encima... del muro. Era increíble. Luego me encontré como blanco de disparos procedentes de todas partes. Me interné en la fraga y los despisté...

DESCALZO POR EL MONTE

Durante el día busqué al niño para decirle que aún vivía, y lo engañé para que no pudiese decir nada, aunque lo detuvieran los guardias. «Esta noche no podemos ir a casa..., así que vamos a dormir por el monte.» El muchacho se durmió en seguida y yo abandoné aquella zona descalzo como estaba... Tuve que escapar a medio vestir y anduve corriendo kilómetros y kilómetros hasta llegar a mi casa de El Rojal. Esa noche dormí en ella y, al día siguiente, en la de un vecino. Pensaba que de pronto aclararían mi identidad y vendrían a buscarme. Y así fue. Unos días después vinieron a hacer un registro muy minucioso. Al parecer, hubo una denuncia y, a media noche, llamaron y oímos que abriéramos la puerta. Con gran discreción me asomé a la ventana. Estábamos totalmente rodeados. «Aún no me muero hoy», le dije a la mujer. Y mientras Angelita les abría la puerta, yo me metí en la cuadra entre las dos vacas. Ellos subieron a registrar la sala. Cuando acabaron, vinieron en busca mía. Dejé el refugio de las vacas y, poco a poco, sin hacer ruido, fui descorriendo los cerrojos de la puerta de la cuadra. Y en esto que logro abrir la puerta y veo a los guardias apuntando hacia las ventanas, hacia arriba.

Pero al lado de la puerta de la cuadra había un montón de estiércol, y, amparándome en él, anduve de rodillas. Me fui hacia delante de forma que le di un golpe a un guardia, del que, por cierto, le hice caer al suelo. Él disparó el arma, pero con fortuna para mí.

«¡Aún siento algunas veces frío en este oído!» Y eché a correr mientras disparaban, pero con mucha suerte para mí.

DEBAJO DE LA «LAREIRA»

Luego anduve por varios sitios. Un mes permanecí en casa de Vicente de Sada; otro lo pasé en casa de Antón de Vigo. También en casa de Emiliana. Pero todos no estaban tranquilos con mi estancia allí. Tenían fama de ser de izquierdas y estaban muy vigilados. Era imprescindible un refugio y, a ser posible, que estuviese en casa de uno. Y entre familiares y vecinos de muchísima confianza lo construimos debajo de la «lareira». Un puertón se levantaba y me dejaba caer por una pendiente como la de un lavadero que me conducía a la fosa. Era, en efecto, del tamaño de una fosa, y allí tenía otra puerta, sólida, que sólo yo podía abrir desde dentro. El portón de arriba estaba disimulado con tablas y troncos para hacer el fuego sobre la «lareira». El escombro de hacer el refugio lo tirábamos a la cuadra para sacarlo después camuflado entre el estiércol.

Tuve mucha vigilancia, muchos registros. Para colmo de desdichas habían matado a un cuñado mío, y se me culpaba del asesinato. Cada quince días era matemático, un registro. En uno de ellos, llevaron dos perros policías. Recuerdo que estaba acostado, y nada más oír los ruidos, me fui derecho al refugio. Los perros debieron olerme, y andaban de abajo arriba, sin saber por donde acercarse a mí. A la puerta de entrada al refugio, al calor de la lumbre, dormía un gato que se lanzaba a los perros cada vez que pretendían aproximarse. El gato se ancheaba con los pelos de punta y arañaba a los perros. Desde abajo, oía lo que pasaba y cerraba la puerta al máximo. El gato, al ver que los perros se asustaban, los perseguía hasta fuera. Y una vez que los echó a la calle, se sentó en la puerta de entrada como desafiándoles a volver. Gracias a la acción del gato, yo salvé la vida. Ante el terror de los perros, los guardias también se fueron. «Vámonos —dijeron— que en esta casa no hay más que brujas y brujos.» Aquel gato, al igual que un pollito, los había criado yo, en mis ratos de tranquilidad. Le había enseñado a comer... Nunca imaginé que me devolviera, tan ampliado, el favor.

También pude sobrevivir gracias a mi mujer. Ella sacaba la situación adelante, ella sufría los vejámenes y los sobresaltos. A ella la atemorizaban para que confesase dónde me encontraba. «La vamos a llevar al monte...» Ella les decía: «Pues si tienen pecho, péguenme un tiro.» Y se colocaba, haciendo teatro, sobre la pared.

Un día —cuenta Angelita— me llevaron ante el teniente Torres, que tenía muy mala fama, de hombre malo. Pues este teniente conmigo fue muy correcto. Me dijo que tenían la obligación de perseguir a Manolo. Le contesté que me parecía bien. Como sospechaban que Manolo estaba en casa, me preguntó: ¿Y si quemásemos la casa para obligarle a salir? Y le contesté: «Que lo hicieran...» Pero ya digo, a pesar de esto, fue muy correcto.

Salía a las cuatro de la madrugada para ir a trabajar a la fábrica de tejidos de Jubia. A esa hora, iba con un farol...

Manolo pasaba muchos ratos con los niños. Ellos, al no estar yo aquí, naturalmente, sentían miedo. Por cierto, que a los niños les acostumbré desde el primer momento a que llamaran a Manolo, *el abuelito*. Él se entretenía haciéndoles juguetes a los críos, ya que su oficio es carpintero. En una ocasión en que Antoñito se encontraba jugando con una carretilla, que le había hecho su padre, se le acercó un guardia, que le ofreció al niño regalos, para que le dijese quién le había hecho el juguete. El niño respondió que su «abuelito». Los críos jugaban aquí, junto a la casa.

Les tenía dicho a los niños —cuenta Manolo— que si venía un guardia se los llevaría lejos para no regresar nunca a casa. Entonces, el niño vigilaba y, en los momentos de peligro, tenía una contraseña válida para toda la familia: «Mamá, ya viene Purita» —la niña.

Me entregué en el cuartel de la Guardia Civil, el 27 de octubre de 1947, tras la publicación de un decreto de indulto que se promulgó el 17 de julio. Todo por miedo.

Cuando me presenté a la guardia civil, vino a acompañarme un primo mío, José Alvariño Seoane. Estaba él muy aquejado del pulmón hasta el extremo de que, al cabo de un mes, fallecía.

DEBAJO DE UN PESEBRE

Bien. Este José tuvo que salir zumbando rápidamente de la casa de sus padres, en Fene, donde trabajaba como herrador, acusado de haber cortado unos árboles de la carretera y haberlos atravesado sobre la vía para impedir el paso de los convoyes del Ejército Nacional. Algunos vecinos no dudaron en acusarle de «rojo», porque al ojear el libro que tenía en el taller, con medicaciones para el ganado, encontraron entre las páginas la estampa de un cura enfrentada con otra de una monja, como si estuvieran abrazándose. Un pecado que no podía consentirse.

José se sintió perseguido y, con el miedo correspondiente, salió en busca del amparo de su hermana, que vivía en las proximidades de mi casa, aquí en el Rojal. La familia le construyó un refugio bajo el pesebre del ganado. Mientras se lo construyeron, pasaba las noches subido en unos grandes laureles, a la intemperie, cerca de casa. Y se ataba al árbol con una cuerda para evitar que mientras dormía se cayera al suelo. Al poco tiempo, una vecina le facilitó alojamiento, que ya no abandonó hasta encontrar el refugio definitivo.

José, durante los diez años que permaneció oculto, también por miedo, no tuvo ningún registro. Tuvo un ataque de tisis, y fue tratado por un médico que supo guardar el secreto.

EN LA BODEGA

No lejos del pueblo anterior existe en la parroquia de Doso, localidad denominada Bazón, donde Pepe el de María había sido acusado de incendiar la iglesia del pueblo, y el hombre buscó refugio en casa de sus familiares en la vecina localidad de Trasmonte. También permaneció largos años oculto —por miedo— en una bodega de la finca. Cuando se entregó, la barba le cubría el pecho y sus uñas tenían cerca de diez centímetros de longitud.

VEINTE AÑOS DE NO-VIDA EN EL «CASASVIEJAS» ALCARREÑO

ANDRÉS RUIZ: «MI VIDA ERA UN MARTIRIO» (*)

- SU MUJER, MICAELA: «LOS GUARDIAS LLEGARON A LA CÁMARA Y ENCHUFARON LAS LINTERNAS; A MI MARIDO, ESTIRADO A LO LARGO DEL TABIQUILLO, NO LE VIERON»

- «TODAS LAS NOCHES ME LLAMABAN AL AYUNTAMIENTO Y PRESTABA DECLARACIÓN MANIFESTANDO QUE NO SABÍA NADA DE ÉL»

(*) Este episodio fue el primero de los recogidos por el autor sobre el tema de *La España del miedo*. Se publicó en la obra *Entre el azar y la muerte* (Ed. Planeta, «Colección Espejo de España», Barcelona, 1975) como primicia documental, ampliada con el actual volumen.

Armuña de Tajuña, el «Casasviejas» alcarreño, es un bonito pueblo, un puñado de casas apiñadas en un otero a orillas del Tajuña, un río pobre en aguas que se curva en sinuosos meandros por estos pagos. Visto desde la carretera que conduce a los pantanos alcarreños de Bolarque y Buendía, aparece como un cuadro impresionista.

En una casa humilde, a escasos metros de la iglesia, mirando a la vega abierta del Tajuña, he conversado con Andrés Ruiz y Micaela, héroes de una patética historia, supervivientes entre el azar y la muerte.

Andrés ha permanecido en este jacal veinte años entre la vida campesina, cotidiana, de sus vecinos, que picarescamente sospechaban algo...

Andrés es hoy un hombre abatido por los achaques del infortunio, zarandeado por una vida que rozó los linderos de la muerte.

El tiempo estéril y la almoneda bélica y reclusa le han dejado una mirada perdida, un cuerpo doblado, unos pies que caminan a rastras como un polluelo reumático, y una voz, «¿una voz?»: demasiada generosidad para unas sílabas que tratan de expresarse a través de una boca que, al abrir los labios, parece que tratan de comerse las palabras con la muralla de las encías sin defensas, ante la grave música de fondo de un pulmón desgarrado.

Micaela es una mujer que, dentro de los avatares de la vida, aún conserva el tipo fuerte y solemne de una personalidad recia y una expresión rica, acompañada de *un buen uso de gestos que hace que su conversación sea vibrante.*

Ella ha llevado el timón de la casa, de una casa difícil con un hombre escondido. Su inteligencia y el azar le llevaron a deshacer, con medio tino, situaciones muy embarazosas. Micaela es la protagonista en función de su marido de una historia tristemente rica, humanamente patética y conmovedora.

Con Andrés y Micaela he conversado largamente en su jacal que mira al río. Sin ningún tipo de retiro, ambos viven franciscanamente mientras ella amamanta con un biberón unos borreguitos recién nacidos que les regaló un pastorcillo. Micaela los cría y con esta clase de ayudas van «tirando»...

La conversación ha tenido momentos llenos de emotividad, sobre todo al recordar vivencias esenciales. Les ha sido muy difícil a los dos contener las lágrimas. Él apenas si ha podido hilvanar unas frases. Ha sido ella la que ha narrado todo el drama de la guerra y la posguerra.

El capítulo más importante de la historia de sus vidas.

«Achuchan mucho, embarcan, y luego ellos se quedan en tierra. ¿Comprende lo que quiero decir? ¡Que si nos van a hacer...! ¡Que si nos van a dar...! Y luego, el que achucha y se propone es el que queda bien y se gana sus honores y sus pesetas; pero los pobrecicos que se lo creen y se embarcan, ésos, ésos le digo, son los que pierden. Y nos quedamos luego mal miraos, y mal atendíos y mal de todo: "Que aunque se vaya tu marido, si a ti te hace falta una peseta, te la damos..." "Que si a ti te falta para comer, te damos lo que sea y para tus hijos..." ¡Bah! Palabras y más palabras. Terminó la guerra y yo continué con muchas fatigas y con muchas calamidades.

»Sí, él trabajaba aquí en el campo, en la labor. Vivíamos con unas tierras que teníamos en renta. De eso comíamos... ¡Hasta que comenzó la guerra! Y lo que pasa: ¡Que vamos todos al frente, a la guerra...! Aquí... Allí... de esta manera... de la otra. Y la verdad, yo tenía tres criaturas: uno a punto de nacer; uno de tres y otra de año y medio.

»Yo, joven, claro, con treinta y dos años. Y... "¡Anda, déjalo...!" Empezó la guerra y se fue. "¡Ya verás —me decían— que no te va a faltar de nada...!" Yo les respondía: "¡Hay que ver qué valor: os lo lleváis y aquí yo, con dos criaturas tan pequeñas y según estoy...!" Insistían: "¡Si no te va a faltar de nada!"

»Y luego a otras personas, a mí misma incluso, no me han dado ni lo más negro de la uña: si quería leya, tenía que ir yo misma al campo y traerla en estas espaldas; si quería dar de comer a mis hijos, yo tenía que trabajar como una negra. Y luego, acabó la guerra y... ¡mire cómo terminó para nosotros!: a mi marido lo encerraron y a mí me detuvieron. A él... ¿sabe usted qué pena le impusieron a él? ¡Pena de muerte!

»Mire: este pueblo estaba dominado por los "rojos" cuando estalló la guerra. Y a mi marido lo llevaron a Madrid, al frente de Usera, de cabo furriel. Después lo trasladaron a Levante y cuando acabó la guerra se encontraba en Cartagena. Se vino andando, sin apenas comer, hasta aquí.

—Bueno... comía a entregas, como los lobos —agrega él.

—Aquí había un campo de concentración —prosigue ella—, pero era provisional. Estuvo dos meses o cosa así. Había muchísima gente porque resulta que a todos los del pueblo que iban llegando los encerraban en él. Pero llegó mi marido y nadie le dijo nada.

»Comenzó otra vez con la labranza, y en ello estuvo hasta que quitaron el campo de concentración. Entonces se lo llevaron. Ellos... tenían que purificarlo todo, ventilarlo bien, y se lo llevaron. Lo condujeron a un campo de concentración que había debajo de la estación de Guadalajara, donde estuvo unos días, y luego a San Marcos, en León.

Interviene él:

—Éramos ocho mil hombres lo menos, alojados en un solo edificio. Y una vida dura, muy dura, durísima, con mucha hambre...

—Y en ese entonces a mí me llevan a la cárcel de Pastrana —dice ella.

—De León —prosigue él—, a unos los trasladaron a Gijón y a otros, entre ellos a mí, a Avilés. Allí estuve mes y pico. Y otro traslado: a Madrid, a Yeserías. Muy duros todos los campos de concentración. ¡En fin, lo que pasa!

»En los campos no hacíamos nada: dormíamos, y cuando teníamos hambre nos movíamos. ¿La comida?: patatas mal guisadas, con repollo y bicharracos. El desayuno era café que no era café y olía fatal.

Recuerda el hombre cómo se dormía en los campos de concentración:

—La cama era el triste suelo y la ropa era media manta. Si la ponías arriba no tenías para abajo. Imagínese esto en un invierno, ¡en León...! Morían muchos.

Indica que de Yeserías lo trajeron a Guadalajara, a la cárcel.

—Aquí estuvo varios años —señala ella—. Y unos dos sin juzgarle. ¡Como no teníamos para abogados! No podíamos, no podía una ir a nadie a decirle: «¡Tome... A ver si me lo puede salvar...!»

»Todo era dar informes, y de decir... Porque él, como que nos tenemos que morir, no se ha metido con nadie ni se ha manchado las manos de sangre: ni de robos, ni de nada de nada. Se fue a ese monte a trabajar. Pero este pueblo estaba dominado por los "rojos" y, una de dos: o se era "rojo" o se era "azul". Había que elegir un camino u otro.

—¡Yo no quería ir a la guerra! —dice él.

—A mí me decían —interviene ella—: «¡Pero déjalo que se vaya. Si dentro de cuatro días le va a tocar por turno...! Así elige Cuerpo, como pasa actualmente con los soldados.»

—Aquí, en Guadalajara —prosigue él—, la vida fue menos dura que en los campos de concentración. Tuve, eso sí, que esperar tiempo a que me llegara el turno de poder trabajar y así ir redimiendo la pena. Cosa que no ocurría en los campos de concentración, donde muy poquitos trabajaban en la huerta. Pasé lo mío, desde luego, hasta que llegó la hora de juzgarme. Me condenaron a muerte. Fue aquí, en Guadalajara.

VEINTE KILÓMETROS SOBRE LA NIEVE

Replica ella:

—No se portaron mal conmigo. Yo oía, a todas, que había que «untar» a los defensores y que entonces éstos los sacaban a flote. Pero yo como tenía tres criaturas pequeñas, y mis brazos, y mis padres ancianos que estaban conmigo, y tenía que trabajar y soportar yo sola toda la carga...

»Tenía que ir andando de aquí a Guadalajara —unos veinte kilómetros—, incluso nevando. Ir y venir los días de visita indicados. Porque si esos días hacía mal tiempo y no iba, se pasaban otros quince días o un mes sin verlo. Tenía que ir forzosamente, hiciera o no buen tiempo.

»Pero no iba sola. Íbamos un grupo de mujeres de aquí. En el camino comentábamos y nos preguntábamos cuándo juzgarían. Y así, hablando unas con otras hacíamos el camino. Decían: "Pues tal día juzgan. A ver si le toca, a ver si está puesto en la lista."

»Un día me dijeron: "¡Anda pues está tu marido!" Y acudí a ver la lista. Pero no sabía quién era el defensor y quién no era. Entonces... ¡a esperar el día que se celebrara el juicio!

»Ese día me acompañó mi hermana. Las dos nos colocamos en la puerta de la cárcel para verlo salir. Lo hacían de dos en dos, enganchados con las esposas, y los guardias detrás. Nosotras lo seguíamos de cerca para averiguar el sitio donde los juzgaban. ¡Cómo iba yo a hablar con el juez ni con nadie! Tenía que limitarme a escuchar y estar en el sitio de juicio nada más.

»El día del Carmen iban a juzgarlo. Pero ocurrió que al llegar a la calle del Amparo dieron media vuelta y... ¡para atrás con él! Y con los demás. ¡Otra vez todos a la prisión! El juicio se había suspendido y no sabíamos el porqué.

—Pues fue mejor —dice él.

Ella agrega:

—Sí, eso sí; porque cuanto más tarde, mejor. A los primeros claro, no había quien los amparara; así que, cuanto más tarde mejor.

»Los mismos jefes de la prisión lo decían: "¡Si pueden ustedes estar contentas de que los juzguen más tarde! Miren ustedes: esto es como si fuera... Para que ustedes lo entiendan, esto es como si fuera una carne que está un poco mala. Se la echa en agua, se la tiene un poco de tiempo y se le va todo lo malo. ¿Que esperan juicio, que van a juzgarlos? Cuanto más tarde mejor: las gentes están muy pacíficas, las cosas más sentadas, más claras. Al principio no se aclara nada, todo se resuelve violentamente. ¡Pum! ¡Pum...! Así que pueden ustedes estar contentas de que no los juzguen de los primeros y que vayan dejándolo... dejándolo..."

»Le volvieron para atrás y nos volvimos nosotras también. Entonces comenzamos a indagar qué juez iba a juzgarles y cuál sería el defensor de oficio, ya que no podíamos pagar uno particular y ponían uno de turno, de la prisión, el que ellos querían.

»Lo averigüé. Me fui a hablar con el defensor, quien me dijo: Señora: no sabemos el día fijo, pero esté usted tranquila, que el día que se le juzgue le será notificado. No tiene su causa nada serio. Bueno... tiene mucho; pero se ve que todo son suposiciones, no todo es verdad. Hemos examinado sus papeles en la Auditoría y hemos visto que no hay nada grave. Solamente que gente de malas ideas le han echado encima otras cosas. Pero como aquí se juzga por lo que es, y no tiene delito grave, esté tranquila que saldrá a la calle.

»Yo me quedé tan tranquila, tan contenta. Cuando, ya pasa el tiempo... el tiempo... y no me avisa. ¡Huy, casi un año! Entonces procuro ver al defensor y resulta que ya no estaba en Guadalajara. Lo habían trasladado. ¡Otra vez como al principio! ¡Otra vez igual! ¿Y qué hago ahora?

PENA DE MUERTE

»Cuando menos lo esperaba, me avisan: "Mañana le juzgan." Y me arreé a la sala.

»Cuando llegué —continúa— ya estaba ante el tribunal. Entre toda aquella gente apenas si me di cuenta quién era el que le defendía. Al finalizar el juicio me acerqué a él, me di a conocer y entonces me dijo: "Mire: esto tiene que llevar sus trámites. No se asuste aunque le echen la pena de muerte. Ya habrá visto la defensa que le he hecho, y eso yo creo que lo tendrán en cuenta. No obstante agotaremos todos los recursos."

»Efectivamente, le echaron pena de muerte. Así estuve lo menos diez meses, hasta que acudimos a Franco para el indulto. Los papeles había que depositarlos en Zaragoza, en la Auditoría. Y como estaba entonces mi cuñado cumpliendo la "mili" allí, se los mandé para que los entregara en mano. Al poco tiempo vino la pena de muerte cambiada por una de veinte años o así.

ENCERRADAS EN EL AYUNTAMIENTO

El 30 de abril bajaron aquí unos guardias. Y me dicen:

—¿Es aquí Micaela? Pues que haga el favor de subir a prestar declaración.

Tenía yo al niño de la mano, pues lo iba a limpiar en esos momentos. Era muy pequeño y no podía hacer sus necesidades ni nada. Y entonces me dicen:

—¡Déjele! ¡Si baja usted en seguida!

Mi madre, que estaba enferma, se encontraba en la cocina en esos momentos. Voy a ella y le digo:

—¡Madre!, tome usted al niño. De seguida vengo.

Subo al Ayuntamiento, abren la puerta, me meten en una habitación y me dicen:

—¡Ahí se queda! —con otras cuatro mujeres que había allí.

—¡Ay, mi niño, mi niño...! —y me eché a llorar.

—No se preocupe. ¡Si a su niño no le va a pasar nada! Su niño está en su casa, está muy bien —me contestaron.

Había allí, ya digo, otras cuatro mujeres. Del pueblo también.

¡A una de ellas le habían cortado el pelo! A otra se lo querían cortar...
Entonces insistí:
—Pues mi niño que me lo traigan. A mi niño que me lo traigan.
Estábamos allí, las cinco mujeres, sin cama, sin colchón, sin nada: el suelo pelado solamente.
Y me dicen ellas:
—Pero, ¿y qué es esto?, ¿por qué te traen?
—¡Ah, yo que sé! Me han dicho que subiera a una declaración.
—¡También a mí!
Todas a lo mismo: a hacer una declaración.
La comida nos la tenían que traer de casa. Iban por ella los guardianes. Bueno, los que hacían guardia, pero que no eran guardias propiamente: los soldados que hacían guardia, los falangistas.
Bajaban por las casas y decían:
—¡Que nos dé usted la comida para su hija!
De este modo nos enviaban la comida. La subían en una misma cesta que utilizaban para todas, abrían la puerta y nos la pasaban.
Nos tenían encerradas en el Ayuntamiento, en la parte de arriba. Abajo, en el calabozo, tenían a los hombres.
Llega el otro día, ya anochecido, y sentimos que abren la puerta.
—¡Ay, que abren la puerta! ¡Qué será...! ¡Qué no será...!
«Otra que traen...», nos pensamos nosotras.
Cuando ya abren por fin y dicen:
—¡Este niño! ¡De la que sea, que lo coja!
Era mi hijo. Miraba asustado hacia todos los lados, llorando...
Le cojo, le abrazo y le digo:
—¡Estás con mamá! ¡No llores, hijo, no llores!
Y entonces me encaro con ellos:
—¡Bueno, pero este niño...! ¿Es que va a dormir en el santo suelo?
(Nosotras dormíamos en el suelo. Estábamos sentadas en él, sin más ropa que la que llevábamos puesta cuando nos encaminaron a prestar declaración.)
Pasado ya mucho rato me suben un colchón. Y nos advierten:
—El colchón, para el niño. Que no nos enteremos de que lo utilizan ustedes, que se acuestan en él.
No los conocíamos. No eran del pueblo. Apenas les veíamos la cara, pero eran jovencillos. Los del pueblo estaban abajo, de guardia en los calabozos donde estaban los hombres.
Al día siguiente, otra mujer de las que se hallaban allí, que

tenía también un niño pequeño, les llama y les dice:
—Si a esta señora le han traído el niño, a mí me tienen que traer el mío.
Le contestaron:
—¡Está bien señora!
Y efectivamente, le llevaron el chiquillo.
Entonces exigió:
—Y un colchón, como al otro.
Conque le pasaron un colchón también. Y en ese colchón, y en el que yo tenía, pues los juntábamos y dormíamos todos.
¡Allí estuve desde el 30 de abril al 25 de mayo!
Cuando teníamos que salir a hacer las aguas, porque allí no había retrete ni nada de eso, nos acompañaba siempre uno de la guardia. Nos llevaban por alguna parte de los terrenos y allí, en cualquier rincón, lo hacíamos. Ellos siempre con el fusil por delante como si nosotras fuésemos a escaparnos, y cosas así.

A LA CÁRCEL DE PASTRANA

El 25 de mayo ya, sube uno de ellos y nos dice:
—¡Oigan ustedes! Esta tarde van a ir a Pastrana para una declaración. Tendrán que quedarse esta noche allí, pero no lo sabemos con certeza. A lo mejor regresan, pero es casi seguro que no. Así que, si por acaso quieren llevar alguna muda, ya lo saben.
Interviene otro:
—No creo que haga falta, ¡si vienen esta noche!
—¿Y mi niño? —les digo yo.
—Yo creo que sí lo puede usted llevar. El niño, sí; el colchón, no. Allí les darán lo que haga falta —me contesta.
—Entonces yo tengo que recoger algo para mi niño. Dígale a mi madre que me prepare algo de ropa para él.
Mi madre, cuando llegó el guardia y le dio mi encargo, le dijo la mujer:
—¡Y yo qué sé qué ropa tiene y dónde la tiene!
(Llevaba mi madre muchos años enferma, y con el disgusto de no verme, la carga que se le había venido encima y esas cosas, andaba la pobre muy aturdida.)
El que bajó a casa, imagino, debió de darse cuenta y se lo diría al que hacía de jefe y éste tomó entonces una decisión:
—Pues nada. A esa señora llevarla a su casa y que recoja ella

misma la ropa que necesite.
 A las otras no las dejaron salir. Solamente a mí me permitieron bajar a casa conducida por dos de ellos.
 Cuando llegué, mi padre y mi madre se echaron los dos a llorar:
 —¡Ay, ya estás aquí!
 Les digo:
 —¡Si vengo por mi ropa! ¡Si tengo que marcharme otra vez!
 —¡Y cómo te vas a ir con esa criatura! ¡Cómo te vas a ir según estamos nosotros...! —yo no tenía a mis padres a mi cargo.
 Los guardias en la puerta. ¡Y yo venga de ir de un lado para otro! ¡Venga subir y de bajar sin acertar a encontrar ropa! No hacía otra cosa que llorar a lágrima viva y decir:
 —¡Ay, mis niños, ay, mis niños! —por los otros que dejaba.
 Los chicos, abrazados a mí; mis padres llorando... y yo sin saber hacer nada.
 En esta situación llega corriendo otro de la guardia y nos dice:
 —¡Venga que ya está el camión!
 Y me fui sin la ropa.
 Allá que me llevaban sin dejarme siquiera despedirme de mis padres y de los chicos. Conque los chicos llorando, detrás de mí, hasta el camión.
 Ya estaban todas subidas en el camión, esperándome. Subo en él y dice uno entonces:
 —¡Ese niño no puede ir!
 —¿Entonces qué hago? Mis padres son ancianos, están enfermos. ¿Dónde le dejo? —le contesto.
 —Pues donde sea, con unos vecinos, pero el niño no puede ir. Con usted no puede estar. Ahora bien, si usted quiere... llévele, pero tenga en cuenta que en el momento que lleguen a Pastrana, se lo quitan. Y le meterán donde sea.
 —¡Ay, entonces no! —le digo.
 Mi padre, que en paz descanse, se lo bajó y a mí me llevaron a Pastrana.
 ¡Serían las cinco de la tarde del 25 de mayo!
 Cuando llegamos allí nos metieron a todas en una celda, también sin más que el triste suelo. El triste suelo para dormir.
 Me pasaba los días llorando, pensando en los míos, en mi situación, en mi desgracia, añorando continuamente a mis niños en aquella prisión de Pastrana: ¡unos, por un lado...; otros, por otro...!
 Mi marido, alguna vez que otra, me escribía desde los campos de concentración. Yo ni eso podía. Porque, ¿quién tenía dinero para

sellos? Mis padres no tenían ni siquiera para vivir y hubieron de hacerse cargo de mis tres hijos. Hasta que dos hermanas que tenía en Yebes se llevaron con ellas a los dos pequeños. El mayor se quedó con los abuelos, porque como ellos estaban muy delicados les era necesario para los recados y cosas de éstas.

Las otras mujeres que trajeron conmigo a Pastrana tenían familia y ésta iba a verlas y les llevaban comida y lo que podían. Yo no tenía visitas, no tenía nada. Sólo lo que allí nos daban: una latita, más bien pequeña, con patatas guisadas y un panecillo para cada dos. Ni más ni menos.

Las demás lo pasaban mejor, pero nosotras, dos o tres que nos encontrábamos en situación parecida a la mía, estábamos lo que se dice muy debilitadas.

DECLARACIONES

¡Al fin empezaron a tomar declaraciones!

Declaraciones a los hombres. Más declaraciones a los hombres...

«¿Y cuándo nos toca a nosotras?», nos decíamos. Pero a nosotras ¡que si quieres! Y mientras tanto, días van y días vienen.

Yo me decía: «¡Y en el verano que podía ir a espigar y ganar para mis hijos el pan! Y mis hermanas... ¿qué necesidad tienen ellas de estar manteniendo a mis hijos? Yo, sola aquí, sin haberme metido con nadie ni hecho nada malo...» ¡Me desesperaba!

Mis padres, ¡los pobres!, hablaron allí en el pueblo con los más influyentes, con los más significados, pero no consiguieron nada.

Y eso que les decían:

—¡Pero si mi hija no ha hecho nada, si lo sabéis! ¿Por qué entonces...?

—Sí, pero las cosas... las cosas...

¡Por fin empezaron a tomar declaraciones a las mujeres! Fue el día dos de enero de 1942. Pero eran noventa y tantas mujeres las que allí estábamos en la cárcel de Pastrana, que no era yo sola.

El ordenanza que entraba a llevarnos la comida y esas cosas, se presentaba y decía:

—¡Fulana de tal...!
—¡Fulana de tal...!

Y ¡hala!, arriba, a prestar declaración. Después, otra y otra... y otra... Así fueron desfilando todas, una a una, menos a otra y a mí, que no nos llamaban. A algunas las condenaban a ¡pena de muer-

te!; a otras las condenaban a unos años; a otras las echaban a la calle.
Algunas de ellas nos decían:
—Pues ya se han acabado los juicios. ¡Ustedes se quedan!
»Pero, ¡hasta cuándo —nos decíamos—, hasta cuándo...!
En esta incertidumbre, en estas cavilaciones, entra el ordenanza y nos dice:
—¡Usted y usted: cojan la ropa y a su casa!
—¡Huy, sí, sí...! ¡Huy, qué más quisiéramos...!
Él venga a insistir y nosotras que no, que no; nosotras creíamos que nos lo decía el hombre por broma.
—¡Ah!, ¿que no se quieren ir?
—¡Cómo no! Lo que pasa es que es mentira, que nos engaña... Nos enseña la lista y nos dice:
—Mírenlo ustedes mismas y convénzanse. Así que, Micaela Flores, recoja la ropa y a su casa. Fulana de tal, lo mismo.
¿Usted cree que había derecho a teneme nueve meses allí encerrada, abandonada mi casa, mis tres hijos y mis padres, para al final decirme coja la ropa y a casa? Sin tomarme una mala declaración, sin cruzar una palabra con nadie, sin preguntarme nada de nada.
Y mientras tanto, mi casa abandonada, mis hijos, mis padres ancianos y enfermos, que precisaban mis cuidados más que nada...
Ya ve, mi padre, un hombre de ochenta años, muy anciano, trabajando toda la vida desde los catorce años. Toda la vida en este pueblo, en esta casa. Era barbero, era sacristán, era hornero y era alguacil. Todos le tenían entonces en palmitas, pero luego nadie tenía amparo para él ni para nosotros.
¡Y cuando estaban los milicianos...! Venían y decían:
—A ver, éste que huele a cera. ¡Venga p'alante!
Y yo, pues claro... Tenía yo que salir y ponerme...
—Pero, ¿cómo mi padre?
—¡Hombre, si es un anciano...! —decía uno—. ¡Si es un anciano...! ¿Qué va a hacer este hombre? Venga, entregue usted las llaves y nada más.
Yo me llevaba mis sobresaltos, mis sustos, porque lo mismo no miraban que era viejo y... Y siempre así. Y luego me cogen a mí nada más que porque sí, sin un motivo, sin una explicación, sin nada...
Yo trabajaba aquí con todos los que eran considerados de derechas. Horneaba. Me traían la leña, la quemábamos, amasábamos y

hacíamos el pan. Entre cuatro de las mujeres de derechas y yo, que era la que horneaba, cocíamos el pan. Porque como mis padres eran horneros, y yo he nacido en ello, lo atendía y lo hacía muy bien.

Y ahora todo eso se olvida. Mi marido era de izquierdas y a mí, por lo visto, así me consideraban también.

UNA TARJETA DESDE LOS CAMPOS DE CONCENTRACIÓN

Yo tenía noticias de mi marido porque me escribía, como digo. Me escribía él desde los campos de concentración una tarjeta. Una tarjeta diciéndome nada más cómo se encontraba. Más no le permitían poner.

Yo, de vuelta ya en mi casa, también le escribía: «Los chicos se encuentran en tal sitio y están bien.» Cosas de ésas. Y él me contestaba: «Estoy bien. Besos a los niños. ¡Cuándo los veré!» Y nada más. Eso era todo.

Bien, pero volvamos a Pastrana, al día en que me echaron a la calle sin juzgarme, sin ver al juez ni a nadie, sin tomarme siquiera declaración.

El día 12 de enero me pusieron en libertad. Recuerdo que había caído una nevada de miedo. Serían las once de la mañana cuando me pusieron en la calle. Sin más coche, sin más mulas, sin más medios y sin más nada. Como me soltaron a mí y a otra, y ella tenía el marido fuera y había ido a verla, pues con él nos fuimos las dos. A «patita», desde Pastrana, cruzando por todo el monte. Las once de la mañana cuando salimos y llegamos aquí de noche. ¡Veintitantos kilómetros!

Traíamos los pies hinchados, hechos una lástima. ¡Como allí no andábamos nada! (Cuatro o cinco veces en todo el tiempo que permanecí allí nos sacaron en manifestación por Pastrana, cantando el Cara al sol.) Además, con el frío, con la nieve, pisando cantos todo el camino por el monte, ¡ya nos dirán cómo veníamos!

Llego aquí y estaba mi hijo a la puerta; tenía seis añitos. Y voy y le digo:

—¡Miguel, hijo mío!

El chico se queda así, mirándome: no me conocía la criatura. Le digo:

—¡Hermoso! ¿Qué no conoces a madre?

Le cojo y empiezo a besarle. El chico, todo asustado, mirándome... mirándome...

—¿Y los abuelos? ¿Pero no sabes quién soy yo?
Me decía con la cabeza que sí. Le cojo de la mano y le digo que pase dentro de la casa y le diga a la abuela: «¡Abuela que está mi madre!», a ver qué decía ella.
Yo me quedé en la puerta y ellos, ¡pobrecicos; viejecicos, ciegos casi!, estaban de espaldas en la lumbre.
Entra el chico. Se vuelven y le dicen:
—¿Vienes ya a cenar, hermoso?
El chico mira a mi madre —parece que le estoy viendo— y vuelve la vista hacia fuera, hacia donde yo me encontraba.
—¿Quién viene contigo?
Y se queda así, mirándome sin reconocerme, y yo parada a la entrada. Entonces le digo:
—¿Hay cena para mí?
—¡Pase, pase usted! —me dice—, todavía no está hecha.
—Pero, ¿es que no me conoce usted? —le pregunto.
Al decir no me conoce usted, se levantó.
—¡Huy, pero si es mi hija...! —llena de alegría.
Se abrazó a mí, llorando... En fin, ¡una escena!

«QUE ME DEJEN LIBRE»

Yo ya le digo: ni de derechas ni de izquierdas. Si he querido comer he tenido que trabajar con unos y con otros. Muchas veces, allí, en la Prisión de Pastrana, me decía a mí misma: «Yo no quiero sino que me dejen libre, y poder trabajar, tener salud para poder trabajar y ganar para darles el pan a mis hijos.» Y si yo no hice nada, si no me metí con nadie ni antes ni después, ¿por qué procedieron así conmigo? Si mi marido era de izquierdas, ¿era eso delito para cogerme a mí y encerrarme?

Mi marido tenía sus ideas, pero no se había metido con nadie tampoco. No había hecho nada malo ¡y allí que le tienen años y años encerrado! Y claro, tuvo que hacer lo que hizo: ¡fugarse!

Porque pensaba igual que pensaría cualquier otra persona: «¡Mis hijos allí...! ¡Esta mujer así...! ¡Ella sola para trabajar para todos...! Igual que pensaría cualquier otra persona que hubiera estado en su situación.

Y todo, ¡sólo por sus ideas! Y pienso yo que las ideas son respetables, que cada uno puede pensar como le parezca, esté equivo-

cado o no, y que eso no son motivos para tener encerrado a nadie años y años.
El director de la cárcel de Pastrana nos decía:
—A ver quién de vosotras es más izquierdista. A ver cuál...
Se dirigió a mí, me miró y me dijo:
—¡Huy, tú eres de muy izquierdas!
Le contesté:
—¡Toma, porque soy zurda!
Le hizo mucha gracia al director. Se echó a reír y me dijo:
—¡Vaya contestación bien dada!

—Tras de haberme impuesto la pena de muerte —interviene él— estuve en la cárcel de Guadalajara año y medio o cosa así. Estuve en total unos tres años y medio en Guadalajara, en régimen de internado normal. Llevaba una vida descansada en lo que cabe, mucho mejor vida que la que llevaba en los campos de concentración.
—Ya podíamos al menos ir a verle —interviene ella—. Le llevábamos algo... Nosotros, aunque las pasábamos estrechas, nos sacrificamos para llevarle alguna coseja, algo de merienda para un día o dos y ropa limpia. Y en los campos no tenía nada de eso. Él en la cárcel distraía el tiempo haciéndome alpargatas para los chiquejos. Y para algunos de los de allí que se lo pedían, también. De este modo sacaba el hombre para sus gastejos, para comprar alguna cajetilla de tabaco y sus cosas.
Interviene él:
—De Guadalajara me trasladaron a Pálmaces de Jadraque, a un campo de concentración. Allí, en el campo, redimíamos la condena por medio del trabajo. Por un día de trabajo, me quitaban a mí cinco de prisión. A otros, tres; a otros, dos. Según. Allí, en Pálmaces, estuve unos tres o cuatro meses trabajando en el pantano.
«La vida, el trabajo en Pálmaces era duro, pero comíamos bien. Y no recibíamos malos tratos. Pero suspendieron los trabajos y nos llevaron de nuevo a Guadalajara. Los suspendieron porque la riada se llevó los maderos de sustentación de las obras, lo arrasó todo. Por eso nos llevaron otra vez a Guadalajara.
»Sólo estuve unos meses aquí, pues pidieron gente para salir a trabajar a Bustarviejo, en el ferrocarril Madrid-Burgos, y me ofrecí.
»Estuve en La Cabrera, cargando vagones de piedra. Era muy duro el trabajo, pero nos trataban bien. Allí, en Valdemanco de la

Sierra, donde estaba el campo, se nos trataba como a personas.
Interviene ella:
—En Valdemanco de la Sierra estuvo un año o cosa parecida. Yo fui una vez a verle. Llegué a las diez de la noche. Me dirigí al barracón del jefe y pregunté por mi marido.
—Sí, señora, está aquí. ¿Qué desea usted?
—Pues mire, que soy su señora y vengo a verle.
¡Fulanooo...! ¡Fulanooo...! —llamó a otro—. Vete a llamar a Andrés.
Fueron a avisarle.
—¡Pase, pase usted! —me dijo—. Viene en seguida.
—Allí estuve hasta que se presentó mi marido. Entonces nos despidió:
—¡Hala, márchense!

LA GRAN FUGA

Dos días estuvimos por allí, sueltos. Buscamos una casa. En el pueblo había habitaciones que alquilaban a las que llegábamos a ver a nuestros maridos. Llamaras a la hora que llamaras, siempre había camas:
—¡Pum! ¡Pum!
—¿Tienen habitación? —preguntábamos.
—Sí. ¿Para ustedes solos o traen niños?
Y añadían:
—Ahí a la derecha tienen una alcoba y pueden estar todo el tiempo que quieran...
Llegase a la hora que llegase, siempre se encontraba alojamiento. De Bustarviejo, donde nos dejaba el coche de línea, había que ir andando hasta Valdemanco, hasta el propio campo. Y de aquí, de Valdemanco, se vino huido hasta casa.
Se vino andando. Andando, campo a través, hasta llegar aquí. Sorteando carreteras y sitios para evitar que los vieran y pudiesen cogerlos.
Se vino en mayo. Y con él huyeron muchos, que no fue él sólo. Cincuenta más huyeron también. Entre ellos se pusieron de acuerdo y lo decidieron todo. Cada uno se marchó como pudo y por donde pudo.
Interviene él:
—En Valdemanco habría unos trescientos en total. Cada uno

tenía su problema y por eso decidimos marcharnos. Tardé dos días en venir hasta aquí. A la puesta del sol nos marchamos, cada uno por un sitio, ocultándonos todo el camino como mejor pudimos. Formábamos un grupo de ocho o diez los que veníamos en esta dirección. Unos eran de aquí mismo, de esta zona de Guadalajara. Comíamos de lo que encontrábamos por el campo a nuestro paso: almortas, habas, lo que fuese...

—Todo el camino ocultándonos entre los trigales, descansando a ratos... Recuerdo que, estando escondido en el campo, un perro me venteó. Llegó hasta mí de repente y empezó a ladrarme. ¡Me dio un susto de muerte!

Interviene ella:

—Llegó aquí anochecido. Yo estaba asistiendo en una casa.

«¡CALLA, HIJO, CALLA, QUE SOY TU PADRE!»

Toda la vida he estado asistiendo en esa casa y sin embargo, me han hecho todo el mal que han podido. Fíjese hasta qué extremo, que incluso ahora no quiere firmarme unos papeles para cobrar la vejez. Y no la cobro. Fui niñera de ella. Cuando nació fui a su casa de niñera y en ella estuve siempre. Estaba allí asistiendo, continuaba allí, a pesar de todo lo que le digo, porque no había otra casa donde trabajar, porque tenía tres criaturas y había que darles de comer.

—¡Fíjese cómo era! Recuerdo un día que me mandó a por agua a la fuente. Iba yo cargada, con dos cántaros de agua. Y el suelo no se veía... Había caído un nevazo impresionante, y como hacía mucho frío, la nieve se heló. Iba yo, ya digo, con los cántaros y, con tan mala suerte que tropecé en una piedra y me rompí una pierna. Llegué hasta mi casa como pude, y le dije al niño que se acercara donde ella, y le contara lo que me había sucedido.

—Total: que me tuve que vendar la pierna con una tablilla, y cómo no estaría de mal el terreno que el médico no pudo venir hasta pasados unos días. Al fin, llegó, y yo curé de manera milagrosa. Pero ella no se dignó bajar a verme. Gracias a que yo misma —según me dijo el médico— me había vendado la pierna..., que si no a estas alturas estaría coja.

—Él, ya digo, llegó anochecido. Y en vez de llamar, para que no le sintieran, ¿pues qué hizo?: se coló dentro.

—Pero el niño pequeño, que tendría tres años, le vio y empezó a decir:
—¡Abuela, abuela, un hombre! ¡Abuela, un hombre que se sube arriba...!
—¡Anda tonto! —le dice mi madre.
—¡Qué sí, abuela, que sí!
Conque se asoma mi marido y dice:
—¡Calla, hijo, calla, que soy tu padre!
—¿Quién dice que es, hijo, qué dice? —pregunta mi madre.
—¡Que es mi padre, dice que es mi padre!
—Pues anda, corre, ve a llamar a madre. Pero no le digas a nadie, ni a madre siquiera, ¿sabes?, que ha venido padre.
¿Sabe usted lo que se le ocurrió a mi madre como excusa para que el niño subiera por mí? Pues que el niño subiera a avisarme y dijera: «Que se ha puesto la abuela mala, que bajes corriendo.»
Conque ¡dicho y hecho! Llegó el niño, llamó y salió ella.
—¿Qué quieres, hermoso? ¿Dónde vas, guapo? —le preguntó.
—Que baje mi madre.
—No ha terminado todavía, hermoso. Está fregando.
—Que se ha puesto mi abuela muy mala, que baje a escape.
Entonces viene ella muy deprisa y me dice:
—¡Micaela, deja todo! Bájate, que se ha puesto muy mala tu madre. Ha venido el niño a buscarte.
—¡Ay, me voy! Subiré a terminar cuando se le pase.
Me marché corriendo y al llegar a mi casa me encontré con mi marido.
Y como yo me decía a mí misma luego: Mira que si se le ocurre decir: «¡pues voy a ver lo que le pasa!». Gracias a Dios que ni se le pasó semejante idea por la imaginación.
Después de recuperarme de la sorpresa, de la emoción del encuentro, hice un poco de tiempo y regresé otra vez a la casa.
Me pregunta al verme llegar:
—¿Qué le ha pasado?
—Pues nada; que se conoce que ha cogido un poco de frío y se ha indispuesto. Le he tenido que hacer una taza de té, pero ya está mejor.
Terminé y regresé a casa. Estaba muy asustada. Le digo a mi marido:
—¿Y cómo vas a quedarte aquí?
—¿Y dónde voy entonces? —me dijo él—. No tengo más remedio que quedarme aquí.

—¡Ay, Dios mío! Yo... ¡un susto, una tembladera! Yo pensaba: «¿Y si vienen y me encierran a mí?
Al día siguiente, antes de que clareara, él se marchó al campo, por ahí. A ocultarse donde fuera, pues aquí corría un peligro grande. Podían oír ruido..., venir alguien a casa... ¡Y como yo apenas si paraba en ella!
Porque yo iba por ahí comprando pollos, gallinas, por esos pueblos y luego me iba a otros a venderlos. Con eso me ganaba una peseta y tenía para darles el pan a los míos. Trabajaba en todo lo que salía.

PADRE, MADRE E HIJO ABRAZADOS Y OCULTOS

El chico mayor, que tendría unos ocho añitos, iba ya de pastorcejo. ¡Por ese monte, fíjese! Y precisamente en ese monte donde estaba mi hijo de «rochanejo», que decimos aquí, de pastor, hay un camino que conduce a Yebes. Por ese camino me fui, en dirección a Yebes, y de paso por ver al chico y explicarle lo sucedido. Porque el chico, como se quedaba a dormir en casa del amo, no había visto a su padre ni sabía nada de nada.
Más al chico ese día lo había mandado a Yebes el dueño del rebaño a recoger unas cabras, y no pude verle. Ni en Yebes tampoco, porque como él no sabía que yo estaba en Yebes no hizo por encontrarme.
Él recogió sus cabras y salió de allí sin verme. Yo fui tras él, pero no conseguía darle alcance porque llevaba un paso muy vivo. Le daba voces, pero él no me oía.
Hasta que, una de las veces, volvió la cabeza y me vio. Y como las cabras corre que te corre, y él tras ellas para que no se le fuesen a los trigos, no pudo esperarme.
Mi marido, por entre los robles donde se hallaba escondido, le vio venir por el camino, mas no lo reconoció. No quiso salir de su escondrijo. Hasta que no me vio a mí y se cercioró de que no venía nadie más por el camino no quiso salir.
Llega hasta mí entonces, y le digo:
—Pero, ¿no has visto al chico?
—No, no le he visto —me contesta.
—Pues ha pasado por aquí con unas cabras.
—He visto pasar un chico con unas cabras, sí pero ¡yo qué sé quién era!

Continúo tras él. Al fin, cuando sale el chico a lo alto del **monte**, le doy alcance. Le llamo y le digo:

—Cuando encierres las cabras te vienes por aquí. ¡Está ahí tu padre escondido!, pero no se te ocurra decir ni palabra a nadie.

Llega el chico al redil donde está el ganado. Encierra en él a las cabras y le dice al dueño:

—Voy al camino. Que viene mi madre de Yebes y voy a salirle al encuentro.

Así lo hizo. Conque acudió a donde estábamos nosotros. Se abrazó a su padre y allí, medio ocultos, aún estuvimos un buen rato.

Pero llega la hora de marcharnos. ¡Allí fue ella! El chico que ve que su padre no se viene, que se queda allí, escondido, empieza a llorar y a decir que él no se deja allí a su padre, que se queda con él y que se queda allí con él. ¡No tenía consuelo! ¡Un chiquillo de ocho años...!

—Pero, ¡hijo mío! —le digo yo—. ¡Si no puede ser, si no hay que decir siquiera que le has visto! Si lo dices, fíjate, ¡vienen por él!

Yo le había comprado al crío una navajilla porque tenía él el capricho de tener una. Para entretenerse en el campo cortando varejas y cosas así...

Y le digo:

—Trae la navaja. Ahora te va a preguntar el amo, cuando lleguemos, que por qué hemos tardado tanto y le vamos a decir que has perdido la navaja y que la hemos estado buscando. Y eso nos sirve de disculpa.

Porque el chico llevaba los ojos llorosos del berrinche tan tremendo que cogió porque no quería dejar solo a su padre, porque quería quedarse con él.

Cuando llegamos a donde estaba el amo y éste vio al chiquillo con ojos de haber llorado, le preguntó:

—¿Qué te ocurre, hombre? ¿Por qué has llorado?

—Mire usted —le dije yo—, porque ha perdido la navajilla que le compré y le he regañado. Porque después que no tiene una para darles de comer he hecho el esfuerzo de comprarle la navajilla, de darle ese capricho, y resulta que me la ha perdido.

Tuve que decirle eso. El hombre no sospechó nada, se lo creyó y le dijo:

—¡Anda, majo, no llores! Bájate con tu madre y acompáñala, que es ya casi de noche. Mañana subes.

¡Qué viaje me dio el puñetero! Todo el camino llorando. Y que él no quería venirse... que él se iba con su padre... que se volvía con él... Al fin pude calmarle porque le dije:

—Mira: tú no digas nada, hijo. Mañana, cuando salgas con el ganado al monte, tira por donde está tu padre escondido, y pasa el día con él. Pero no le digáis nada a nadie, ni tú ni tus hermanos.

Efectivamente. Como si hubieran tenido todos veinte años. ¡Ninguno dijo nunca una palabra!

A la segunda noche de estar por el monte se vino a casa mi marido. Y aquí ha estado escondido todos estos diecinueve años. Arriba, en el piso de arriba, en las cámaras. Por el día estaba oculto arriba; pero ya por la noche, cuando regresaba yo de mis faenas y echaba la llave, se bajaba con nosotros, a calentarse a la lumbre, reunidos todos.

¡Veinte años sin asomarse a la puerta de la calle! Sin siquiera verla. ¡Nada!

REGISTRO

Los guardas de la finca donde estaba mi hijo de pastorcejo, esa finca del monte, eran gentes que vinieron de Madrid y no sabían nada de matanzas y cosas de ésas. No sabía la mujer apañarlas. Y como a mí me llamaban de todos los sitios cuando había que hacerlas, pues vino a mí la mujer y me preguntó si la podía ayudar. Les dije que sí, que iría a hacer la matanza.

La mujer no tenía apenas cacharros ni apaños de ninguna clase. Y como para esas cosas se necesitan muchos cacharros, pues le subí los míos para que preparara los avíos en ellos.

El hombre, agradecido, me recogía la leña y a la que yo me bajaba, me traía una gavilla para hacer lumbre y calentarnos. Y yo, cuando subía a ver a mi hijo, aprovechaba para subirles lo que necesitaban y evitarles el viaje. Porque ellos tenían que bajar al pueblo por el pan y los comestibles. Aprovechaba, ya digo, para subirles las cosas y evitarle a la mujer el paseo. Toda la gente del pueblo me veían subir cargada y bajar con mi haz de leña, y nunca dijeron nada.

Pero el día aquel, preparativo de la matanza, me vieron subir más cargada que de costumbre, entraron sospechas y empezaron las murmuraciones: «que si a lo mejor estaría escondido mi marido en la finca aquella... Que si llevaba mucho bulto y muchas cosas...»

Todo eran comentarios.

Todas estas sospechas, estas habladurías debieron llegar a oídos de los guardias, porque una mañana se presentaron en casa. Una pareja de la Guardia Civil se presentó aquí —yo sólo vi a ellos y a otro más fuera, pero luego supe que tenían rodeada la casa, cortada la calle—; y en la finca del monte, otras dos parejas.

Aquella mañana, según me estaba vistiendo, desde la ventana los veo venir. Y le digo a mi marido:

¡Vienen guardias!

—¡Por mí vienen! —dice él.

Todos los días, cuando yo me tiraba de la cama, hacía levantar a mi marido y se subía él de seguida. Lo primerito que hacía era levantar la cama y ahuecar el almohadón, no se fuera a presentar alguien. Porque en la cama se ve enseguida si duerme una persona o dos. En fin, hacía esas cosas por precaución.

Llama a la puerta el guardia que hacía de jefe de pareja y me pide permiso para registrar la casa.

Le digo:

—¡Pues sí, sí, señor! ¡Pasen ustedes!

Esta habitación de aquí era antes una cuadra, con su puerta para pasar dentro. Y tenía yo entonces dos cabras en ella. Los animales tenían la costumbre de tumbarse pegadas a la puerta, atravesadas de tal manera que nos costaba un triunfo poder abrirla cuando teníamos que pasar dentro.

Empujaron los guardias la puerta, ¿y qué pasó? Pues nada, que estaba atrancada y no podían abrirla.

Los guardias, al ver esto, ¿qué se figuraron?: que mi marido estaba escondido tras la puerta.

—¡Abra, abra usted!

—Pero si son las cabras, que están ahí y no puedo...

Uno se retiraba... El otro echaba mano a la pistola...

—Miren ustedes: les digo que son las cabras, que se tumban ahí, tras la puerta y nos cuesta todos los días Dios y ayuda poderlas sacar.

Por fin pudimos abrirla y se cercioraron de que eran las cabras, efectivamente, las únicas que allí estaban. ¡Pero los hombres!

Ahí, en esa habitación, tenía la bodega. Había en ella un poco de jabón que yo compraba en un pueblo para venderlo, estraperlado al que me lo pedía. A cambio de aceite, de azúcar y cosas de esas que necesitábamos. De algún modo teníamos que ganar para vivir.

Les digo:
—¡Huy!, pasen ustedes aquí. Pero, por favor, no me vayan a denunciar... Tengo aquí un poco de jabón...
No me dejaron terminar:
—Esté usted tranquila. Aunque tuviera la casa llena de aceite, de azúcar, de jabón, de lo que quiera que fuese, no la denunciaríamos. Tiene usted que dar de comer a sus hijos y valérselas como puede. Sabemos toda su vida. Lo que hace para dar de comer a los suyos. La hemos estado vigilando por esos caminos y no la hemos visto nunca un mal detalle ni apoderarse de nada. Ni de uvas, ni garbanzos, ni de cebada, ni de trigo, ni de nada de nada. De esto, menos aún. ¡Si nosotros somos guardias y también tenemos que llevarles el pan a nuestros hijos!
Les contesto:
—Pues miren ustedes: éste es el escondite de todo lo que tengo.
—Ya le decimos que esté usted tranquila. Que por esto, nada le va a ocurrir.
Subieron al piso de arriba y llegaron a las cámaras. Intentaron entrar por un agujero que había, pero el tricornio, los correajes y todo lo que llevaban encima no se lo permitía.
—¿Tiene otra entrada?
—Sí, señor, por la parte de atrás.
Conque un guardia se quedó allí y otro, acompañado por mi chico, se fue a la parte de atrás, a entrar en las cámaras.
Había en la cámara una especie de tabiquillo que apenas si sobresalía, ni se distinguía en la oscuridad. El guardia enchufaba la linterna por toda la cámara, por acá y por allá, a mi marido, tendido a todo lo largo como estaba del tabiquillo, estirado todo lo que podía, no le vieron. Total, que se retiraron de allí y no le encontraron.
Esto fue, como digo, un milagro de los grandes. Si hubiera intentado huir por el tejado le habrían cogido, pues en la esquina había un guardia con una pistola empuñada. La casa, después lo supe, estaba rodeada por los guardias. Habían tomado todas las precauciones para que no se escapara si se encontraba allí.
Cuando los vi bajar sin él respiré. Y mi hijo, que los acompañaba, el mayorcejo, igual. La criatura, ¡con una cara de alegría que bajaba! Como diciendo: «Ya se van y han dejado aquí a mi padre».
Pero un guardia que estaba fuera, que le decían el guardia Luan, receloso, me dice:
—No, si usted tiene que saber dónde está. Usted en algún sitio

le tiene que haber escondido.
Le contesté:
—¡Sí, aquí...!
Iban a retirarse ya cuando me acordé que tenía yo un corralejo ahí abajo, en renta, para los bichos. Y pensé: «¡No sea que por no enseñarles el corral vayan a venir otro día y...!»
Entonces me volví a ellos y les dije:
—¡Huy, hagan el favor! Tengo aquí abajo un corral...
Bajaron. Abrieron la puerta y dijeron:
—¿Es esto?
—Esto —les dije yo.
—Bien. ¡Adiós!
—Oigan —les dije—, un momento. Yo tengo que subir al monte, a la finca. ¿Puedo? Tengo allí unos barreños de picado de la matanza y he de terminar de ayudar a esa gente.
—¡Sí, sí! ¡Usted vaya donde quiera!

GOZARSE CON LA CAPTURA

Conque, al poco de irse ellos, pillo paso otra vez con mis cacharros a la cabeza y la bolsa llena y, ¡hala!, al monte. Cuando llego me encuentro allí con cuatro de ellos, con cuatro guardias. ¡Desde hacerse el día los tenían allí!
Y es que, como ya dije, como tenía amistad con aquella gente, como mi hijo trabajaba con ellos, como bajaba leña y subía con tanto convoy, se creían que mi marido estaba allí. O en mi casa o allí. Ésa era la razón de su presencia en la finca.
Estaba lloviendo ese día y se habían refugiado en la cocina. Todos los guardias, y hombres de aquí del pueblo que los acompañaban gozándose ya en la captura de mi marido. Y muchas mujeres por ahí, asomadas, desperdigadas, esperando a ver si le descerrajaban un tiro. Una vergüenza y una pena. ¡Qué rato pasé, Dios mío!
—¡Buenos días! —dije al entrar.
—¡Buenos días! —me contestó la mujer.
Y añadió:
—¡Han venido los guardias! Desde que se hizo de día están aquí. No sabemos lo que buscan.
—En mi casa han registrado también —le dije—. ¿Qué ha pasado? ¿Es que han robado algo por ahí o cosa así? Demasiado

sabía yo qué buscaban, pero me hice la desentendida.

Mientras tanto los hombres allí, reunidos, oyéndolos hablar sin poder nosotras entrar en la cocina.

Por fin me decido a entrar y les digo:

—¿Puedo poner aquí los barreños de picado? Porque, miren ustedes, yo tengo luego que irme...

—Sí, cómo no, póngalo usted donde quiera.

Deja finalmente de llover y se preparan para marcharse.

—¡Señora, que le vaya bien!

—¡Señora, que tenga usted suerte!

—¡Señora, adiós!

¡Los propios guardias! Y yo... ¡fíjese cómo estaría yo!

—¡Adiós! —les contesté.

Pero los del pueblo que subieron con ellos, ninguno dijo ni siquiera ahí te quedas. Nada.

Así concluyó aquello. Yo seguí con mis pollos, mis gallinas, tranpeando en mil cosas como podía. Pero me daba cuenta de que los guardias me vigilaban por los caminos, por donde fuese. Me veían salir todos los días y me vigilaban por si yo me encontraba con mi marido en alguna parte.

El registro lo hicieron a los dos años de llegar mi marido huido de Valdemanco. Y yo insisto en que lo hicieron por causa del proceder de la muy mala gente que allí había, por sus comentarios y habladurías. Porque, ni cuando llegó huido, que era lo más natural, ni en los dos años que llevaba ya escondido en casa, nunca hasta entonces vinieron a registrar.

La noticia de la huida la comunicaron al pueblo, pero a mí nadie me dijo nada oficial. Bueno, sí, hubo un señor que me lo dijo. Un señor de Horche que apreciaba mucho a mi marido, que también era de ese pueblo. Siempre que iba por Horche me preguntaba por él.

(Mi marido es de Horche y yo de aquí. Yo soy nacida y criada aquí.)

Pues bien: ese señor del que hablo, a los pocos días de la huida de mi marido —llevaría éste unas tres semanas o así escondido en casa—, me vio en Horche y me preguntó por él como de costumbre.

Y yo le dije:

—Mire usted: llevo mucho tiempo sin saber nada de él. Y créa-

me que me extraña, porque todas las semanas tengo carta suya y llevo ya tres sin recibir noticias suyas.
—¡Huy, Micaela! ¿Y cómo se está usted así?
—¿Y qué voy a hacer? —contesto yo.
—¿Y no le remiten sus cartas?
—Pues no, no, señor.
Entonces se queda el hombre así, como un poco pensativo y me dice:
—Mire: si no tiene inconveniente deme las señas. Escribiré yo. Tengo interés en saber qué le pasa a ese hombre.
Le di las señas.
—Dentro de tres o cuatro días se pasa usted por aquí. A mí me contestan rápido.
(Era un hombre muy significado de la Falange.)
Cuando transcurrieron esos días que me dijo, subí a verle, haciendo como que no sabía nada. Y le pregunto:
—¿Sabe usted algo?
—¡Sí! ¡Pase, pase usted! ¡Siéntese!
—¿Qué pasa? —me atreví a decirle.
Me mira y me entrega una carta para que la leyera. Le decían en ella: «Amigo... Me figuro que por la persona que preguntaste tendrás interés y no será mala persona cuando tú te interesas por él. Pero siento mucho tener que decirte que esa persona ha desaparecido hace unos días en unión de otros cincuenta que se fugaron de aquí. Hasta la fecha no sabemos el paradero de ninguno.»
—¡Ay, Dios mío! ¿Dónde habrá ido? ¿Qué será de él? Y me eché a llorar como una comedianta.
—¡No llore usted, mujer, no llore usted! Ya aparecerá.
Desde entonces aquel hombre, siempre tan atento, cada vez que me veía aparecer por Horches me decía:
—No se preocupe. Quizá pronto sepamos algo de él.
Y a medida que transcurría el tiempo, siempre que iba por ese pueblo y acudía a preguntarle:
—¿Qué, sabe usted algo?
Siempre, siempre, me respondía lo mismo.
—No sé nada, no, señora. Pero, ¡no pierda la esperanza!

«¡MICAELA, QUE SUBAS AL AYUNTAMIENTO!»

Como ya digo, desde que se fugó nunca habían registrado mi casa. Pero anteriormente, a raíz de su fuga, durante algún tiempo el alguacilillo se presentaba en mi casa, anochecido ya:
—¡Micaela, que subas al Ayuntamiento!
Cuando me presentaba ya estaban allí los guardias para interrogarme. ¡Y cómo no me lo conocerían, Dios mío, cómo no me lo notarían si yo no podía ni siquiera hablar! ¡Tenía aquí, en la garganta, un nudo! Ni tragar la saliva siquiera podía. No hacía más que llorar.
Y me decían ellos:
—¡No llore usted, mujer, no llore! ¿Por qué llora?
Me acosaban a preguntas y a preguntas y me decían:
—¡Parece mentira...! ¡Una mujer joven, como usted, que tenga que estar pasando tantas fatigas para criar a sus hijos! Porque lo sabemos, sí, señora, que nos lo dicen en el pueblo. Que trabaja usted mucho y que se va usted a quitar la vida. Que usted a por leña..., usted a asistir..., usted a lavar..., usted a otro pueblo a ganarlo... Y luego, para remate, su casa. ¡Sus hijos, tan pequeñines, en vez de ir al colegio, ¡hala!, de pastorcejos por ganar el pan...! Ande, ¡díganos usted dónde está! ¡Que no le va a pasar nada, díganoslo!
—¿Y quién desea la salud mejor que el enfermo? Miren ustedes: si yo lo supiera, ¿por qué no se lo iba a decir? Pues lo diría, de verdad que lo diría —le contestaba yo.
Allí me tenían los guardias media hora o una hora. Y ellos venga a hablarme, venga a decirme y aturdirme. Así que, todo el día trabajando y luego un sofoco diario.
Los chicos, mientras tanto, por allí por la puerta. Siempre con el temor de que me dejasen encerrada. Y así un día, y otro durante mucho tiempo. Hasta que se cansaron o se convencieron de que no sabía su paradero.
En el pueblo todo eran comentarios, murmuraciones... Cuando subían por agua al río, en la esquina donde está mi casa, que es paso obligado, se paraban formando corrillos, siempre vigilando, siempre al acecho... Éramos la comidilla del pueblo. Y se nos espiaba.
Le digo esto porque un individuo, que ya ha muerto, tenía la bodega por aquí abajo. Yo sabía que no tenía en ella nada, pero

todos los días, anochecido, a la bodega.
 Una noche de ésas llega a casa mi niño y me dice:
 —¡Madre!, está fulano ahí, en la esquina, vigilando. ¡Hable usted despacio!
 Yo, entonces, ¿qué hice? Cojo un cubo, lo lleno de agua y entro en la habitación. Porque a la esquina que se encontraba él parado, daba un ventanuco de mi habitación y se conoce que por allí se asomaba él. Abro el ventanuco con cuidado y ¡zas!, allá que te va todo el agua.
 A la noche siguiente salgo a por leña al corral, ahí fuera, y le veo otra vez. Cojo el cubo de agua que tenía ya preparado de antemano y digo:
 —¡Tusooo...!
 Se da él un brinco abajo y el cubo de agua tras sí. Yo como si no supiera que era una persona, como si creyera que era un perro. Volví a tirarle otro cubo de agua al tiempo que decía:
 —¡Vaya un chucho más asqueroso! ¡Todas las noches aquí, dando el tostón...!
 Él se tiró calle abajo sin rechistar. Entré en la casa, cerré la puerta, saqué la llave y me quedé con el ojo puesto en la cerradura. Al poco le vi subir y le reconocí. ¡Ya no volvió a bajar ninguna noche!
 Por aquel tiempo iba yo a espigar. Después aventaba el trigo y lo llevaba a una fábrica de harinas que hay en el camino de Horche.
 Los dueños de la fábrica, cuando la compraron, preguntaron en el pueblo quién podría subir a limpiarla y les dijeron que yo. Y me llamaron.
 —Pues, sí señor, les puedo ir a trabajar si ustedes quieren.
 Me quedé allí, trabajando, y aunque no podían canjear el trigo —sólo podían canjearlo por las cartillas autorizadas por el Servicio—, ¿cómo me iban a negar a mí cambiarme un saquete de trigo por uno de harina? Pues no me lo negaban.
 Pero el dueño me decía:
 —Tengo miedo, Micaela. Un día la van a pillar a usted ahí, en las Yeseras, los guardias, y la vamos a liar. Yo, ya sabe usted que con el alma y la vida le cambio el trigo para que les dé el pan a sus hijos, pero... Mire: si algún día los guardias le paran, les dice que está aquí trabajando y que yo le pago con harina. No diga usted que es cambiado.
 No se preocupe. Yo les diré, si eso sucede, que es en pago de mi trabajo, que únicamente vengo a trabajar a cambio de harina.

Así, haciendo frente a muchas calamidades, con muchos sacrificios y sobresaltos, con más penas que gloria, fueron transcurriendo todos estos años.

LA VIDA... UN MARTIRIO

La vida de mi marido, como comprenderá, era un martirio. Lleno de amargura, aburrido... El pobrecillo todo el día en casa y siempre con los nervios tensos, siempre al acecho. Desde que nos levantábamos hasta que anochecía, siempre encerrado arriba, en la cámara. Cuando ya nos recogíamos y yo cerraba con llave la puerta, él bajaba a reunirse con nosotros alrededor de la lumbre. Ese ratito que aprovechábamos para cenar era su único disfrute realmente.

Pero el vivir así, tan oculto, pendiente de que nadie sospechase lo más mínimo, era tremendo. Los hijos, naturalmente, iban creciendo, se hacían mayores... Y a la hija, como es lógico, le llegó su turno de echarse novio. Cuando transcurrió un tiempo prudencial, el chico me pidió permiso para entrar en casa. Y yo... pues no se lo pude negar. No tenía motivo para negárselo y no quería levantar sospechas...

Él venía a casa al anochecer, cuando acababa sus faenas, y con nosotros compartía unas horas hasta que nos íbamos a dormir. Eso gravó aún más la soledad de mi marido, porque ya ni de ese tiempo en nuestra compañía podía disfrutar el pobre.

Por otra parte, nunca quisimos que nuestros hijos confesasen nuestra situación ni aun con quienes se iban a casar. Y ocurrió que una tarde, mientras yo había ido a por agua, el novio de mi hija se presentó inesperadamente a buscarla. Ella no estaba. Y mi marido —una de las contadas ocasiones en que había abandonado su refugio—, que le oye llegar, corre a toda prisa escalera arriba hacia la cámara. Aun así, el chico todavía pudo ver como una sombra ocultándose en la escalera.

Yo subía la cuesta con el cántaro y no sé por qué lo presentí. Incluso llegué a acelerar el paso para alcanzarle, pero no lo conseguí. Vi de lejos cómo el chico dio media vuelta y se alejó.

Al cabo de mucho tiempo me diría mi hija:

—¿Sabes lo que me ha comentado mi novio? Que andabas a hombres porque él había visto un día una sombra de uno esconderse escalera arriba.

Mi hija, claro, se echó a llorar y no le dijo ni pío.

Pocos días antes de que se casaran le confiamos nuestro secreto. Por cierto, ¡qué peripecias el día de la boda para que el padre los viera nada más casarse!

Por lo pronto, aquí es costumbre celebrar el banquete en casa, y nosotros dijimos que era imposible ya que la casa era muy pequeña. Lo celebramos en un local más grande, pagando —casi sin tener para ello—, para evitar, claro, el peligro de que pudiese descubrirse a mi marido.

Terminó la ceremonia de la boda y ya sabe cómo son en los pueblos a curiosear... a ver... Pero eso ya lo teníamos previsto y habíamos ideado un plan.

Los novios salieron corriendo de la iglesia, que está aquí mismo, a dos pasos. Vinieron a que su padre los abrazara. Yo, antes de que terminara la ceremonia, me vine a casa. No hice más que llegar aquí y al momento escuché mucho jaleo:

—¡Los novios! ¡Que se van los novios!

Los novios entraron sofocados, a ver a su padre. Yo, mientras, en la puerta para que nadie pasara. Y tuve que decir en voz alta a la gente:

—No os preocupéis. Es que se le ha descosido una parte del vestido. Ir hacia el salón, que en seguida vamos nosotros.

Siempre tuvimos la esperanza de que algún día podría salir y se acabaría aquella pesadilla: algún decreto... alguna orden... algún indulto... En casa se leían algunos periódicos, atrasados, claro está, y un día del año 69 nos enteramos de un decreto. El contenido del mismo decía que no le ocurriría nada.

Decidimos entonces que yo iría a Guadalajara a enterarme. Y en la casa donde yo asistía, en el pueblo, dije que tenía que ir a Guadalajara a hacerme unos análisis. Llegué allí y pude hablar con un señor muy entendido y con cargo. ¡Qué persona tan buena! ¡Cómo me trató!

Me dijo:

—¡Señora, de esto que me cuenta no se le ocurra decir nada a nadie en el pueblo; que su marido siga escondido!

Esta gran persona me dio las señas de un gran abogado de Madrid y me insistió en que, una vez que abandonara su despacho, él olvidaría lo que le había referido.

De Guadalajara regresé al pueblo y dije que tenían que hacerme una observación en Madrid.

Marché a casa del abogado, le referí la historia y el señor se quedó sorprendidísimo. Tanto se interesó por el asunto que ese mismo día, en su coche, volvíamos los dos a Guadalajara. Nos presentamos donde el otro señor, y allí hicimos las diligencias necesarias.

Al día siguiente, muy temprano, mi marido tenía que presentarse en Guadalajara. Esa misma noche puse una conferencia a mi hija. Me habían advertido que era conveniente que nadie le viese salir. Mi hija y yo utilizamos para entendernos un lenguaje que ya teníamos ensayado. Ella, de noche, cuando el pueblo durmiera, lo sacaría a la carretera, a un lugar determinado. Yo iría a recogerle en un taxi. Salió todo tal como lo planeamos.

Esperamos en Guadalajara a que amaneciera. Durante ese tiempo estuvimos en casa de una familia. Se lo conté todo y no podían creerlo.

Al amanecer nos presentamos en el lugar señalado. Allí estaban ellos. Él terminó unos papeles y le condenaron a tres meses de cárcel.

¡De cuando en cuando iba a verle y llevarle cigarrillos!
Una vida, como ve, rota.

DIECINUEVE AÑOS ENTRE CUATRO PAREDES

TOMÁS: «MI VIDA SE HA REDUCIDO A DIEZ METROS CUADRADOS Y UNA VENTANA»

- «LA VENTANA FUE MUY IMPORTANTE PARA MÍ: DESDE ELLA VI EL ENTIERRO DE MIS PADRES Y LA BODA DE MIS HIJOS»

- «DESPUÉS DE SALIR, PASÉ EN LA CÁRCEL CUATRO MESES Y MEDIO»

Tomás y su mujer viven en la calle de San Roque, en Guadalajara. Ella lleva una panadería situada frente a la barbería de la que es propietario su hijo político.

Llegar hasta Tomás fue difícil. Yo me había enterado de su ocultamiento gracias a esos raros caminantes que uno se encuentra por el mundo. Una vez que supe lo de la panadería me presenté en ella y compré un pan. La ocasión me valió para decirle a la mujer si no le importaba que conociera a su marido. «Tengo interés por su historia —le dije.» Y le mostré mis deseos de conocer la vida de estos hombres a los que el miedo les había llevado a situaciones inimaginables. La mujer no puso ningún inconveniente. Subimos y nos encontramos con Tomás, un hombre de buen aspecto ciudadano, que tenía la camilla repleta de periódicos, y que me dio la impresión de ser culto. Su estado físico era valetudinario: se quejaba de achaques en una pierna; achaques que le tenían postrado, sin poder moverse.

Tomás contó lo que el lector va a encontrar a continuación una historia breve, pero interesante. Insistí en que la narración fuera más extensiva; sin embargo, mis empeños no encontraron ecos. La llegada de sus hijos creó un ambiente de tensión, ante el cual opté por una marcha improvisada, tras el amable recibimiento de Tomás, que se me mostró como hombre con enormes deseos de hablar. Pero, ya digo, la presencia de una hija y su hijo político le dieron otros rumbos a una charla que, hasta ese momento, había sido muy agradable.

«Al empezar la guerra, yo era de izquierdas, y pertenecía a la Unión General de Trabajadores. Estaba metido en un comité de la Casa del Pueblo. Y nos conocíamos todos, porque Guadalajara era un pueblo. Me nombraron para el comité, como pudieron haber nombrado a otro, con el fin de llevar cuentas de las sociedades. Estuve un año. Y después me pilló todo el follón de la contienda.
Cuando empezó la guerra, yo estaba comiendo; en casa se oían perfectamente los tiros. Casi no nos dimos cuenta de que habían tomado Guadalajara. Salió el regimiento del Cuartel de Globos a la calle y se hizo con la ciudad. En vista de todo eso, yo me marché al campo con toda la familia, con mi mujer y mis dos hijos. Y me quedé en el campo; mi mujer se marchó a un pueblo a casa de unos familiares. Estuve con centenares de jóvenes de Guadalajara hasta el día siguiente de que las Milicias de Madrid tomaran de nuevo la ciudad. Entonces me volví a Guadalajara, en vez de irme al pueblo con mi mujer.

«AÚN ARDÍAN LAS CASAS»

Una vez en Guadalajara, fui a visitar a unos amigos, mientras aún ardían las casas. Estos amigos eran nacionales, puros nacionales. Afortunadamente no los habían matado. Eso es lo que me dijo su familia, porque a ellos no les llegué a ver. Seguramente ya se habían incorporado al ejército de Franco. Su familia me abrazó.

Yo seguía siendo igual. He tenido amigos de izquierdas y de derechas, sacerdotes, militares, de todo.

Los nacionales habían bombardeado la ciudad. Fue algo horrible, destruyeron parte del palacio del Duque del Infantado y ardieron muchos edificios. Los milicianos dijeron que al siguiente bombardeo se cargaban a todos los presos. Y así fue. Mataron a los presos, a 319 reclusos que estaban en la cárcel.* Pero yo estoy seguro, pese a quien pese, que entre los que asaltaron la cárcel no había ningún hijo de Guadalajara. Fueron los milicianos de fuera.

Una vez que las Milicias tomaron la ciudad, me incorporé de nuevo a mi trabajo de panadero. Al año me llamaron a filas. No estuve nunca en el frente pegando tiros, sino en panificación, en tareas de panadero. Y así recorrí varios frentes, sin intervenir directamente en ninguna batalla.

UN SALADERO DE HOMBRES

Cuando terminó la guerra, nos metieron en un campo de concentración, en Benalúa a unos seis kilómetros de Guadix. Los campos de concentración son todos iguales. Como dijo Churchill en su historia de la Primera Guerra Mundial: «un campo de concentración es un saladero de hombres». El lugar donde nosotros estábamos no era mayor que el de un campo de fútbol. Y allí nos metieron a seis mil. En el campo no había ni camas, ni servicios ni nada. Horrible. A los dos meses, Queipo de Llano dio la orden de que saliéramos todos, seguramente en vista de la cantidad de personas que estábamos allí dentro. Yo tuve la suerte de salir de los primeros. Me preguntaron dónde quería ir, y, claro, yo me vine a Guadalajara a ver a mis hijos. A mí no me importaba si tenía acusaciones, si peligraba mi vida ni nada. Yo a ver a mis hijos y a mi mujer.

Vine a mi casa de noche. Habían transcurrido ya sesenta días desde el final de la guerra y todo había concluido. Era junio. Yo pensaba que habría cárcel, que pedirían responsabilidades, pero no sabía que había consejos de guerra —bueno, no eran consejos de guerra— juicios con penas serias de muerte. Yo no había cometido ningún delito, ni siquiera había participado directamente en el frente. Lo mío sólo era una cierta actividad social en la UGT, en el

(*) Episodio escalofriante, recogido por el autor en su obra, ya citada, «Entre el Azar y la muerte».

comité de la Casa del Pueblo. Pero como entonces lo social se miraba mucho, tuve miedo y me escondí en casa de mi suegra.

Esta casa estaba vacía. Mi suegra, que era una mujer muy vital, se había puesto a servir de cocinera en casa de una familia muy bien acomodada en un pueblo de Guadalajara, en Casar de Talamanca. Mi suegra supo desde el principio que yo estaba escondido en su casa porque se lo había dicho mi mujer. Ella no dijo nada. Allí estuve escondido cerca de un año. No me escondí de primeras en mi casa porque tenía miedo a los registros. Ya anteriormente habían venido a preguntar por mí y la mujer les dijo que estaba en un campo de concentración.

«NADIE SOSPECHÓ NADA»

La casa estaba cerrada y nadie sospechó nada. Todos sabían que mi suegra estaba con una familia de derechas. Esto también debía influir en que nadie sospechara nada. Mi mujer, con la excusa de ir a limpiar o de ir por cualquier cosa, iba a casa de su madre. Así me llevaba la comida siempre que podía. Allí fui oyendo todo lo que pasaba, los juicios, las penas. Eso fue creando en mí una psicosis, qué se yo; eso es por demás. Yo ya no me entregué...

Pensando que la cosa iba amainando y que no había ya tantos peligros, decidí trasladarme a mi casa a esperar que pasara un poco de tiempo, que yo pensaba que sería realmente poco, pero fueron 19 años. La casa tenía dos plantas. Yo estaba escondido en la de arriba, que tenía una cocinita y una pequeña habitación. No tenía ningún escondite especial. Mi mujer y mis hijos, que entonces tenían nueve y siete años, vivían en la planta de abajo. Mis hijos no supieron nada de mí ni que estaba escondido hasta que fueron mayores. Me he pasado 19 años entre cuatro paredes. Mi vida se ha reducido a diez metros cuadrados y una ventana que era el único contacto que he tenido con el exterior. La ventana fue muy importante. Desde ella veía pasar a la gente. Desde allí vi el entierro de mis padres y la boda de mis hijos.

Los primeros años fueron duros. Mi mujer era la única que podía darnos de comer con su trabajo. Vendía fruta por las calles. Más tarde, cuando los hijos se hicieron mayores, se colocaron. Mi hijo lo hizo de dependiente en uno de los mejores establecimientos de Guadalajara. Los dueños eran personas acreditadas y muy influyentes en la ciudad.

«ESTO SE HA TERMINADO»

Cuando ya mi hijo fue mayor me dijo un día: «Esto se ha terminado. A la comisaría.» Entonces me presenté en comisaría. Todos muy caballeros. Sacaron todos los Decretos del Gobierno y me tomaron declaración con una simpatía que arrollaba. A las cinco de la tarde me subieron a la prisión. Allí estuve cuatro meses y medio. Ingresé en la cárcel por los Santos, en noviembre y salí en abril del 58.

Un día el Director de la Prisión, que era un hombre muy agradable, llamó a un oficial y mandó que me subieran a su despacho porque tenía visita. Allí me encontré con un señor que estaba de espaldas al llegar. Al volverse me reconoció a pesar de los años que no nos veíamos. Tiene un alto cargo. El Director se quedó muy sorprendido al ver que nos abrazábamos. En ese momento, cuando nos saludábamos, llegó un soldado con la orden de mi libertad. Y mi amigo, que había venido a visitarme, me dijo: «Tengo el coche fuera, te voy a esperar.» Los trámites, en vez de tardar cinco horas, tardaron quince minutos. Salimos y desde el coche me fue enseñando muchas cosas nuevas que yo no conocía, los Salesianos nuevos que habían edificado... las casas... Porque, claro, se puede decir que yo no conocía Guadalajara entre lo que habían destruido y lo que habían levantado y yo encerrado en casa o en la cárcel sin más vista que una calle. Este señor me presentó al juez militar y me llevó hasta casa.

La actitud de la gente fue estupenda. A los quince días tenía tantos amigos como antes y más, gente que me fueron presentando. Amigos de todas las clases e ideas, que a mí no me ha importado nunca de las personas si no que fueran serias, pensaran lo que pensaran.

Al fin de cuentas, lo mío no había sido más que social, actividad social. Precisamente tengo aquí en casa los documentos del Consejo de Guerra. Lo guardé para que mis nietos supieran —ya lo saben ahora porque lo han leído— que su abuelo no había estado en la cárcel ni por muerte ni por robo.

Todos estos años de encierro me parecen ahora como una película de la que casi no me acuerdo.»

OTROS ESCONDIDOS EN LA ALCARRIA

El autor conoce, por lo que le dijo Tomás, que en la provincia de Guadalajara había un tercer «escondido» que permaneció oculto más o menos el tiempo de él y Andrés Ruiz. Lo sabía por un agente que le llevaba al mes una cantidad de dinero, que le abonaba. Pero el autor de estas páginas se puso en contacto con el referido agente con tan mala suerte de que este hombre había perdido la razón por lo que me fue imposible conocer el paradero del «escondido» que, según la fuente antes dicha, vivía en un pueblo de los alrededores de Jadraque, pero por más que he preguntado en los mismos no he encontrado una respuesta positiva.

Tanto Guadalajara como su provincia fue campo abonado para esconderse, debido a la dureza de la guerra en esa zona. En el pueblo de Casar de Talamusca permaneció «escondido» los tres años de la contienda don Alejandro Sanz, interventor del Ayuntamiento de la capital amacense y, positivamente, del Ayuntamiento de Bilbao.

Don Alejandro Sanz —cuyo relato aparecerá en otro volumen— permaneció oculto en el sobrado, y durante esos años no tuvo ni un ligero catarro, cuando era un hombre muy propenso a padecer de bronquitis.

Este hombre, que fue muy buscado los primeros días de la guerra, llegó hasta el Casar procedente de Madrid, tras pasar muchas peripecias. Entre unos sacos de trigo, que transportaba un carro, logró alcanzar el Casar.

También permaneció «escondido» don Miguel Aybar, quien fue «fusilado» juntamente con su padre y un hermano en los aledaños de Tendilla. Miguel Aybar sobrevivió milagrosamente a una «saca», y cuando el pelotón de ejecución se marchó, él consiguió escapar hacia Peñalver, donde lo ocultó un amigo.

LOS TREINTA AÑOS OCULTOS DE DOS HERMANOS EN EL PUEBLO DE SALVADOR RUEDA

JUAN HIDALGO: «MI ÚNICO DELITO FUE LUCHAR EN LAS FILAS DEL EJÉRCITO REPUBLICANO»

- «EL MIEDO A UNO DE LOS VENCEDORES, QUE ME ARREBATÓ LAS TIERRAS, ME MANTUVO ESCONDIDO»
- «MI MUJER QUEDÓ EMBARAZADA Y TUVIMOS QUE INVENTARLE A LA NIÑA UN PADRE; OFICIALMENTE YO NO EXISTÍA»

Para llegar hasta los hermanos Manuel y Juan Hidalgo he tenido que marchar por una carretera pina y tortuosa que conduce a Macharavialla. Se deja la carretera que camina paralela al mar, y se toma un desvío, a la izquierda. Macharavialla queda a un tiro de piedra de Málaga, pero una vez en el pueblo, sus escasos habitantes hacen que el viajero sienta la soledad y un cierto sentido de la lejanía. Nadie puede sospechar que, a la vuelta de unas cuantas curvas sinuosas, esté todo el mare mágnum de una civilización «cósmica» que se asienta en la Costa del Sol.

En Macharavialla hay una tasca muy parecida a aquellas que, hace unos años, tenían Las Hurdes. No hay un alma por las calles. En la lejanía se sienten los ecos metálicos de unos martillos que golpean sobre el hierro. A la entrada del pueblo hay una especie de redondel con unos bancos donde se pueden leer las letras de «El Imparcial».

Llegar hasta Benaque en automóvil a unos tres kilómetros mal contados de Macharavialla resulta difícil por el camino escabroso. Estamos en un terreno muy accidentado... Uno piensa ya en poner a punto el coche de San Fernando, cuando una voz amable, le dice: «A lo mejor el inglés lo acerca en un instante en su "jeep".» «¿Cómo un inglés?» «Sí —contesta el hombre—, sí, un inglés que dejó su país y vive aquí; y el hombre se dedica a la forja del hierro...» Al poco rato, un vecino, que trabaja con el inglés, me acerca a Benaque, pueblo natal de Salvador

Rueda; Benaque es un villorrio colocado idealmente para la fotografía; las casas se aprietan sobre el lomo de una ladera, y sus calles, abiertas en canal para la traída de las aguas, ofrecen un aspecto circense, de laberinto. Las casas tienen una arquitectura sencilla, elemental, y hay que echarle fantasía a estos inmuebles primarios como para permitirse el lujo de hacer en ellos unos refugios donde un hombre pueda esconderse... y no encontrarlo...

En lo más alto del pueblo está la casa donde Manuel Hidalgo ha permanecido escondido tres largos lustros; a escasos metros se encuentra la de su otro hermano, Juan, que estuvo el mismo tiempo oculto.

Manolo se desquita del largo encierro echándose al campo, Juan vive a varios kilómetros, en Benajarafe, en una casa de campo con su mujer, su hija, el hijo político y dos nietos. Viven en la paz beatífica del campo en una casa encalada, sencilla y llena de geranios.

Hay que llegar a pie, junto a unos altos maizales, y preguntar en voz alta entre las casas desparramadas para oír una historia que refleja la España del miedo y del profundo silencio; una España de posguerra, represiva, hambrienta, llena de soledades y de lutos.

Como decía mi madre, los hijos éramos las alforjas sobre las que mi padre montaba en el burro haciendo el equilibrio. Éramos cuatro hermanos: dos, de derechas y los otros dos, de izquierdas; mi padre en el medio, con todos a la vez y con ninguno. Al estallar la guerra, Manolo y yo, los hermanos de izquierdas, viendo el panorama del pueblo, decidimos huir y unirnos a los nuestros. Salimos de pueblo a pie, y a través de la sierra llegamos a Almería, donde los nuestros tenían su frente de lucha. Manolo y yo nos separamos. Yo combatí en varios frentes. En Guadalajara, en Utande, donde casi perdí un dedo. El final de la guerra me cogió en Valencia. Allí decidí volverme a mi pueblo. Me volví a pie, sin dinero, huido. El trayecto de Valencia a Málaga, lo cubrí sin conocer ni siquiera el mapa, ni por dónde caía el pueblo. No podía andar por las carreteras, aunque me fijaba en ellas y en las vías del tren para avanzar. Me sirvió ser un hombre de campo para orientarme y saber fijarme en el sol para no dar vueltas y vueltas, y poder seguir un camino derecho. Así y todo un día me desperté y, sin darme cuenta, desandé el camino; durante el sueño había perdido la orientación. A partir de entonces, decidí dormir con los pies juntos hacia delante, hacia donde tenía que seguir caminando. Procuraba eludir a la gente y no preguntar para evitar compromisos. Durante los 15 días que duró la caminata comí alguna que otra pieza, que conseguí cazar, y cuando no podía adquirir carne, cocía unas hierbas, que yo conocía, en una lata de conservas. También alguna que otra rana. Al llegar cerca de Benaque me quedé esperando a que oscureciera, para no

llamar la atención. Ya anochecido, entré en mi casa por el corral.
Allí me contaron que mi hermano había llegado un día antes que yo al pueblo y estaba a pocos metros de la mía escondido en su casa; que mi padre y el suegro de mi hermano se habían suicidado nada más terminar la guerra. Se suicidaron, frente a frente, poniendo el cañón de los fusiles debajo de las barbillas y atando los gatillos con unos cordeles al dedo del pie para poder disparar. Eran hombres que no pudieron aguantar tanta desgracia.

(Benaque queda en un alto y, para llegar a él, hay que trepar; este pueblo natal del poeta Salvador Rueda es un puñado de casas empinadas. En todo lo alto, se encuentra la casa del hermano de Juan, Manolo, que anda por el campo, para desquitarse de tanto encierro —el mismo tiempo que Juan, pero sin tanto dramatismo—. A Juan hay que buscarlo por unas casas desperdigadas, casi solitarias, en el término de Benajarafe, no muy lejos de Benaque. Es todo éste un camino con ecos de tragedias... Por estos senderos corrían las gentes cuando los nacionalistas y los italianos entraron en Málaga. Corrían hacia Almería, llenas de espanto.)

UNA CARCEL INSÓLITA

A mí me parecía imposible que un hombre pudiera vivir cerca de 30 años metido debajo de teja. Me parecía imposible que yo pudiera resistir eso. Si tuviera que volverlo a vivir, antes preferiría la muerte.

(Juan se levanta... de la siesta. Fuera cae un sol de justicia. Lleva gafas graduadas y, cualquiera que le vea, no le echa tanto tiempo metido en un cuchitril casi inverosímil. Estamos sentados ante una camilla. Sobre ella un rústico despertador, monótono de tictac... La mujer y la hija, muy agradables, generosísimas, sin un estigma de amargura escuchan en silencio.)

No lo ha logrado ese señor, que me tenía a mí... Yo, con los demás, no tengo ná... ni con naide. Ná más que con ese señor que tenía tanto interés en matarme y que hizo todo lo posible por conseguirlo. Pero la suerte está por encima de todos los perseguimientos. ¡Todo por unas cochinas tierras...! La injusticia.

Entretanto a mi mujer nadie del pueblo le comunicó nada durante los tres años de guerra.

LA CULPA DE UNAS TIERRAS...

Pues llegué esa noche a mi casa. Pasé todo un día. Mi mujer y mi suegra me decían:

—No te vayas, estáte aquí.

Yo les contestaba:

—Cómo me voy a quedar aquí si todos los días viene la Guardia Civil a buscarme.

Parece ser que la Guardia Civil actuaba a instancia de ese señor, que se preocupaba mucho de los desaparecidos del pueblo. Había hecho mucho mal y no andaba muy confiado de lo que le pudiera ocurrir. Total: «quédate, quédate» y yo pasar días, pasar días... Así transcurrió el tiempo y todas las cosas iban tranquilas.

Fue así como comenzó mi encierro. Mi mujer y mi suegro se habían dedicado, anteriormente, a tejer cestos y sombreros de palma. Entonces, yo aprendí el oficio. Y los vendían como si los hubieran hecho ellos. Con esto y con las tierrecillas que tenía mi suegro íbamos tirando. Mis tierras se las había quedado ese señor que, al terminar la guerra, lo nombraron alcalde. Ya, desde antes de la guerra, quería mis tierras, porque los dos quisimos comprarlas al tiempo; pero yo las pagué a un precio más alto y las conseguí. Nunca me lo perdonó, y desde entonces se convirtió en mi enemigo, porque yo no quería vendérselas. Durante la guerra me incautaron las tierras. Bueno, me incautaron todo lo que tenía: las tierras, lo menos veinte cajas de pasas de higos, el burro, los liendros, los aperos, todo. Terminada la guerra comenzó la devolución de las tierras incautadas. También mi mujer hizo la solicitud para que le devolvieran las mías. Pero como era el alcalde el que tenía que echar la firma, y tenía mis propiedades sin costarle nada, no había manera.

LA DEVOLUCIÓN

Familias amigas nuestras le fueron a pedir que firmara la solicitud para la devolución de las tierras. Les contestaba:

—No, para esa familia no firmo ninguna solicitud ni nada. Yo, bien, ninguno; mal, todo el que pueda.

Y le decía a mi mujer el que hizo de intermediario para que

fuera: «Si le hicieras un ladito en tu almohada... ese señor...»
 Más tarde, cuando cambiaron de alcalde, pudimos hacer la solicitud, y así tuvimos las fincas, en menos de una semana. Viendo ya que me iban a devolver las propiedades, ese señor sembró las viñas de garbanzos para echarlas a perder.
 Como seguía siendo el amo del pueblo, llamó al juez y al secretario a su casa y, con un niño, mandaron llamar a mi mujer. Yo, que desde dentro lo oí, le hice la señal (el canto de la perdiz, para llamarla, y le dije que nada de ir a su casa, que o al juzgado o que vinieran a la nuestra). Con las mismas se presentaron aquí, se sentaron en la cocina, y yo estaba justo detrás de ese señor, escondido tras la cortina. Él reclamaba los jornales que había pagado, pero si había pagado nueve, pedía doce. Mi mujer le contestó que le parecía bien que quisiera cobrar lo que había pagado, pero no más. Total: que tira y afloja. El juez dijo:
 —No va a ser ni una cosa ni otra. Yo pongo el precio, ¿te conviene?
 Y mi mujer contestó:
 —De acuerdo, lo que usted diga.
 De modo que se firmó un pagaré por cuando mi mujer recogiera la cosecha, y pagarle a él la labor que había hecho.
 (Sigue el tictac del despertador. Juan narra sin descansar... Tiene enormes deseos de liberarse de una tremenda pesadilla.)

UN PUEBLO MUERE... DE HAMBRE

Ese señor era de lo más malo que había. Ya ha muerto. Siempre metía la mano en todo, más cuando fue alcalde. Él echaba la veda, cuando quería, de las tencas y los chumbos que, en aquellos años, era lo único que mucha gente tenía para comer. Como los chumbos eran de todos, de eso podían comer, pero como echaba la veda, nada. Y cuando la levantaba salía con toda su familia y los criados con cañas y cubos y, en dos días acababan con los chumbos para echárselos a sus cerdos. Y la gente, nada: En ese pueblo se morían muchos, pero muchos, de hambre.
 En el año 40, cuando no había nada que comer, los pobres hombres que había por aquí echaban dos o tres días en ir a por una carga de harina para después venderla de estraperlo. Él mandaba salir a los caminos, a esos caminos de Benaque.
 —¿Traes harina? —preguntaba.

—Sí.
—¿A cómo?
—A tanto.
—Bien, pues venga usted para acá.
Llegaban a su casa, descargaban los sacos; él los vaciaba, se ponía el gorro que tenía de requeté, cogía la escopeta y les decía:
—Toma los sacos y ya puedes pillar el camino.
—Pero, hombre, yo soy un padre de familia...
—Nada. Mira, yo doy cuenta... y ya sabes.
Para eso quería la escopeta y el gorro. El hombre se iba llorando, y él con la harina. Ésa era la harina que luego amasaba en el horno que tenía en su casa, que estaba en medio del pueblo. Sacaba la canasta de pan, la ponía encima de un poyo que había a su puerta, allí bien alzada, que lo vieran todos los que pasaban. Se sentaba a comer y entonces pasaban las pobrecillas madres con los niños, a las que él habría matado a su padre o a su marido. Les decía:
—¡Esto es comer!
Y ellas le contestaban:
—Gracias.
Creían que les había dicho «¿quieren comer?». Y así una vez y otra.

LA COMEDIA DEL PARTO

(Habla sin rencor, sin odio. Las palabras le salen a borbotones. Siente liberarse... La mujer asiente, callada, con un gesto de cabeza.)
Después de un año y medio de permanecer encerrado, y tras siete de matrimonio en que no habíamos tenido hijos, resulta que mi mujer quedó embarazada. Empezaron las complicaciones. De esa tina mi mujer tuvo que declararse enferma, que si padecía del pecho y qué sé yo. Marcha al médico a Málaga; total: que decidimos que se encamase. Eso tuvimos que inventar. Toda la gente decía: «pobrecilla, pobrecilla». Y la venían a visitar amigas y todo el pueblo. Algunos por curiosear. Ella, claro, no se movía de la cama. Solamente de noche, cuando cerrábamos la puerta, se levantaba y daba pequeños paseos. Entonces la casa era muy pequeña...
«Salí una madrugada hacia Málaga —dice su mujer— con mi padre. Mi madre se quedó aquí, en Benaque. Cogimos una pensión y a esperar. Di a luz, que también pasé mucho trabajo, porque nadie

se podía enterar, y claro, no eran esos tiempos... Tuve una niña. Mientras estuve en Málaga mi padre iba y venía. Siempre le traía periódicos a mi marido. Por los periódicos nos enteramos que una señora se prestaba a criar un crío. Así que cuando me encontré mejor dejé la niña con la señora y volví al pueblo.»

Ella tenía que volver —interviene él—, no levantara demasiada sospecha. Hubo que contar que como ella se veía tan mala, se iba a Málaga, a casa de un pariente que vivía en Puerto de la Cruz, a que la trataran del pulmón, que era la enfermedad que nos habíamos inventado.

La gente se sorprendía de lo mejorada que venía. Pero claro, había que traer a la niña e inventar algo para que la gente tragara. Sólo sabían que yo estaba escondido aquí mis hermanos, mi cuñada, la que tenía a su marido también escondido, y mi madre que no vivía en este pueblo y que durante los treinta años de mi encierro nunca pudo venir a verme por estar impedida. Inventamos lo siguiente: un hermano mío echó una carta en Málaga haciéndose pasar por el pariente donde había estado mi mujer. Pero como la gente del pueblo conocía la letra de mi hermano, fui yo mismo quien tuvo que escribir la carta, ya que de mi letra no se acordaba nadie. En la carta, el pariente contaba que se había quedado viudo, con varios hijos y una niña muy pequeñita; y que como mi mujer era de una familia muy buena, le pedía a ver si se podía hacer cargo de la niña, porque si no tendría que abandonarla, echarla a la inclusa. Inmediatamente mi mujer salió a la calle a leer la carta a los vecinos. Y todos le decían: «Hombre, y ¿por qué no te la traes?»

—Sí, sí, tal vez lo haga.

—Mira —decía la gente—: tal vez mañana se mueran tus padres, y tú te vas a quedar sola.

INVENTAR UN PADRE

Así que un día mi cuñada y ella se fueron por la niña a Málaga, y se la trajeron. Y nada. Pasan los días y pasan los años. La gente iba tragando bien. Quedó lejano el 24 de abril del 42 en que nació la niña. Pero siguen pasando los años, y la niña va creciendo, y cada vez se va pareciendo más a mí, en la cara, en los movimientos y en el geniecillo. Y ya empezó otra vez ese señor a decir que la niña era de su marido y que si su marido iba y venía, y qué sé yo. Lo comentaba en su casa, pero una vecina suya se lo dijo a mi mujer.

Entonces empezamos a pensar que a la chiquilla había que buscarle un padre, y traerlo para que lo vieran y, de esta forma, acallar los comentarios otro tiempo. Yo tenía un primo en Málaga que no lo conocían aquí en Benaque. Era de Almarcha, el pueblo donde vivía mi madre y donde yo había nacido, pero tampoco lo conocían allí, porque llevaba mucho tiempo fuera.

Fue un hermano mío a Málaga a por él y le dijo lo que tenía que hacer: «Tú vas a llegar a Benaque, ya sabes que está en un alto, y justo desde abajo, desde las primeras casas empiezas a preguntar por Diego "Pecho" —mi suegro—, ese que su hija se ha traído una niña.» A todo esto mi primo no sabía que yo estaba metido en la casa. Le contó mi hermano que yo andaba huido, que había venido un día, que me había entrevistado con ella, y que había resultado asina... Mi hermano le llevó mi traje de boda, negro, para que pareciera que llevaba luto por la muerte de su mujer, porque claro, este primo se tenía que hacer pasar por el pariente que había quedado viudo.

EL PRIMO, DE NEGRO

Llega el primo con su traje negro, su corbata negra, preguntando a todo el mundo y a todas las vecinas. Todo el pueblo se iba enterando, todos se afanaban por indicarle. Él iba preguntando. Todos iban a verle, a ver quién era el padre, cómo era. La niña estaba allí, a la puerta de la casa. Empezó a besarla. Se sacó el pañuelo para secarse las lágrimas... La verdad es que hizo el papel muy bien hecho; fue un gran comediante. Durmió allí y aún estuvo el otro día por la mañana. La gente venía; y todo eran comentarios: «Anda, ¿no decía que la niña no tenía padre, que si su padre era...? ¡Pues mira cómo ha venido!» En fin, todos tragaban muy bien.

Cuando llegó la hora de irse, mi suegro le acompañó a despedirle, y allá fueron toda la calle abajo, cargado con un canasto de uvas, para que se las llevara a Málaga. La gente se asomaba a curiosear; le despedían.

Total, que la cosa pasó y los ánimos se aplacaron, pero la chiquilla cada vez se parecía más a mí. Hasta los siete años no supo la niña que yo estaba escondido en casa.

(Juan señala ahora cómo era su escondite. La casa aquella —por lo que se deduce de ésta— era muy rudimentaria.)

LA CRIBA DE LA VIDA

En un cuarto trasero que hay detrás del dormitorio, hice un boquete en la parte alta de la pared, que daba a un techo falso sobre el cobertizo donde guardábamos el ganado. Allí arreglé un poco mi escondite. El boquete que daba al trastero lo disimulamos con una criba colgada de un clavo, de forma que al moverla dejaba libre el hueco para poder entrar. La criba no llamaba la atención por que el trastero estaba lleno de aperos y muebles viejos; además, junto con la pared, habíamos encalado también la criba. Cuando la niña empezó a andar no tuve más remedio que pasarme el día entero encerrado en ese escondrijo. Sólo por la noche, cuando la niña estaba ya acostada, me iba a la cocina a estirar un poco las piernas. Pero como forzosamente tenía que pasar por la habitación donde dormía la niña y seguíamos teniendo miedo, en el momento en que yo pasaba por la alcoba mi mujer le cubría a la niña la cabeza con una manta, para que de ninguna forma pudiera verme.

Ese señor no estaba tranquilo. Un hermano suyo vivía frente por frente de nuestra casa, y se pasaba la noche en el balcón, vigilando, porque para ellos es que yo venía de vez en cuando, y todas las noches se le veía vigilando allí a ver si entraba. Una madrugada le oí, desde la ventana, hablar con el guarda, que le decía:

—¡Mirar que sois! Cuando se le vea entrar, vais y le cogéis...

—Eso no se puede hacer —le contestaba el otro—. No ves que un hombre así es capaz de matarme. Es un hombre perdido, es como los obreros cuando estaban muertos de hambre. Lo mejor es dar cuenta a la Guardia Civil para cogerlo.

LA PISTOLA QUE MATÓ A UN NIÑO

Así que allí le tenía todos los días, vigilando, a ver si me veía entrar. Llegando la feria de Vélez hay mucho tránsito por aquí. Llegan con el ganado por el camino de aquí al lado y ladran los perros. Ladraban mucho. Y en cuanto ladraban los perros es que ya venían los «Petetes» —que éramos nosotros— en busca de él. Y ya estaba asustado.

Llegó la víspera de la fiesta de Vélez, y toda la noche estuvo con la pistola montada y la escopeta, allí en el balcón. Se hizo de día, y él también tenía que ir a la feria a comprar o vender ganado. Dejó la pistola sobre la mesilla de noche y se marchó. Todos esos preparativos se convirtieron en su propia desgracia. Según contaron por la mañana, el niño fue a coger un pañuelo, se le cae la pistola, se dispara y se mata. Acude toda la familia a la casa... Toda la noche preparado para matarme a mí y se mata su hijo, lo mejor que tenía...; asina como él no, el niño era una alhaja. Tendría unos trece años o por ahí.

Como el hermano de ese señor no tenía licencia de armas quisieron echar tierra sobre el asunto, y enterrar al niño sin dar cuenta de cómo había ocurrido el suceso. Le llevaron al cementerio para enterrarlo, pero el cura dijo: «Que yo tengo una carrera muy bonita y no la pierdo. Hay que dar cuenta al juez.» El juez estaba en lo alto, esperando, y en vista de que no venía nadie, decidió bajar y les obligó a dar cuenta. Tuvieron que pasar por el aro. Lo llevaron a Vélez.

«VIENE HACIA AQUÍ»

A pesar de lo ocurrido con el niño siguieron vigilando. Mi cuñada acababa de comprar una cabra, y como no tenía sitio donde guardarla en su casa, todas las noches la traía a la nuestra. Era ya oscuro, y como la cabra se resistía a entrar le tenía que ayudar mi mujer, alumbrándose con una linterna. Ellos que ven aquello piensan que yo he entrado en la casa. Van a la Guardia Civil. Yo estaba tranquilo en la cocina paseando un poco, como todas las madrugadas, antes de que se levantara la niña. De pronto veo, a través de un pequeñísimo ventanillo, que viene un vecino que se para y mira como extrañado hacia un lado que yo no alcanzaba a ver, al tiempo que se oían muchos pasos. Entonces veo que un guardia se empareja con el señor y avanzan. Rápidamente voy hacia el dormitorio y le digo a mi mujer: «Vienen hacia aquí, prepara a tu padre y a tu madre.» Sigo hacia el trastero y me meto en mi escondite. Pasa un buen rato y ellos no pegaban a la puerta. Pensarían «si pegamos en la puerta, éste se previene y los muertos podemos ser nosotros». La operación estaba hecha con el fin de matarme. Viene mi mujer al escondite y me dice:

—Éstos no llaman.
—Pues abre tú la puerta, yo ya me entrego...
—No, qué te vas a entregar. Anda, escóndete, estáte ahí, que

yo ya veré cómo hago.

—Bueno, pero si te preguntan por la niña, les dices que es tuya, pero no de tu marido. Si te preguntan por su padre contestas que no sabes de quién es, porque como ha sido con muchos, no lo sabes. No digas ningún nombre, porque sería muy fácil descubrir que es falso.

UNA MUJER ENTRE ESCOPETAS

Yo tenía allí una escopeta de un tío de mi mujer, que se la había dejado allí porque era el tiempo de veda y no la podía utilizar. Si hubiera querido podría haber terminado con todos, unos siete.

Abre mi mujer la puerta y ¡pum!, le ponen la escopeta en el pecho, uno por un lado y otro por el otro. «¿Quién hay aquí en la casa? ¿Cuántos hombres hay?»

—Mi padre —contestó ella.

La cogen fuertemente por el brazo y, de forma violenta, la empujan hacia el interior de la casa, con la pistola en el pecho, y le dicen:

—¿Dónde está el cuarto de la cortina?

Ya los habían informado de la distribución de la casa. La llevan allí (señala una habitación), luego a otra, después a otra, hasta que recorren toda la casa. Viendo que no encontraban nada, la meten en una habitación. Y, ¿sabe usted cómo duele aquí atrás de la cabeza, en el cuello?, pues ahí..., mientras le preguntaban:

—¿Dónde está su marido?

—No lo sé, no lo sé.

Y de ahí no la sacaban. Le decía mi mujer al guardia:

—¿Sabe ahora su mujer qué está haciendo usted, y ha salido esta mañana de su casa? ¿Y yo que no sé nada de mi marido desde hace ya doce años que se fue...?

—¿De quién es la niña?

—La niña es mía, pero no de mi marido.

—¿Y de quién es entonces?

—Tampoco lo sé, porque como he estado con tantos... Porque a mí me dejaron nada más que con la ropa puesta, pues para poder conseguir las fincas tuve que valerme de eso que fue lo que me dejaron... No lo sé.

Y ya dice el tío, el **teniente,** que fuera:

—Y ahora, el padre.

Y le metieron en una habitación. El único diente que le quedaba se lo echaron abajo.

Después registraron la casa de arriba abajo, descolgaron los cuadros, golpearon con las culatas de los fusiles, los suelos, buscando huecos; levantaron todas las baldosas que se movían, pero nada. Fue la suerte que está por encima de todos los perseguimientos. Y yo quieto en mi escondrijo.

EL ENCUENTRO DE LA HIJA

No consiguieron sacar nada. Según nos enteramos luego, habían preparado una comilona para celebrar mi muerte. Ese señor y sus hermanos pensaban matarme a palos, y luego celebrarlo comiéndose un cordero, que ya habían matado. Nada, a comer y a beber y venga juerga.

Después volvió la calma. Yo me presenté a mi hija —que nunca me había visto— y le dije:

—¿Sabes quién soy yo?

Y ella:

—Sí, mi padre.

No me había visto nunca. Fue la fuerza de la sangre.

(Juan rompe en sollozos..., no puede resistir este momento y llora. Sigue el tictac del despertador. Parece increíble que treinta años de una vida tan densa se cuenten, sin descanso, en estas pocas horas. Todos seguimos el relato, por la fuerza de su protagonista, boquiabiertos.)

Pasan los años y yo estaba harto de la situación. Por el periódico nos enteramos que cerca de aquí vendían unas tierras, que podríamos comprar con el dinero de la venta de las fincas que teníamos en Benaque. Me gustaron esas tierras porque tenía la casa allí mismo. No era un pueblo, sino casas separadas; y eso me convenía porque de esa manera tendría más libertad. Tendría que estar también dentro de la casa, pero sin vecinos que vigilasen. Mi mujer marchó delante para hacerse cargo de las nuevas tierras. Esto era el año 51. Yo me quedé en Benaque con mi suegro para vender las propiedades.

HACIA OTRO ESCONDITE

Hecha ya la venta, esperé a las fiestas del pueblo, y mientras la procesión entraba en la iglesia —no quedaba un alma por las calles—, aproveché para salir del pueblo, sin que nadie me viera.

Para que nadie extrañara la entrada de un hombre en la nueva casa, estudiamos que mi hermano Antonio, que se parecía mucho a mí, pasara allí unos días antes de que yo fuera. Como la gente de aquella tierra era muy pobre, entre otras cosas se dedicaban a recoger retama en una finca que teníamos en la parte alta del monte. Allá se fue mi hermano, con una manta para pasar la noche, haciendo como que vigilaba para impedir la entrada de los retameros, pero lo que de verdad hacía allí arriba era esperarme a mí, que yo no conocía el camino.

VESTIR DE MUJER

Cuando murió mi suegro se nos presentó otro problema. Hasta entonces, la gente estaba acostumbrada a ver que en aquella casa había un hombre, y por eso no le extrañaba ver tendida a secar ropa de hombre, pero cuando murió mi suegro, para la gente se habían acabado los hombres en aquella casa, porque, claro, nadie sabía que yo estaba allí, con mi nuevo escondrijo preparado por si las cosas. Como no podía haber hombres mi mujer no podía tender mis ropas. Así que me tuve que vestir de mujer.

Como estaba tan perseguido y me podían matar en cualquier momento, a pesar del peligro que con esto corría, escribí de mi puño y letra y firmé bien claro todas estas cosas.

Mi hermano Manolo, que seguía escondido en Benaque, se enteró de que había habido un indulto, y se vino corriendo por toda la sierra hasta aquí. Mi hermano había tenido un encierro más tranquilo que yo, porque ni tenía enemigos, como yo los tenía, ni tuvo hijos que dieran que pensar. Hicimos indagaciones por personas más o menos próximas, pero no tuvimos la seguridad de que nos alcanzara a nosotros. Nos quedamos tal cual. Pasó el tiempo y ya llega el año 69 con el nuevo indulto.

HACIA LA LIBERTAD

La hija de una prima de mi mujer trabajaba en una oficina en Valencia, y como ella sabía de estas cosas le escribimos una carta a su madre contándoles el caso. Nos contestó que su hija se trasladaba a Marbella. La chica se lo habló a don Vicente Gallego que era con quien ella trabajaba, y a su vez éste se lo contó a don Francisco Canto, que entendía más de política. Total, que todo hablado, ella se presenta aquí el último día de la Pascua. Y me dice:
—Vengo a por ti.
Como era una joven, en fin, en plan de broma, le dije:
—Contigo me voy yo donde quieras.
—Que es en serio. Ya lo tengo yo hablado con don Francisco Canto.
Pero ella no sabía lo de mi hermano, por eso le dije:
—Que tú has venido por uno y te vas a llevar a dos.
Se quedó sorprendida.
—Sí, hombre, tengo un hermano igual que yo, en Benaque.
Yo había hablado antes con la chica, pero hasta el último momento, yo no había dicho nada de mi hermano, para que si las cosas no salían bien, que me cogieran a mí solo. Mi yerno y mi hija fueron a Benaque a darles el recado.
Nos fuimos por la mañana a Marbella y allí nos quedamos seis meses hasta que se arreglaron todos los papeles. En el fondo a mí no me podían acusar de nada, que combatí como otros en el frente. Si no hubiera sido por ese señor, por el amo, yo no me habría tenido que esconder ni nada. El encierro me ha costado mucho sufrimiento. De estar siempre en lo oscuro estoy casi ciego, no aguanto la luz del sol...

LA MUJER DE MANUEL HIDALGO: «PASAMOS MUCHAS CALAMIDADES»

La casa de Manuel Hidalgo se encuentra situada en pleno alto de Benaque. Es una casa sencilla, rudimentaria, y está a un tiro de piedra de la casa que ocupara, durante su ocultamiento, su hermano Juan.

La historia de Manuel Hidalgo es más sencilla que la de su hermano, menos dramática, afortunadamente.

Manuel Hidalgo es un hombre que define su encierro como «vivos de cuerpo presente», y cuando volvió a la luz, en el año 1969, escribió un poema que tituló «España, treinta años».

Lo que era y lo que es
España treinta años antes
a treinta años después.
Es cosa de admiración
contemplar la nueva España
tan distinta y tan extraña
en el orden y en la unión.

Manolo llegó una noche antes que Juan Hidalgo. Y se metió en esta casa que domina un amplio panorama, y en la que permaneció durante 30 años.

Es Ana Cisneros, su mujer, la que cuenta parte de las penalidades sufridas durante ese largo tiempo.

Nosotros habíamos tenido una niña, antes del Movimiento. La pobrecilla se murió y ya nos ve: solos en la vida. Porque pasó lo que pasó. Tanto él como yo teníamos miedo a tener familia por las sospechas que la criatura pudiera levantar. Fue lo que le ocurrió a mi cuñado Juan que, después de pasarse años y años, sin tener familia, les vino la niña y todo se complicó.

Él se escondió aquí sin hacer ningún escondite. La casa la compartimos con mis padres. Manuel solía permanecer en una habitación que teníamos en la parte trasera de la casa. Ésta es, como ve, muy pequeñita. Luego, pasados unos años, mis padres, como éramos solamente dos hermanos, la dividimos, con lo cual la habitación donde estaba mi marido se hizo más pequeña. Para pasar a la misma no hacía falta más que correr una cortina; pese a esto, nunca nadie le vio. Y se daba el caso que yo, para ganarme la vida, tenía una tienda donde vendía de todo.

Yo pasé muchas calamidades. En un principio, me marchaba andando a un pueblo, a Iñaque, lejos de aquí y traía el pan a cuestas. Venía, como comprenderá, derrotada. Después lo vendía en Benaque.

Pasado el tiempo, Manuel y yo pensamos que sería mejor traer harina y amasarla en casa, donde teníamos un horno. De esta manera, él me ayudaba, generalmente, de noche.

Como yo traía la harina a cuestas, pues estaba baldada, y un señor de Almarcha que iba a Iñaque también a por ella se compadeció de cómo me veía trabajar; entonces, este buen señor se ofreció a traérmela en su burro. «Si no tienes dinero para pagarme —me decía—, me lo das según vayas vendiendo el pan.»

Recién acabada la guerra, las vecinas, pues claro, todo se volvían preguntas y preguntas sobre el paradero de mi marido. Y yo, pues haciendo la comedia como mi cuñada. «No sabemos dónde andarán; caerían en los frentes y no tenemos noticias.»

Manuel, en contra de lo que le ocurriese a Juan, no tuvo ningún registro. Al principio, venían y preguntaban por él, pero nada más.

Yo, en mi tiendecita, procuraba vender de todo: lo mismo vendía jabón que fruta, que verduras. No me quedaba otro remedio.

Ellos dos nunca llegaron a verse durante los 30 años. Yo bajaba a su casa y mi cuñada subía a la mía. Siempre estábamos en contacto, pero teníamos poco tiempo; las dos trabajábamos mucho.

Durante esos 30 años, él nunca estuvo enfermo, afortunadamente. En una ocasión tuvo como una especie de flemón y nos preocupamos por las consecuencias de avisar a un médico. A los tres días se le reventó.

MIENTRAS JUAN HIDALGO COMBATÍA CERCA DE UTANDE (GUADALAJARA)

JESÚS ORTEGA: «OCULTO EN UNA CÁMARA, ME DABAN LA COMIDA POR UN AGUJERO»

- «LLEGUÉ A ENFERMAR Y MI FAMILIA PENSÓ QUE ME ENCONTRARÍAN MUERTO CUALQUIER DÍA»

- «YA TENÍAN PENSADO EL LUGAR DONDE IBAN A ENTERRARME»

La realidad de la vida supera, por supuesto, a toda fantasía. Se da la circunstancia de que mientras Juan Hidalgo combatía en Utande, pueblo de la provincia de Guadalajara, situado a un tiro de piedra de Gajanejos, cerca de la carretera de Madrid a Zaragoza, donde se libró la famosa batalla; se da la circunstancia, digo, de que mientras Juan Hidalgo deambulaba y combatía por los alrededores del pueblo, Jesús Ortega atravesaba por la situación de esconderse, de mantenerse oculto. Nadie le diría a Juan Hidalgo que en ese pueblo donde, por cierto, iba a perder el dedo gordo de la mano izquierda, él pasaría posteriormente por una situación similar, y que allí, cerca de donde él caía herido, se encontraba un hombre preso de miedo, refugiado, oculto.

El autor trae a colación excepcionalmente este relato por la coincidencia de hechos, lejos de toda fabulación. El protagonista, Jesús Ortega, hoy arcipreste de Brihuega, que en los años de «escondido», era el párroco de Hita.

Hita, durante la República, tenía una paz y una tranquilidad encantadora. De tal suerte que allí, en mayo, estuvo de visita el cardenal Gomá. Y la gente le recibió en procesión; le respondió maravillosamente; y comió el cardenal en la casa donde yo estaba hospedado. Y entonces me dijo en la comida.
—Don Jesús, le envidio a usted. De esta paz que tiene aquí. Y yo en cambio me encuentro ya sufriendo unas amarguras terribles. Miren ustedes: acabo de leer una carta del secretario de Cámara, de Toledo, en la que me da cuenta de varios sacerdotes que les han expulsado del pueblo las propias autoridades, que les han dado un día o dos de tiempo para que recojan sus cosas y se marchen de los pueblos porque no quieren ya sacerdotes. ¡Y esta paz que usted disfruta aquí! Si yo pudiera cambiar con usted, ¡qué a gusto me quedaba yo aquí en Hita!

LA GENTE RESPONDIÓ

Me felicitó mucho porque la gente respondió maravillosamente. Venía con él, acompañándole, un escritor, un periodista formidable, de «El Debate», un sacerdote, don Manuel Graña, fundador de la Escuela de Periodismo. Pues bien: este sacerdote, este periodista, me hizo a mí una entrevista. Le expliqué todo cuanto quería saber, todo por cuanto sentía curiosidad. Había en Hita dos iglesias magníficas, llenas de lápidas sepulcrales. Y me acuerdo que terminó el

señor cardenal la misa y ya nos fuimos a casa. Pero él dijo:
—Aprovechando este momento mientras preparan la comida, yo me voy con don Jesús a la iglesia, para que me explique, para ver esas lápidas.

Y mire, precisamente yo tengo todavía los recortes de «El Debate» porque escribió unos artículos preciosos, muy completos sobre Hita. Yo tenía una especie de museo en un camarín que había en la iglesia, que le entusiasmó mucho al señor cardenal, hasta el punto que le dijo al secretario:
—Hay que mandarle a don Jesús dinero para cuidar esto y que lo vaya aumentando. Y ya vendremos por aquí en otra ocasión para contemplar los progresos.

«DETÉNTE VIAJERO...»

Entonces, como ya digo, me fui yo con don Manuel Graña a la iglesia. Recuerdo que al entrar por la puerta ya se tropezaba uno con una lápida muy bonita. Al verla, me dijo muy emocionado: esta frase latina: «Sisto viator hero en calcas» («Deténte viajero, que pisas la tumba de un héroe»). Es maravilloso eso. Y ya fuimos por allí mirando todo, y se fueron encantados de Hita.

Hacia el día 20 de julio, o así, tuvimos conocimiento de que venía la columna del general Mola, una columna del Norte, que se encaminaba ya en dirección a Madrid. Y nos dijeron en concreto que esa misma noche pasaban por allí, por la carretera de Soria, de Taracena a Francia.

Había allí unos muchachos requetés, formidables. Y me dicen:
—Si quiere usted, don Jesús, esta noche no nos acostamos. Nos vamos al bar de la carretera y esperamos allí a la columna.

Total, que nos fuimos, y a las doce o la una, o las dos, y que nada, que no viene nadie. Y ya nos cansamos de esperar y nos marchamos. Al día siguiente viene uno de estos vendedores, uno de estos que va vendiendo por los pueblos, diciendo que había llegado hasta Padilla de Hita, un pueblo cercano, una columna que había acampado allí. Era una columna con una cantidad de fuerza enorme, con el general Mola, pero se habían vuelto, según palabras de este vendedor.

Al decirme se han vuelto, le pregunté:
—¿Está usted seguro?
—Sí, señor, se han vuelto. Allí han dejado restos de comida, y

ropas incluso, pero se han vuelto.
Nos preguntábamos extrañados a qué causa obedecía aquello. Más tarde hallamos la explicación. Resulta que desde Madrid los republicanos se les colaban por el Alto de los Leones, y Mola recibió órdenes de situarse allí para evitarlo. Esto fue lo que hizo y consiguió su objetivo, y por esta razón no prosiguieron el avance y retornaron desde Padilla de Hita, como nos dijo aquel vendedor.

LA SITUACIÓN EMPEZÓ A EMPEORAR

La situación a partir de entonces empezó a empeorar. Tanto es así que un día se presenta en Hita un hermano mío, y me dice:
—Esto ya se pone muy mal y, mira, hemos pensado en casa que te vengas con nosotros.
Le contesté:
—Mira, yo no me voy. Estoy muy tranquilo aquí. La gente no se mete conmigo para nada y en consecuencia no me voy. Casi estoy más tranquilo aquí que en Utande.
—¡Pero hombre, cómo te vas a quedar aquí si he venido yo exclusivamente a buscarte!
—No, no, yo no me voy. Márchate.
Y se marchó.
Esto fue el día 24 de julio, y al día siguiente era la fiesta de Santiago. Entonces yo dije la misa, pero ya estos requetés de que antes hablé, se quedaron en la puerta. En prevención de que se presentaran milicianos, como haciendo función de vigilantes. Asistió todo el pueblo, como de costumbre, a la santa misa. Y yo recuerdo que recé aquel día ante el Sagrario con más fervor, como presintiendo lo que se avecinaba. Incluso volví a repetir mis preces ante un Cristo antiquísimo, una imagen del siglo x o el xi que entusiasmó al cardenal Gomá y a don Manuel Graña cuando me visitaron.
A la salida, los requetés allí apostados me dijeron que no habían advertido nada anormal. Entonces, ya más tranquilo, me fui a casa a comer y cuando concluí le dije a la señora de la casa donde estaba aposentado, que iba a echarme la siesta. Y así lo hice.

«UN CAMIÓN...»

A la media hora entró esta señora en mi habitación para advertirme que había llegado a la plaza un camión con milicianos y milicianas. Yo creo que están borrachos perdidos. Están por ahí vociferando, preguntando por el cura, «¿Cuántos curas hay aquí en este pueblo? Aquí hay más de un cura. Aquí hay dos iglesias y aquí tiene que haber más de un cura.» No, no. No hay más que uno, les dijeron. ¿Y dónde está? Pues se ha marchado.

Ya la señora esta me dice:
—Si vienen aquí —era una casa muy grande—, se va usted a salir por tal sitio, y se mete usted en la bodega —una bodega que tenían grande— y yo procuraré llevarles por otro sitio distinto si vienen a registrar.

Bueno, pues nada, allí me estuve. Y yo desde el balcón de mi habitación viendo la plaza. Allí los veía vociferar y moverse de un sitio para otro. Yo estaba en una casa de la plaza, en la parte de arriba, una casa muy grande que había allí, que ahora la han hecho la casa del Arcipreste. El Patronato que se formó ahora, para lo del Arcipreste de Hita.

Los milicianos recurrieron ya hasta a los chiquillos. Les preguntaban:
—Oye, ¿y el cura? ¿Hay cura aquí?

Y parece como si se hubieran puesto todos de acuerdo, incluso a mujeres a quienes también preguntaban, para decir:
—No está, se ha marchado.

Sabían que estaba allí, pues había dicho misa aquella misma mañana, pero repetían una y otra vez:
—No está, se ha marchado.
—Pero, ¿y dónde se ha ido?
—Éste se ha pasado ya. Éste se ha ido por ahí por la sierra y se ha marchado.

MAÑANA VENIMOS

Dijeron entonces:
—Bueno, pues nosotros mañana venimos otra vez aquí. Si no habéis quemado todos los santos que hay en la iglesia prendemos fuego al pueblo.

Ya, a la hora de marcharse, se personaron en la tienda que poseía un elemento que era el jefe de los comunistas allí, y cargaron de ropa y de todo lo que el hombre tenía. Le dieron en pago un vale y le dijeron:

—Con esto vas a cobrar a Guadalajara cuando quieras.

Pero a aquel hombre ya no le pareció bien esta actitud.

Total, que yo viendo cómo se ponían las cosas, dije:

—Bueno, yo me marcho. Esta noche me marcho a mi pueblo.

Ya tenía yo noticias de que habían matado a algunos sacerdotes, médicos, maestros... La cosa se ponía muy mal y decidí marcharme aquella misma noche. Y se corrió la voz por el pueblo de que yo me iba. Y el primero que se presentó a mí fue éste de la tienda, el comunista. Y me dijo:

—Mire usted, don Jesús. Me he enterado de que se marcha usted.

Le contesté:

—Pues sí, chico. Me va a pasar algo si continúo aquí. Ya has visto tú mismo cómo ha estado la cosa.

—Sí, ha estado muy mal, francamente. A mí me han preguntado por usted y yo les he dicho que no estaba. Por cierto, que se me han llevado media tienda y no me ha pagado nadie.

—Amigo, pues qué creías. Ya verás, ya, si esto no ha hecho más que empezar...

Entonces me dijo:

—Mire: si usted no se quiere marchar, no se marche. Yo le garantizo a usted que si se queda no le pasa nada. Ahora bien, usted quítese la sotana. Usted se quita la sotana y se pone de paisano, y usted es aquí el maestro o el médico o el que sea. Yo respondo de que aquí no le pasa nada. Está usted mejor aquí que en Utande, su pueblo.

Le respondí:

—No, chico, yo no me quedo. En vista de lo de esta tarde he cogido mucho miedo. Si me pasa algo que me pase al lado de mi familia.

—¿Y quién va con usted a acompañarle a su pueblo?

—Pues se lo voy a decir a ese requeté que tiene un caballo. A ése y otro más si acaso. Muchos no.

—Bueno, pues si quiere usted yo le acompaño también.

—Bien, si tienes ese gusto yo te lo agradezco que me acompañes.

—Sí, sí, no hay más que hablar. Yo voy con usted.

EN UTANDE

Conque ya, acordamos salir a las tres de la madrugada. Salimos de Hita cada uno con su caballo. Yo no llevaba más equipaje que una máquina de escribir, una sotana que metí en un maletín y el libro de rezos. Allí me dejé todo lo demás. Llegamos a mi pueblo y entonces éstos se volvieron otra vez a Hita.

Una vez en mi pueblo, yo les dije a mis hermanos:

—Yo me voy al campo —estaban en plena faena de recolección.

—No, no —me dijo un hermano mío—. Tú lo que tienes que hacer es ocultarte aquí. Y entonces vamos a decir que te has marchado. Y de ese modo nadie va a saber que permaneces aquí. Y en vez de estar con nosotros en casa, te vamos a llevar a otro sitio más seguro.

(Querían llevarme a casa de una señora que vivía sola, que acudía a casa de una cuñada mía que tenía niños para ayudarla, en plan de asistenta.)

—Es persona de toda nuestra confianza —prosiguió mi hermano— y muchos días come con nosotros, de modo que ella misma te puede llevar la comida. Y como va y viene todos los días, pues nadie sospechará que estás en su casa.

Así se hizo. Me voy a la casa de aquella señora. Me instaló en una habitación un colchón en el suelo y allí estuve unos ocho días. Ya los milicianos habían invadido el pueblo por entonces. Iban en busca de corderos. Se llevaban los corderos y lo que querían. Se llevaban al alcalde entre un grupo de ellos y le decían:

—A ver, mira, ¿en qué casa hay jamones aquí?

—Hombre, jamones hay en todas las casas del pueblo.

—Pues venga, tú el primero. Llama ahí y que te den un jamón.

Así se llevaron todos los jamones del pueblo, corderos, y requisaron todo lo que quisieron. Y ya de paso preguntaban por si había cura allí, por si había vuelto alguno (éramos tres curas, hijos del pueblo).

Les dijeron:

—No, no, aquí no. Regresó uno que estaba en Hita, pero se marchó en seguida.

Total, que yo allí estaba tranquilo, en lo que cabe.

Pero ya un buen día, viene esta señora y me dice que al día siguiente van a volver porque van a hacer un registro en el pueblo porque allí hay elementos fascistas, y que en consecuencia van a registrarlo todo.

«ME VOY AL CAMPO»

Cogí miedo. Era una casa que estaba a la entrada del pueblo, y me dije que si registraban sería una de las primeras y me descubrirían en seguida. Total, que cogí un papel que encontré por allí, un lápiz y le puse una nota a mi hermana: «Mira, en este momento me voy al campo; voy a tal sitio, al camino de Gajanejos.» Entonces le dije a la señora donde yo estaba: «Anda, llama a la vecina de la casa y la dices que voy a salir por el corral.» Conque ya, se presentaron las dos: la vecina de la casa donde estaba y mi hermana, a quien había entregado ya esta señora la nota.

Me dicen:

—¿Pero dónde vas, dónde vas?

Yo no las contesté siquiera. Me subí encima de unos montones de leña que allí había hasta alcanzar la tapia, y me lancé al patio que estaba al otro lado para salir por allí. Y al lanzarme y caer abajo me disloqué un pie. Y dije:

—¡Ay, qué daño, qué mal me he hecho en este pie!

—¿Qué te ha pasado, qué te ha pasado? —dijeron ellas—. Pues no te vayas, no te vayas ahora así.

—Sí, sí que me voy.

Total, que de modo casi inconsciente salí, a las doce del día, por la puerta del corral de la casa vecina, de donde estaba oculto. Era paso obligado atravesar por un lavadero, que siempre estaba ocupado por alguna señora, pero en aquellos momentos se encontraba vacío. Fue providencial aquello. Fui hacia el río... No me atreví a llegar al puente, por si me encontraba con alguien, y me dirigí hacia la vega. Por allí atravesé el río, vestido como estaba, de paisano, y me dirigí hacia un monte que le llaman La Carrasquilla. Allí estuve en unos desmontes toda la tarde, aguantando el sol del mes de agosto.

MORIR DE SED

Pasé una sed espantosa. Una sed que yo creí que me moría aquella tarde. Y notaba además que el pie me dolía cada vez más y se hinchaba de tal modo que casi no me cabía ya en el zapato. Pero me dije a mí mismo que no me movería de allí, hasta que no fuera de noche. Ya anochecido decidí encaminarme hacia el sitio que le indicaba en la nota que dejé a mi hermana. Salí de allí por una cuesta imponente, llena de piedras y sumamente difícil de ascender, máxime en las condiciones que mi pie se encontraba. Yo trepaba por ella como podía, me resbalaba a veces y me agarraba, como estaba oscuro, a unos arbustos que pinchan mucho y que en los pueblos llaman aliagas. Sudaba mucho, y como llevaba las manos ensangrentadas por los pinchazos de las aliagas, sin darme cuenta me llené toda la cara de sangre. Total, que ya conseguí entrar en el monte y llegar al sitio que indiqué en la nota. Allí caí rendido, con una sed desesperante. Pasé allí la noche, pues a pesar de las incomodidades y de la sed acuciante, el mismo cansancio me rindió.

Al día siguiente, sobre la hora del amanecer, oigo silbidos cerca de mí. En seguida me di cuenta de que era mi hermano. Silbé yo y acudió él a mi encuentro. Y era mi hermano, efectivamente. Me había llevado de todo: agua, café con leche, comida...

Y me dijo:

—¿Pero por qué te has salido de allí?

—Hombre, porque dijeron que iban a registrar —le contesté.

—Pero qué van a registrar, hombre, qué van a registrar. ¿No te vio nadie?

—No, nadie me vio.

—Pues no tenías que haber salido de allí. Tú allí estabas seguro. Todo el mundo está creído que te has marchado. Tenías que haber contado con nosotros.

—Chico, yo cogí miedo, la verdad, y me marché.

Total, que ya me llevó comida y le dije:

—Mira: no vengas ya por aquí en ocho días. Con esto que me has traído tengo más que suficiente para ese tiempo.

Ya se marchó y yo me quedé allí solo. Allí permanecía todo el tiempo. Me había llevado ropa y una manta y dormía allí mismo, en pleno suelo.

A los dos días volvió otra vez. Me traía más comida y me dijo:

—Mira: tienes que salir de aquí.

—Yo no —le dije.

—Tienes que volver al pueblo.

—Al pueblo no vuelvo. Voy a la muerte, seguro.

—No, no te preocupes. Tienes que volver. Mira, nosotros no podemos venir aquí. Hay vigilancia toda la noche. Los elementos de allí, el Comité que han organizado, hacen guardia toda la noche y si me ven salir a mí a esas horas sospechan en seguida. No tienes más remedio. Esta misma noche tienes que volver al pueblo. Mira: en tal sitio —un sitio que llaman el Castillo— está el otro hermano esperándote. Tú le sigues y donde él te lleve, pues vas. A las nueve en punto tienes que estar allí. Tú oyes el reloj del Ayuntamiento y calculas para que a las nueve estés allí.

PASÉ EL RÍO A NADO

Conque ya anochecido salí del sitio donde estaba oculto y llegué otra vez al río. Y lo mismo que la vez anterior no me atreví a ir al puente, y lo pasé otra vez a nado. Y conseguí llegar sin novedad al sitio donde me esperaban. Y al minuto se presentó allí el otro hermano.
Me dice:
—Sígueme.
Yo fui siguiéndole detrás y me llevó a una bodega que había allí a la entrada del pueblo, que era del padre de una cuñada mía.
Y entonces me dice:
—Mira, tú te estás aquí. Yo voy ahora a hacer una especie de despejada a ver si están, porque hay que aprovechar el momento en que ellos están cenando que es cuando hacen el relevo de la guardia y en ese momento queda el pueblo solo y hay que aprovechar para entrar. Si no vengo es que hay peligro y tienes que estar aquí toda la noche, hasta mañana por la noche.
A los cinco minutos volvió y me dice:
—Venga, vámonos.
Entonces salimos de allí y me fui a casa de mi padre, que vivía entonces donde vive mi hermana. Entré por la puerta y no me reconocieron: me había crecido la barba, estaba yo ya demacrado, hecho cisco. Estaba hecho una pena. Me subieron a una habitación provisionalmente y allí procuré afeitarme y adecentarme un poco.
Me contaron todo lo que pasaba por allí y me dijeron:
—Mira, aquí nadie sospecha que estás aquí. De modo que estáte tranquilo —me decía mi hermana—, no te preocupes.
Pero yo tenía mucho miedo porque iban allí todos los días los milicianos en busca de comida. Y entonces le dije a mis hermanos, temiendo que un día se presentaran a hacer un registro:

—Tenéis que hacer una especie de escondite —en una cámara grande que había en la casa—. Se tapia ésta y se pone una especie de puerta y si hay peligro me meto allí en seguida.

Total, que así lo hicieron. Y cuando veíamos algún peligro, que llegaban los milicianos, me metía. Allí, entre unas paredes que apenas si podía moverme. Cuando se marchaban subía mi hermana a avisarme y entonces volvía a salir. Así estuve unos quince o veinte días. Una tragedia, entre sustos y calor insoportable. Al cabo de este tiempo se presenta uno de mis hermanos y dice:

—Esta noche tienes que salir de aquí.

—Toma, por qué —le digo.

—Han venido esta mañana diciendo que se incautan de esta casa para poner aquí el Centro Comunista. Le han dado tiempo a la hermana para que desaloje los muebles y deje limpia la casa. De modo que esta noche, yo vendré por aquí y te vienes a mi casa. Y tú tienes que hacer lo que nosotros te digamos, porque si no, no te puedes salvar. Tú no te das cuenta de lo que pasa y en fin...

LA LUZ SE FUE AQUELLA NOCHE

Total que se hace de noche y fue providencial también que quitaran la luz del pueblo. Los mismos republicanos, porque pensaban que iba a pasar aviación, que iban a bombardearnos y esas cosas. Y en ese momento que el pueblo se quedó a oscuras, vino este hermano mío, yo detrás de él, y nos fuimos a su casa. Y allí seguí pensando: «A éstos les van a coger, y si me cogen a mí les liquidan.» Porque eso de tener en casa a un sacerdote oculto era un crimen que se pagaba con la muerte. Así que le dije a mi hermano:

—Me vais a meter en un sitio —ellos tenían por allí grandes corrales, para el ganado y pajares—, en lo último del pajar; vamos a abrir un boquete en la pared, me meto dentro en lo más hondo, se cierra el boquete y se abre un orificio para que me podáis pasar comida y esas cosas, y ahí me quedo. Y ahí no hay peligro, porque tendrían que quitar toda la paja para llegar donde estoy.

—Pero hombre, ¿y cómo vamos a hacer eso? Te vas a morir ahí, sin hacer ejercicio ni nada.

Le dije:

—Mira, si me cogen, a vosotros os matan.

Total, que insistí e insistí y al final accedieron.

Me metí allí y estuve cinco meses, sin salir. Me daban la comida por un agujero que había quedado en la pared. Y, claro, por allí sacaban también el servicio y lo que necesitaba. Y allí ya, alguna que otra vez se asomaban mis hermanos por el agujero y hablábamos despacio y me informaban de todo. Caí enfermo e incluso llegué a tener fiebre, y entonces ellos pensaban que yo me moría, que al día siguiente al ir a ver cómo me encontraba no les respondería porque me habría muerto. Y estaban ya ellos —eso me lo contaron posteriormente— planeando dónde me iban a enterrar. En un patio de la casa habían pensado hacer un hoyo y construir ellos mismos una caja para meterme dentro y poder enterrarme. Gracias a Dios pude recuperarme un poco y aguanté los cinco meses.

ESTAMPIDOS LEJANOS

Y ya un buen día oigo una especie de estampidos lejanos. Y me dije a mí mismo que parecían cañonazos. Total, que suben mis hermanos y me dicen:

—Ya vienen avanzando los nacionales.

Pero al día siguiente por la mañana se preparó un tiroteo que yo lo percibía, y es que habían llegado hasta cerca de un pueblo que se llamaba Villanueva de Argecilla y Mirarrío. Habían llegado hasta allí los nacionales, esa noche. Pero al día siguiente los republicanos les hicieron retroceder. Y ese tiroteo lo percibí. Total, que pasaron tres o cuatro días y ya vuelvo a oír los cañones. Y una de las tardes estaba mirando por un orificio que dejaba entre las tejas, arriba, y por allí yo veía y oía hablar a las mujeres y a los hombres del pueblo los comentarios que hacían de la guerra. Total, que aquel buen día empiezo a ver desfilar por la carretera que va a Valfermoso una cantidad de fuerza, de Ejército y me digo: «No, pues éstos son los republicanos que vienen de retirada. Y efectivamente, eran ellos, que venían de retirada. Y pasaban los jefes gritando:

—De prisa, de prisa, que nos van a copar. Que vienen detrás y nos van a copar.

Total, que éstos esta noche llegaron hasta Valdearenas, y al día siguiente ya se presentaron por la tarde en la plaza del pueblo un grupo de soldados con dos o tres oficiales. Cinco o seis con dos o tres oficiales. Antes de entrar a la plaza, a la entrada del pueblo llamaron allí a dos o tres y les preguntaron si había republicanos en el pueblo. Les dijeron que no, que había pero que se habían marchado. Temían que les engañaran, y dijeron:

—¿Ven estas banderas que tenemos aquí? Pues a nosotros nos cuesta poco trabajo hacer señas con estas banderas en dirección a aquel cerro y, desde luego, desaparece el pueblo.

—No, no, que es cierto que se han marchado.

Total, que entraron en la plaza y empezaron a cantar ya el himno de los requetés, y a dar vivas a España. La gente ya se emocionó, se entusiasmó, y les dijeron a los del pueblo:

—No tengan ustedes miedo. Nosotros no podemos quedarnos aquí, porque es un valle y nosotros tenemos que estar ahí en los cerros y no se preocupen que esto lo vamos a liberar en seguida.

Total, que éstos se marcharon y así quedó el pueblo. Y entonces un hermano mío, en cuanto ellos se fueron, subió a verme, emocionado él de aquello, le pegó un puntapié a la pared que habían hecho, y ya salí, muy demacrado, completamente agotado...»

LA IGLESIA OCULTA

Hay que reseñar otros muchos casos de sacerdotes que debido a la zona donde les sorprendió la guerra, se vieron obligados a huir, y, en el peor de los casos a esconderse de la persecución a la que eran sometidos.

El autor, en su larga búsqueda por los más apartados rincones de la geografía española, encontró a su paso historias sorprendentes de sacerdotes que por salvar la vida recurrieron a las más variadas estratagemas. Ante la imposibilidad, en este volumen, de recoger los múltiples testimonios registrables, ofrecemos de modo sucinto, algunos casos que serán tratados con mayor amplitud, en otro volumen.

— Carmelo Pascual. Actualmente, párroco de Horche (Guadalajara). Durante la guerra civil, era paje del entonces Obispo de Sigüenza don Eustaquio Nieto y Martín, quemado con gasolina por milicianos incontrolados; don Carmelo, después de intentar salvar la vida de su Obispo, estuvo a punto de ser fusilado, escapando de la muerte milagrosamente. Permaneció escondido en el monte hasta el final de la guerra civil (1).

— El párroco de Ribatejada (Guadalajara), hoy personalidad

(*) Episodio recogido en la obra «Entre el Azar y la muerte», ya citada.

destacada en el Arzobispado de la diócesis de Madrid-Alcalá, permaneció oculto en unos campos de trigo del término municipal del Casar de Talamanca. Un republicano, mientras efectuaba labores de siega, lo encontró acostado en un surco y le prestó su ayuda, gracias a lo cual pudo salvar la vida.

— Don Ignacio Ayuso, párroco de Congostrina (Guadalajara) y el entonces arcipreste de Montejo de la Sierra (Madrid), don Juan Ricote, posteriormente obispo auxiliar de la Diócesis de Madrid-Alcalá permanecieron ocultos en Congostrina, y más tarde ante el acoso de los que les perseguían, milicianos, corrieron una gran odisea que acabó felizmente. Ambos sacerdotes estuvieron perdidos en el Robledal de Corpes, donde fueron azotadas las hijas del Cid.

— José Ramírez. Párroco entonces (1936) de Moral de Calatrava (Ciudad Real). Presentado un piquete de milicianos en su domicilio, se dio la circunstancia de que salió a abrir la puerta, desprovisto de sontana. Con este pretexto, solicitó permiso para ir a ponérsela, momento que aprovechó para saltar por la parte trasera de la casa y huir con dirección hacia el monte, donde permaneció largo tiempo oculto. Con la ayuda de un labriego, que lo transportó atravesado como un fardo y cubierto con una manta, logró entrar nuevamente en su casa, donde permaneció oculto hasta el final de la guerra.

«¡TREINTA AÑOS ESCONDIDO POR UN IDEAL!»

EL PADRE DE MANUEL CORTÉS: «¡TE ESCONDEREMOS EN EL POZO SI ES NECESARIO!»

- «ME EMOCIONÉ AL OÍR EL DECRETO POR EL QUE PODÍA SALIR»
- «MI MUJER Y MI HIJA ME AYUDARON A SOBREVIVIR»

Manuel Cortés, ex alcalde socialista de Mijas, es un hombre muy conocido porque él fue el primer hombre que se acogió al decreto de 29 de marzo de 1969, y él era el primer individuo que salía de las madrigueras del ocultamiento ante la sorpresa de españoles y extranjeros. Su nombre dio la vuelta al mundo a través de los teletipos, y su imagen apareció en las principales revistas y periódicos de los cinco continentes.

Su ocultamiento despertó tanto interés que un periodista inglés, Ronald Fraser, escribió un libro sobre él, titulado: In hinding.

Como quiera que, sobre la vida de Manuel Cortés se ha escrito mucho, sólo quiero relatar muy brevemente, extractada en síntesis, la vida de sus treinta años oculto.

Manuel Cortés, natural de Mijas (Málaga), tenía mal la dentadura y no podía hacer lo que, generalmente, hace la gente, que es ir al dentista.

Y la única razón por la que no podía cuidar su boca, era porque Manuel Cortés no existía.

¡Lo que me torturaban eran los dientes! ¡Los que me he arrancado con los años! Usando los dedos. En cuanto me dolían, la única cura era extraérmelos. Una aspirina calmaba el dolor, me sentaba ante un espejo, agarraba el diente malo y empezaba zas-zas-zas. Agarrándolo bien era cuestión de paciencia y de moverlo de un lado para otro. En ocasiones, estaba un poco suelto y el trabajo era menor. Las muelas presentaban más batalla. Por más que las movía se desplazaban poco. Pasaba días y días intentándolo. Llegaba un momento que no se resistían. Ahora bien, si el dolor era muy fuerte, lo dejaba. Empezaba de nuevo al día siguiente. Al fin extraía la muela. Luego me lavaba la boca con vino blanco y con peróxido; y así evitaba la pequeña hemorragia.

LA NOTICIA

Manuel Cortés recordará siempre, durante los 30 años que permaneció esondido, la noche del 29 de marzo de 1969: «Era viernes y acababa de finalizar la reunión del Consejo de Ministros. Como era habitual en mí puse la radio para oír las noticias de las 10.

Aquella noche el entonces ministro de Información y Turismo, Manuel Fraga Iribarne, anunciaba los acuerdos del gabinete. Para mí sobresalía un decreto-ley por el que prescribían todos los delitos cometidos desde el 18 de julio de 1936 al primero de abril de 1939. Las palabras exactas no las cogí bien, pero lo entendí perfectamente. Ya no podían hacerme nada. Ahora bien, tendría que verlo en el «Boletín Oficial».

Al instante, emocionado, bajó de su habitación y le dijo a su mujer, que preparaba la cena: «Juliana, he oído esto y esto. Mañana tienes que conseguirme un Boletín... el portero del ayuntamiento, ya sabes, es muy amigo mío; él te lo dejará o, al menos que te lea el decreto.»

Mientras Manuel Cortés, alcalde socialista de Mijas durante la República, permanecía oculto treinta años, el minúsculo pueblo de Mijas pasaba del cero al infinito; de los años tristes del esparto y los caminos de cabras a la exploración turística de la Costa del Sol. Detrás de su escondite surgía para el barbero socialista durante la Segunda República, todo un mundo inimaginable.

«¿POR QUÉ HAS VUELTO»?

Como todos los hombres que pasaron por la cárcel voluntaria del ocultamiento, la mujer jugará un papel importante durante sus años de ostracismo. Y será Juliana la que le recibirá aquella noche que llega a Mijas, tras dos años de ausencia: «Su cara reflejaba fatiga... Manuel, ¿Por qué has vuelto? Por unos momentos pensé que podría enloquecer. Me habría encantado saber que se encontraba en el extranjero, donde me habría reunido con él, o esconderle en la capital, en Málaga, pero mis hermanos no querían esta responsabilidad. De esta manera nos hubiésemos evitado estos años de infierno.» Manuel Cortés no se presentó a las autoridades, como había pensado. Teme antecedentes, ella conocía algunos; estaba muerta de miedo. Y entonces el padre dijo: «Te esconderemos hasta en el pozo si es necesario.» Y rompieron un tabique y escondieron en una especie de hornacina a Manuel Cortés. Éste permanecía inmóvil y sentado en una silla pequeña durante todo el día. Un cuadro religioso tapaba el agujero del escondite.

Los vecinos entraban y salían de la casa; la Guardia Civil acudió en varias ocasiones para efectuar registros. Todos pasaban ante aquella imagen. Detrás se hallaba Manuel Cortés; esperaba a que se hiciera de noche. Entonces cerraban las puertas y Manuel Cortés podía moverse y comer.

CUESTIÓN ECONÓMICA

La cuestión económica la resolvió la mujer. Con su gran capacidad comercial, recorría las casas de campo, compraba huevos, se andaba hasta 30 kilómetros por las noches para venderlos en Málaga; eran los primeros ingresos y después vinieron los del esparto revendido a tiendas de Málaga y adquirido a los que lo recogían en la sierra.

Las condiciones de habitabilidad en el hueco improvisado resultaban infrahumanas. Y decidieron cambiar de casa. Para ello alquilaron un inmueble en la misma calle. El problema radicaba en cómo se trasladaría Manuel Cortés. Habría que buscar una solución discreta, que no levantara sospechas.

Así las cosas, Cortés aprovechó una madrugada que llovía mucho y corrió tras su mujer vestido de vieja. Dada la hora, y las condiciones climatológicas no había un alma en la calle.

En esta casa habitaba con su mujer y su hija que ya conocía la situación de su padre.

Juliana seguía trabajando intensamente; ahora se dedicaría a los tejidos; tejidos que se los fiaba un comerciante malagueño. El negocio seguía prosperando. Había ahorros. Esto les permitió que también, en la misma calle, compraran una casa. La acondicionaron de suerte que él pudiera acomodarse en la primera planta, donde Cortés les ayudaba, tanto en llevar la contabilidad de la tienda, cuanto pudiera realizar arriba. Además se encontraba más a salvo, más lejano de la gente que frecuentaba el comercio. Los ahorros permitieron que esta gran mujer, Juliana —que aprendió a poner inyecciones para no llamar al médico— le comprara, para que su marido se distrajera, una televisión.

Esta distracción constituía un arma de doble filo: si por una parte distraía al marido, por otra tenía el inconveniente de que —como era una de las primeras que existía en el pueblo— las vecinas pasaban a verla. Las tretas en este sentido de Juliana eran ingeniosas: «Tengo el televisor estropeado y tendré que llamar a un mecánico.»

EL NOVIO, UNA PESADILLA

El novio de María fue una pesadilla para el escondido. El chico acudía por las noches y permanecía hasta que finalizaba el programa de la televisión, mientras que el ex alcalde de Mijas aguantaba impaciente la estancia de su futuro yerno. Por cierto, que a éste no se le relató la situación hasta el día de la boda. De todas maneras, el hijo político de Manuel Cortés recibió la noticia sin gran sorpresa, ya que sospechaba algo. Habían sido muchas las horas de permanencia y hubo situaciones... que infundían sospechas.

Son muchos treinta años en la vida de un hombre. «Los mejores años están entre los treinta y los cincuenta...; yo tuve una gran suerte en tener una buena mujer y una buena hija; ellas me ayudaron a sobrevivir.

Para un hombre escondido, la familia es importante; yo dependía de ellas. A veces me sentía como un niño en la casa, cuidado en unas ocasiones, desatendido en otras.

En mi familia, el papel de jefe —aunque no he sido un tipo patriarcal— correspondía a ellas. Al abandonar la casa de mi padre, pude realizar una vida normal. Todas las noches dormía con mi mujer. Sí, tuve miedo a que quedase embarazada.

Pero retrocedamos en el tiempo. Los nacionalistas toman Málaga y se dirigen hacia Estepona. Entonces, Manuel Cortés, alcalde socialista de su pueblo, lo abandona. «Todo estaba perdido.» Manuel Cortés pasará por una dura etapa de regidor, ya que tenía que oponerse a los extremistas. Un día llega una patrulla de la Federación Anarquista Ibérica. Los individuos llevan una lista con el nombre de veinte personas. Cortés se encara con ellos: «Aquí no fusilaréis a nadie. Iros inmediatamente. Si queréis matar fascistas largaos a las trincheras.»

El pueblo tomó caríz de tragedia. El alcalde marchará a Madrid para entrevistarse con Largo Caballero. Cuando regresa, el teniente-alcalde ha metido en el patio del Ayuntamiento, convertido en prisión, a setenta personas de derechas. Él les pondrá en libertad a pesar de los intentos de linchamiento por parte de la multitud. Y más tarde salvaría objetos eclesiásticos cuando incendiaron la iglesia.

Manuel Cortés abandona su pueblo y se traslada a Almería donde ejerce el oficio de barbero y participa en la toma de Teruel. Caen ciudades y más ciudades. Madrid... Un oficial reúne a los carabineros del batallón de Cortés y les dice: «Todo ha terminado. Podéis regresar a vuestros pueblos o donde queráis. Manuel Cortés tenía treinta y cuatro años. Un 16 de abril, abatido, solitario, llega a Mijas campo a través. Allí comienza una larga aventura de treinta años. «¡Treinta años de vivir escondido por un ideal»

TREINTA Y TRES AÑOS ESCONDIDO EN UNA COCHINERA (*)

«EL LIRIO»: «AQUELLO ERA UN VERDADERO ATAÚD, PERO SIEMPRE SE PREFIERE CUANDO SE ESTÁ EMPUJAO POR EL PÁNICO

- **«MUCHAS NOCHES TUVE QUE DORMIR AHÍ, SIEMPRE CON LA ESCOPETA DEBAJO DE LA BARBILLA»**
- **«PREFERIRÍA MORIR ANTES QUE ME COGIERAN»**

(*) Respetamos el modismo utilizado por «El Lirio», aunque el término correcto sea «cochiquera».

Llegar hasta «El Lirio», apodo que heredó de su padre, ha resultado una tarea bastante ardua. Gracias a un amable «cicerone», vecino del pueblo natal de Juan Ramón, que nos ha llevado a esta casa, que brilla, encalada, bajo esta luminosidad única del pueblo.

Manuel Piosa Rosado, sesenta y seis años, treinta y tres de los cuales los pasó en una cochinera. Al salir se me atribuía la participación en el asesinato del teniente coronel don Luis Hernández-Pinzón Gauzzinoto y haber intervenido en la quema y saqueo de la iglesia parroquial y el convento de Santa Clara, «yendo siempre armado de escopeta». Su ficha dice, entre otras cosas: «A la entrada de las fuerzas nacionales en Moguer el día 29 de julio de 1936, huyó de la localidad y se encontraba en ignorado paradero hasta el día 6 de junio de 1969, en que se presentó ante el juez de instrucción del partido de Moguer, manifestando sus deseos de acogerse a los beneficios del decreto-ley 10/1969, de 29 de marzo de 1969, por el que se declara la prescripción de todos los delitos cometidos con anterioridad al 1 de abril de 1939.»

Y en su declaración a la Guardia Civil, «el Lirio» dijo que durante todo ese tiempo se había mantenido escondido en su casa, «a cuyo fin había construido una fosa en la cuadra del mismo, que perfectamente camuflada había pasado inadvertida a cuantos registros se habían efectuado. Subsistió a costa de sus padres hasta el fallecimiento de ellos y posteriormente recibió asistencia de su hermana Esperanza, casada, la cual habita el domicilio donde ha permanecido.»

En las primeras declaraciones a la Guardia Civil «negó rotundamente su participación en el asesinato del teniente coronel que se cita, si bien reconoció que se hallaba en aquellas proximidades cuando se cometió. Añadió que en la fosa tenía escondida una escopeta, de la que sólo han sido recuperados los cañones de ella en avanzado estado de deterioro. Hizo constar igualmente que se hallaba recluido en su domicilio desde el 20 de enero de 1937».

En un Moguer convulsionado por los primeros días del Movimiento, el teniente coronel Hernández-Pinzón, descendiente de los famosos Pinzones, caía muerto a causa de unos disparos hechos desde la puerta de la iglesia, cuando el militar, acompañado de dos hermanas que le llevaban del brazo, se dirigía por la calle de Reyes Católicos a tomar un coche celular que le conduciría a Huelva. A las pocas horas de morir, su mujer alumbraba una niña.

Tres fueron los autores de los disparos... Lo que no se sabe cuál de esos disparos —el autor de los hechos— fue el causante de la muerte. «El Lirio» iba en ese reducido grupo. Las razones de su ocultamiento pueden deducirse fácilmente.

En Moguer, además del ocultamiento de «El Lirio», hubo otros dos individuos que usaron el campo para ocultarse. Se trata de Antonio Núñez, «El Planchao», que estuvo poco tiempo escondido, y de José Gómez Yáñez, «Quemachozas», quien permaneció quince años...

«El día 29 de julio de 1936 salí de Moguer, huyendo hacia los terrenos del coto de don José Flores —donde actualmente se encuentran las playas de Mazarrón y la Mistilla—. Conmigo iban otros dos jóvenes de aquí, de Moguer. Salimos con un hatillo al hombro y, con nuestro aspecto, pasábamos sencillamente por gente pobre, que vivíamos de la limosna. Por los caminos encontramos hombres que se dedicaban a las faenas de la siega, y los hombres, al vernos, nos echaban una mano... nos veían, claro, con aquella pinta... y se compadecían de nosotros. Y nos daban un poco de pan, y agua..., porque hay que ver la sed que pasamos por aquellos arenales... bajo un sol fuerte, que quemaba.

Nosotros no hacíamos más que caminar... Anda que te anda..., huyendo. Isidoro «Otete» se quedó parao y dijo:

—Este rastro que veo aquí no es de gente de campo.

En efecto, no era de gente de campo... Manolo se había criao en los montes y se lo sabía calcao. Ese rastro era de unas pisadas de calzado con tachuelas; por allí habría militares. Estaba, en efecto, la Guardia Civil.

Este Isidoro «Otete» que le decíamos, entonces tuvo miedo. Yo les animé:

—Vamos p'alante...

LA MUERTE DE «OTETE»

Y llegamos hasta un corralito de colmenas; enfrente había una choza no exactamente una choza, sino un puesto de perdiz con su tronera hecha y los cañones metíos. Oímos unos ruidos y salimos corriendo. Isidoro iba delante, yo detrás y el tercero, es decir, «El Planchao», permaneció agazapado. El miedo me hizo que acelerara el paso, y llegué a adelantar y dejar atrás a «Otete». A todo esto empezaron a dispararnos, seguí corriendo aún más y cuando los silbidos de las balas se acallaron miré p'atrás. «Otete», con los ojos desencajados, caía al suelo. No me detuve, y aceleré aún más el paso. Caía muerto. No pude pararme hasta que encontré una mata de albolaga (un matojo grande). Aquí me di cuenta que tenía que escoger un sitio donde ocultarme. Y pensé en la posibilidad de hacerlo en casa de un primo mío que vivía en Huelva. Y hasta allí me fui. Tomé la barquita en que iban los palermos. En ella navegaban personas —de Palos— que se dedicaban a vender cosas de campo en Huelva. Por cierto, que en la barquita me encontré a uno de Moguer, Eduardito, el del «Raposo», que me dijo:

—Y tú, ¿qué haces por aquí?
—Pues ya ves..., trabajando...
—¡Quítate de la vista, que te van a coger por sospecha.

Y me fui a Huelva. En la ciudad permanecí hasta el 18 de diciembre de 1936.

—Porque había lo que había —aclara él.

(Moguer caía en poder de los nacionalistas en **once días: del 18 al 29 de julio.**)

SALTAR LAS TAPIAS DEL CEMENTERIO

Un día vino un muchacho conocido de Huelva, que vivía en Sevilla. El hombre venía huyendo y resulta que coincidió con mi primo. A éste se le ocurrió decir que tenía un pariente escondío en casa. Debió callarse, porque toda precaución, en aquellos años, era poca. Bien, el chico estaba tomando una copa en una taberna que la llaman «El Ciclón», y total que allí le detuvo la Guardia Civil. Lo llevaron al cuartel y le tomaron declaración. Pero el muchacho, lo que pasa, si el temor, si el miedo, si la irreflexión, total: que le dice a la Guardia Civil que él sabe dónde hay un individuo escondío. Naturalmente que se refería a mí.

Entonces, la Benemérita se presentó a buscarme. La casa, donde yo me encontraba, tenía tres puertas. Y como ya dice una obra que casa con dos puertas mala es de guardar. ¡Pues una con tres...! La casa tenía, como digo, tres puertas: la principal, otra que daba por la parte de atrás a un solar y una tercera que lindaba con la casa que habitaban dos hermanas. Ésta fue la que yo tomé pá largarme. Recuerdo que esa tarde caía sobre Huelva un neblinazo impresionate. Salí tan campante, porque era la mejor manera de pasar inadvertío o al menos de no levantar sospechas. Cogí la vera del cementerio antiguo de la ciudad y, al llegar a la tapia, la salté, lo atravesé, volví a saltar otra, y al fin, alcancé el puente de San Juan. Me dirigí a Moguer. Por cierto que cuando atravesaba el puente de San Juan del Puerto —que tiene unos barrotes de hierro y está sobre el río Tinto—, resulta que me encontraba a medio camino del mismo... entonces, qué sorpresa, vi cómo avanzaba la camioneta que iba a la estación. ¿Qué hice para salvar esta comprometida situación? Pues no se me ocurrió otra cosa que la de agarrarme a los barrotes del puente, tuve los pies sobre el agua y estuve de esa manera hasta que pasó la camioneta.

SALIR Y ENTRAR DE MOGUER

Después de este susto, seguí caminando por unas veredas, campo a través, la marisma abajo, y entré en Moguer por la Jara. Luego me encaminé, ya de noche, a casa de Pedro, «el de los Leones», a buscar una escopeta que yo tenía allí escondía. En su casa no estaba ni Pedro ni la escopeta. En vista de esto, seguí el camino de la ribera para alcanzar la finca de «Las Cabañas», de la que Pedro era guarda. Le estuve esperando todo el día y no vino. Yo decidí entrar en Moguer ya anocheció. La única vigilancia que había en el pueblo a esa hora eran los carabineros y los contrabandistas; parecían cazadores.

Logré salvar toos estos cercos... Mi madre me esperaba a la puerta. La mujer de mi primo se había desplazao días antes, desde Huelva exprofesamente, para contarle lo que había pasao. Me esperaba..., intuía mi llegada. En el umbral conversamos y estudiamos la manera de esconderme. Hablábamos en voz muy baja. Todo Moguer dormía. Serían las dos de la madrugada. En casa de mi madre vivía una hermana casada y mi padre...

Ella, de momento, me recomendó que me fuera al campo..., al monte.

—Yo te llevaré comida... Creo que aquí, en casa, no debes estar. Corres peligro... registros...

Llevaba razón mi madre. Marché al campo y por allí estuve

en una choza hasta el 18 de enero de 1937. Teníamos un lugar convenido adonde ella, con gran pericia, me llevaba comida. Todo esto lo hacía muy meditadamente con naturalidad pa no levantar sospechas. Y allí decidimos el que me volviese a casa. De momento, ella me prepararía un lugar relativamente difícil de encontrar en la cuadra... Luego, andando el tiempo, yo me haría un refugio.

Regresé a Moguer ya anochecido. Entré en el pueblo tranquilamente. No encontré ni un alma. Me esperaba mi madre. La primera noche la pasé en un lugar cerca del pesebre. Yo vivía con mis padres. Mi hermana, de cuando en cuando, venía por casa. Mi madre, en un principio, no quiso comunicarle a ella nada de mi estancia y refugio. Es posible que no se atreviera a decírselo por no sé qué extraña razón.

EL ASESINATO DE UN GUARDA

Yo, claro, aquí corrí muchos peligros. Recuerdo que el primero fue con motivo del asesinato de un guarda jurao, que le llamaban Bonifacio. A este hombre lo mataron en el campo no se sabe quién. Decían que un fugitivo. Entonces la Guardia Civil se presentó en casa. Hasta esa noche no supo mi cuñao que yo estaba allí. Recuerdo que el cabo Simón la recorrió. Mi madre se encontraba en la escalera. Ellos traían unas linternas y lo iban mirando todo muy detenidamente. El caso es que nos pescaron de sorpresa y yo corrí, a toa velocidad, a esconderme en el hueco de una escalera. Allí permanecí sin respirar... con un miedo, mientras los guardias decían: «Ahora vamos a ver por aquí.» Yo los oía perfectamente y no sé ni qué pensaba... lleno de miedo porque veía que me cogían. Como to fue tan de sorpresa, no tuve tiempo de meterme entre la paja en el doblao..., y por eso me fui al hueco de la escalera... ¡Ay qué miedo! Yo pensaba: «Ahora me cogen, ahora me cogen...» Desde el hueco veía los reflejos de las linternas..., pero aquello resultó milagroso, porque a mí me protegía un muro —desde donde miró el guardia— y éste dijo: «Vamos, que aquí no hay nada. Mañana volvemos otra vez...»

Por aquello, en el pueblo reinaba una gran expectación... «No han encontrao al "Lirio".» Una vecina, «la Natalia», le contó a mi madre cómo la noche anterior había oído decir a su padre que el cabo Simón al día siguiente volvía a hacer un registro a fondo para encontrarlo.

¡Y qué fatigas pasamos esperando a que volviesen otra vez...! Pensamos en no sé cuántos medios para que no me pescaran... Nos venían muchas ideas..., y no sabíamos con cuál quedarnos...

EL HUECO

Mi padre y yo decidimos al fin hacer un hueco junto a una especie de servicio. Empezamos a cavar como leones para dejarlo listo para cuando vinieran a hacer el registro. Cavábamos y cavábamos. Nos dolían los brazos, pero no importaba: había que acabarlo lo más pronto posible. Entre la familia lo dejamos listo en seguida.

El hueco tenía ya mi altura. Encima colocaríamos un saquito con estiércol y, unos trastos viejos. Mi cuñao se encargó de llevar la tierra, con mucho tiento, a un huerto que teníamos cerca. Y la llevaba en el serón del burro y encima le echaba un poco de estiércol que había en la cuadra..., y así pasamos más o menos esas horas hasta que viniesen. Luego mi madre y mi hermana limpiaron para que no hubiese rastro de la tierra.

Cuando me metía en el hueco tiraba del saco y quedaba perfectamente cubierto, tapao. La capa de estiércol era muy fina..., disimulaba mu bien...

LA ESPERA

Allí me metí a esperar a que llegasen. Yo no sé cómo vivo... ¡qué miedo...!, ¡qué sustos...! Metido en el agujero, yo creía que me asfixiaba..., apenas si podía respirar, pero con el miedo..., con la angustia... con el que si me cogen o no, ni me daba cuenta. Vinieron por la mañana y volvieron a registrarlo todo de cabo a rabo. Yo oía: «Y ahora por aquí..., y ahora por allí..., y ahora esta habitación..., y ahora esta otra...» Imagínese mi madre, la pobre, y mi padre, y mi hermana, y mi cuñao... tos diciéndole al cabo: «Mire..., qué más quisiéramos nosotros que saber dónde anda..., lo damos por perdío..., pero ustedes registren que es su obligación...» Y el cabo to se volvía ir al doblao..., estaba obsesionao con él... Llegaba al doblao y se volvía como loco. Movía un apero, y otro; to lo removía y na, y no encontraba na. Yo allí metío lleno de miedo... esperando a que se fueran. Y yo con el aliento contenío sin toser ni na, sin meter ruido. Gracias a los animales que quiérase o no meten un poco. El burro rebuznó... Tos estos ruidos venían bien... Pero ellos estaban obsesionaos con el doblao. «Éste debe estar aquí...; es el único sitio». Y me salvé milagrosamente. Donde yo estaba lo habían registrado el día anterior y no le hicieron caso, na más que al doblao: era una obsesión.

Ya se marcharon, y digo yo, que debieron pensar: «el pájaro ya ha volao». Respiramos toos y yo salí pa coger el aire, que me faltaba, y a poco que dura más el registro me asfixio. Pero yo no me iba de al lao del agujero por si acaso... volvían.

OLÍA A DIABLOS

La cueva estaba en la cuadra, al lao de la cochinera, y tenía 0,60 metros de alto, 0,70 de ancho y dos metros de longitud. Aquello olía a diablos, pero el miedo dicen que guarda la viña... y así es.

(Conversamos junto a una chimenea. «El Lirio» es una especie de sombra, un hombre con gafas, delgado, al que cuesta arrancarle una palabra. Gracias a un señor de Moguer, que le conoce bien, y le tira de la lengua... para que largue.)

Aquello era un verdadero ataúd, pero se prefiere siempre cualquier cosa cuando se está empujao por el pánico. No olvidaré nunca cuando estuvieron haciendo obras en la casa, y durante el tiempo que los albañiles trabajaban yo tenía que permanecer encerrao ni más ni menos que diez horas diarias. Allí apenas si podía moverme. Cuando al fin se iban era como volver a la vida.

(Nos trasladamos al lugar del refugio, situado junto a un patio con un pozo. En el fondo se encuentran las cuadras... Ya no queda rastro. Todo está cambiado. Parece increíble que este hombre haya permanecido en este lugar treinta y tres años. Muy cerca de donde se encontraba el refugio, una pared por medio, está la calle trasera de la casa. Se da la circunstancia que dicha calle está a más altura, por lo tanto, cada vez que llovía, las aguas se filtraban y se metían en su escondite.)

Y volviendo al olor, aquello apestaba. Claro, en los registros que tenía, y que eran muy frecuentes, cada dos por tres... los guardias recorrían la casa..., y llegaban hasta allí, pero al meter el olfato descartaban que hubiese un hombre; aquello na más era que pa cerdos y animales.

NOCHES DE SOLEDAD

Muchas noches tuve que dormir ahí, siempre con la escopeta debajo de la barbilla. Prefería morir antes que me cogieran. Uno no podía descuidarse. Recuerdo cómo una noche saltaron los guardias por los corrales y, al momento, estaba otro en la puerta de casa. ¡Como para descuidarse!

(Treinta y tres años es un período de tiempo demasiado largo. En él suceden muchas cosas y Manuel Piosa perdió a sus padres y a una sobrina carnal, hija de su hermana Esperanza, quien, en unión de su esposo, Gabino Martín González, le han ayudado constantemente.

A la muerte del padre, «El Lirio» pasó por uno de los momentos de mayor peligro durante su vida de «clausura»:

Por algunas razones, la puerta de la casa se cerró, y esto dio motivo pa que las gentes del pueblo comentaran que el fin de este cierre era que yo pudiera asistir al duelo de mi padre. La cosa trascendió y llegó a oídos de la Guardia Civil. No puede imaginarse el pánico que me entró. Me metí en el doblao de la casa, entre dos muros, y coloqué el cañón de la escopeta, cargada, debajo de la barbilla. Estaba dispuesto a quitarme la vida en cuanto me descubrieran..., pero afortunadamente el mal rato pasó.

Y a pesar de las malas condiciones que reunía el refugio, no tuve, afortunadamente, enfermedad alguna. Ni un simple resfriado. Puede creérselo. Lo peor hubiera sido esto por tener que avisar al médico.

Lo que peor pasaba era el invierno, porque la cueva, donde estaba escondío, manaba agua. Era profunda, una especie de pozo, y manaba algo de agua. Y entonces tenía que meterme con el agua. Aquello era un manantial... Y ni un simple catarro. Pue usted creerlo. Lo peor hubiera sido esto por tener que avisar al médico. Porque quién me dice a mí si lo primero que hubiera hecho el médico es recetarme o denunciarme. El invierno lo llevaba mal. Ya digo que la cueva era un manantial. Y hubo una inverná que no se me olvidará, to la noche tirando agua ahí fuera a la calle. Y entonces, aunque se me había pasao algo el miedo, volví a tenerlo. Porque resulta que la pareja pasaba de servicio, por la calle. Y mira si me descubren...

LA TAREA

De todas maneras, yo salía durante el día y cuando los registros fueron siendo menores estaba fuera mañana y tarde, haciendo lo que había que hacer..., lo mismo limpiaba el pescao que hacía de comer, que fregaba los platos, que machacaba aceitunas. Yo estaba, ya digo, de día en lo que aquí llamamos el alpende. También me dedicaba a meter tomates en conserva, hacía dulce de membrillo, liaba cigarros en tiempo de escasez. Había que ayudar a mi hermana. Mi padre, el pobre, estaba ciego..., y éramos dos bocas más.

La guerra la seguí, por los periódicos. Mi hermana Esperanza me traía unas veces cinco, otras, diez..., había que llevar su miajecita de cuidao... porque la gente sospechaba. «Anda, ¿y ésta pa qué querrá los periódicos? Eso... es para el hermano.» Esperanza los compraba con cuidao... a veces me traía hasta la colección de un mes entero. Ella, al comprarlo, decía que si para encender la lumbre, que si para tal, que si para cual. La gente también decía: «Si la Esperanza no tiene tiempo para leer...» porque habemos pa tó, y la gente era muy suspicaz.

El periódico, ya digo, lo leía to los días, de pé a pá. Un día vino mi cuñao que había estao en la peluquería y me dijo:

—Tú que te lees el periódico to los días... ¿te has enterao de dos tíos que han salío tras haber estao escondíos no sé cuánto tiempo?

Y me enseñó el periódico... Por cierto que en la barbería le dijeron: «Mira, por si le vale a tu cuñao...»

—«¿Y qué sé yo dónde está mi cuñao?» —contestó.

Porque aquí, en Moguer, mucha gente estaba convencía de que yo vivía escondío. Había otra que se creía que yo estaba muerto... No sé quién dijo que me habían visto en Montserrat..., y otro de aquí de Moguer le comunicó a mi madre que me había visto en el frente de Cataluña. Pues yo cuanto más lejos decían mucho mejor. Y uno de aquí de Moguer, un tal Antonio Machaco, le dice a mi cuñao:

—Tu cuñao estaba este año en la romería de Monte Mayor.

—¿Mi cuñao en la romería?

—Sí, estaba..., que yo le conozco bien...

—Pues si tú le conoces bien a él, no le has conocío...

—Que sí, que estaba con el cura, el alcalde, el juez...

—Anda, no digas tonterías.

De mí ha hablao la gente to lo que ha querío...

SEGUIR LA VIDA DE OÍDO

La vida de Moguer la seguía de oído. Como mi hermana tenía una miajita de tienda, pues las mujeres venían contando que si fulanita, que si menganita, que si ésta, que si la otra. Claro, también mi hermana me informaba de to.

Como tenía unos sobrinillos, mientras éstos fueron pequeñitos no hubo problema, pero cuando se hicieron mayorcitos tenía que estar escondío para que no me reconociesen.

Bueno, pues la salida se produjo a raíz del indulto. Estudiamos bien la cosa. Y total que se presentaron en casa el capitán de la Guardia Civil, el cura y el juez. Yo la verdad siempre pensaba que hubiese un indulto, pero más pronto. He pasao más de la cadena perpetúa. Lo ideal es que el indulto, Franco lo hubiese dado al acabar la guerra, vamos. Total, que al salir a la calle, ésta parecía una feria. Conocía por la voz a alguna gente. Al cartero, por ejemplo. Por la voz conocía a mucha gente...

He querido volver a contemplar la Naturaleza y esta mañana, a las seis, me marché al campo. Al enfrentarme con ella sentí la misma sensación que debe tener un pajarillo al que abren su jaula. Recordé en esos momentos el regreso a España de los repatriados del *Semíramis*, que antes de llegar al puerto de Barcelona, lanzaron sus gorros y otros objetos al agua.

Y cuando salí pesaba cerca de cien kilos. Luego, cuando me hice al campo, pesaba setenta. Al principio, no podía con la luz y tuve que pedirle unas gafas negras a mi hermana.

«EL QUEMACHOZAS» ANDABA POR LOS MONTES

En un bar de la plaza, donde hay varios viejos, hablamos del «Lirio», del «Planchao», que también estuvo escondido, y de José Gómez Yáñez, «El Quemachozas».

Cuando se nombra al «Lirio», uno de los viejos dice: «¡Ah! sí, ése y otros dos le tiraron al nieto del Almirante...»

Luego, unos y otros hablan del «Quemachozas»: «Ése eligió mejor el asunto... Se echó al monte, que era lo suyo, y allí estuvo cerca de 15 años. También le daban en el asunto del descendiente del Almirante. Pero el tío fue listo cuando se cansó del monte, se marchó a Huelva, con una hermana. Y allí hizo su vida.»

Lo suyo, la verdad —afirma otro viejo—, era el monte. Allí vivía de la caza. El monte no tenía secretos para él, y el tío llegó a ir de cacería con jefes de la Guardia Civil. ¿Quién le iba a decir a ellos que aquel hombre era «El Quemachozas»? Pero este tío era muy listo. Que si sería..., que luego se quedaba de guardia.

Cometió una equivocación con largarse a Huelva, porque una tarde a punto estuvieron de echarle mano, cuando se metía en un cine. Lo descubrió uno de aquí, de Moguer, a pesar de los colorines, de la gabardina y de las gafas negras.

A José lo denunció; pero dicen que se metió por el cementerio y vino por el puente del Tinto hasta perderse por las tierras de aquí, del pueblo. ¡Y aquí cualquiera lo cogía!

Y un día, aconsejao por unos parientes, dejó el monte y se presentó ante don Pablo que, por aquel entonces, era el alcalde, un santo de hombre.

Era muy arriscao —agrega otro viejo del lugar—, se le veía por los montes, pero como hacía su vida, nadie lo denunció.

¡Y qué bien se portó la novia con este hombre! Él... las debilidades, se cruzó una querida, la embarazó y se tuvo que casar con ella.

La novia le llevaba la comida al monte. Un día, de los muchos que bajaba al pueblo, al «Quemachozas» le sorprendió la Guardia Civil en casa de la novia; los guardias cercaron la casa, pero este hombre era un zorro, saltó la tapia por el corral, y se puso de nuevo en el campo. ¡Como para cogerlo! Dicen que de la caída anduvo con la pierna a rastras, pero la novia, después que pasó el jaleo, se fue a por él y al verlo herido, se lo llevó a casa.»

TREINTA AÑOS ESCONDIDO TRAS UNOS APELLIDOS FALSOS

ÁNGEL POMEDA VARELA: «YO HABÍA COLOCADO EL ALTAVOZ EN EL ALCÁZAR PARA QUE ENTRARA EL PADRE VÁZQUEZ CAMARASA»

- «TENÍA VERDADERO MIEDO...; YO SABÍA LO QUE PASABA CON CUALQUIERA QUE HUBIESE INTERVENIDO, LO MÁS MÍNIMO, EN ESA FORTALEZA»

- HUBO VECES QUE TUVE QUE APEARME DEL TRANVÍA EN MARCHA... PORQUE ALGUIEN ME MIRABA»

Me rogó Ángel Pomeda Varela muy conocido en Málaga, que pusiera aquí únicamente iniciales. Este hombre, que es de una generosidad fuera de lo común, ha disimulado su miedo, lo ha encubierto, durante treinta años, tras unos apellidos falsos: Arroyo Vázquez.

Con identidad falsa, este hombre llegó a llevar una agencia inmobiliaria y a ser presidente del Tribunal Tutelar de Menores en la capital de la Costa del Sol.

Pero Pomeda Varela, hasta el día del famoso indulto del sesenta y nueve vivía en una constante zozobra, sacudido por el miedo. El señor Arroyo, como se le conocía, cambiaba en unos momentos de nombre, ante la sorpresa de sus muchos conocidos y amigos. El supuesto y falso apellido Arroyo no ha sido capaz de desbancar al auténtico Pomeda Varela. Muchos le siguen llamando Arroyo.

¿Y qué le había sucedido a Pomeda Varela para que mantuviera su mutismo respecto a su anténtica identidad...? Todo su «delito», dicho sea entre comillas, había sido la colocación de los altavoces en el Alcázar de Toledo y sus calles aledañas para indicar el paso del padre Vázquez Camarasa. Ese era todo su «delito». Ahora bien, él era consciente de la represión que se ejercía contra todo aquel que hubiera tenido la más mínima participación en los sucesos del Alcázar. Y ese miedo se le anidó en el cuerpo de tal suerte que, este hombre vivía con esa obsesión.

En Málaga, su vida era de auténtico fugitivo, en el buen sentido de la palabra, se entiende. El hombre que llegaba a un bar y se tomaba un vino rápidamente y mirando de un lado para otro. Se sentía perseguido..., acosado por un miedo que era comprensible y humano.

Cuando estalló el Alzamiento, vivía en Toledo con mis padres, mi mujer y mis hermanos y poseíamos un taller de electricidad, un almacén de vino al por mayor y además llevábamos una representación de la «Anglo Eléctrica de Barcelona». El día 18 de julio no se podía dar un paso en Toledo. Había mucha gente deambulando; gente que buscaba desesperadamente la casa ante el tiroteo tan intenso.

Pero retrocedamos en el tiempo: hacía dos meses que de la fábrica de armas subían constantemente armamento y municiones a El Alcázar. También se proveían de alimentos. El día 19 de julio se metieron las tropas en esta fortaleza. Moscardó se hacía el fuerte. Lo que no comprendo es cómo en una ciudad como Toledo, fortalecida por murallas y puertas, este hombre eligió ese lugar... Desde Madrid, las fuerzas tardaron en llegar unos tres días; eran hombres militantes de la FAI, UGT, CNT... Los gubernamentales entraban en la ciudad una semana más tarde, al mando de Galiano.

Toledo entró en relativa calma; en los aledaños de El Alcázar, seguía habiendo tiroteos. Al centrarse la acción en esa zona, la gente volvió a hacer una vida normal. Yo vivía en el centro de la ciudad. Un día unos soldados me detuvieron, pero gracias a un carné del sindicato al que pertenecía pude salvar la vida.

Por aquel entonces, yo cursaba estudios de perito industrial. Alternaba la carrera con el trabajo. Bien, el caso es que se presentan dos soldados mandados por el gobernador para que fuera al Gobierno civil. Allí se encontraban los dos gobernantes, el civil y el

militar. En un principio, yo quedé intrigado ante este mandato. «¿Para qué me querrán?» Me presenté acompañado de los soldados. El gobernador me dijo:
—Mira, Ángel, tienes que instalar un altavoz para hablar con El Alcázar.

Aún no había acabado la carrera.
—No soy perito —contesté—, sin embargo, entiendo de electricidad. Ahora bien, no tengo ni altavoz, ni amplificador, ni micrófonos; no tengo nada... ¿cómo quiere que lo ponga?
—Te apañas como puedas —contestó—, pero tú lo pones...
—Bueno: pues tendrá que mandar algún soldado que me acompañe para poder quitarlo... se me ocurre que de algún cine.

Y me encaminé hacia uno que había cerca del Miradero. Era de verano y me hice con todo el equipo. Cogí el altavoz y desde la cabina tiramos un cable de cuatro hilos; cable que iba hacia Zocodover por diversas calles. En el «hotel Castilla» coloqué el altavoz.

EL PADRE VÁZQUEZ CAMARASA, EN EL ALCÁZAR

Todo esto lo motivaba el que el padre Vázquez Camarasa iba a entrar al Alcázar donde celebraría misa. El altavoz ayudaba a que el sacerdote pudiera acercarse, sin peligro, a la fortaleza. Mediante él, anunciábamos el trayecto que el padre recorría; así evitábamos cualquier riesgo físico que pudiera correr. A mí me entregaron una cuartilla para que la leyera según iba avanzando por el itinerario señalado. «¡Atención, atención, el padre Vázquez Camarasa pasa por tal sitio...!» Por cierto, que al Alcázar llegaba por la calle del Tránsito. En la fortaleza entró en tres ocasiones; en una, permaneció más de un día y en las restantes, horas.

(El Alcázar —cuenta Jackson— (*) era una fortaleza de piedra que se levantaba sobre una colina que dominaba el valle del Tajo. Los republicanos ocupaban los edificios próximos. Sitiadores y sitiados se podían gritar unos a otros sin necesidad de altavoces. Cuando estuvo claro que el alzamiento había fracasado, los republicanos esperaron que la fortaleza se rindiera. Al saber que el ejército de África inició su rápido avance desde Andalucía, los defensores cobraron ánimos y los atacantes empezaron a preguntarse si la es-

(*) «La República española y la guerra civil». Editorial Grijalbo. Barcelona, 1976.

casez de alimentos y agua serían suficientes para forzar a una capitulación antes de que les llegara ayuda de fuera. Nadie estaba seguro de cuántas personas había en la fortaleza y de qué provisiones disponía el coronel Moscardó para alimentarles. El Gobierno carecía virtualmente de cañones pesados capaces de perforar los muros de piedra que en muchos puntos tenían varios pies de grosor. Hasta el 24 de agosto no cañonearon la fortaleza, en parte por falta de proyectiles y espoletas, en parte porque los hombres de las milicias eran conscientes del hecho de que dentro había familiares suyos. A finales de mes, dispararon un obús del calibre 155 y varios del 75 y comenzaron a excavar túneles con la intención de volar los sótanos en donde se refugiaban la guarnición sitiada y sus rehenes.

El 9 de setiembre, el teniente coronel Vicente Rojo —prosigue— que había sido instructor de la Academia Militar del Alcázar, que procedía de una familia derechista y que tenía algunos amigos entre los defensores, entró en la fortaleza con bandera blanca, tratando de conseguir su rendición, o al menos la liberación de los rehenes. El día 11, un sacerdote madrileño, el padre Vázquez Camarasa, trató de persuadir al coronel Moscardó de que soltara a las mujeres y a los niños. El coronel hizo venir a una mujer, quien a su presencia aseguró al padre que las mujeres del Alcázar deseaban compartir la misma suerte que sus hombres. Dos días después el embajador chileno, decano del cuerpo diplomático, vino a Toledo con el mismo propósito. El coronel Moscardó envió a su ayuda de campo para saludar al embajador por un altavoz y para decirle que los defensores escucharían respetuosamente cualquier mensaje que él deseara enviarles a través del «Gobierno nacional de Burgos». Ante la frase «Gobierno nacional», los milicianos empezaron a insultarlos, y el diálogo no pudo proseguir (1) El 18 de setiembre los atacantes hicieron estallar tres minas subterráneas, que causaron algún daño al edificio, pero no a sus ocupantes. El día 26 el general Varela acampó al otro lado del río, frente al Alcázar. La mayoría de los desmoralizados milicianos ya se estaban retirando hacia Madrid. Algunos centenares resistieron desesperadamente en el cementerio a la mañana siguiente; pero fueron intensamente cañoneados y el cementerio fue tomado, piedra a piedra. Los insurgentes avanzaron entonces hacia los cuarteles y el hospital, donde mataron a los heridos en sus camas. A última hora de la tarde, los famélicos ocupan-

(1) Aurelio Núñez Morgado, *Los sucesos de España vistos por un diplomático*, Buenos Aires, 1941, pp. 214-221, para el relato del embajador. *The Red domination in Spain*, Madrid, 1946, pp. 325-337 para el relato del coronel Moscardó.

tes de la fortaleza salieron a las calles ahora dominadas por los moros y los legionarios. Un coronel Moscardó muy delgado y barbudo informó al general Varela al día siguiente: «Sin novedad en el Alcázar». Los defensores habían sufrido unas 80 bajas en las 10 semanas que duró el asedio. El ejército insurgente y los defensores del Alcázar asistieron enfervorizados a una misa, y los insurgentes se dispusieron, tras un breve descanso, a proseguir su marcha hacia Madrid.

En las semanas siguientes —continúa Jackson—, *el coronel Moscardó se convirtió en el símbolo de la causa insurgente. Se dio mucha publicidad a la historia referente al jefe de las milicias que telefoneó al Alcázar el 23 de julio. Entre sus rehenes tenía a un hijo de Moscardó, al que acercó al teléfono para que explicara a su padre que sería fusilado si la fortaleza no se rendía. El coronel contestó a su hijo que encomendara su alma a Dios y que muriera valientemente. El hijo fue ejecutado un mes más tarde (2). El texto de la conversación ha sido inscrito en muchos idiomas en los muros del sótano del Alcázar, que ahora es uno de los principales monumentos de la victoria nacionalista. En España, la gente aún discute apasionadamente sobre si esta conversación tuvo o no lugar (3). Pero la verdad en este caso es menos importante que su significado simbólico. En la guerra civil española hubo padres en ambos bandos que habrían hecho lo mismo que el coronel Moscardó afirmó que había hecho; y hubo hijos que habrían muerto de buena gana después de tal mandamiento de sus padres.)*

En esas tres ocasiones que el padre Vázquez Camarasa entró en la fortaleza me mandó llamar el Gobernador para que leyese las referidas cuartillas. En este sentido, toda mi cooperación, por lo que respecta al Alcázar, se reduce a la breve lectura de tres no menos breves cuartillas.

Por otra parte me encargaron de la emisora «EAJ-49», que funcionaba ininterrumpidamente en la calle Sillería. Día y noche estaba en antena, siempre con música. El objetivo primordial era tenerla controlada. Conmigo se hallaban cuatro soldados. Yo vestía un mono azul.

(2) Una versión muy completa de «La verdad sobre la ejecución de Luis Moscardó», hijo del coronel, puede hallarse en el libro de Herbert R. Southworth *El mito de las cruzadas de Franco*, París, 1963.
(3) H. Thomas, *op. cit.*, p. 203, da detalles convincentes que apoyan la autenticidad de la historia.

El panorama en Toledo empeoraba, día a día y, ante ello, y como quiera que yo no me podía marchar, opté por enviar a mi mujer a Madrid. La situación empeoraba... y cayó Toledo. Los regulares entraron en la ciudad. En ese momento, yo la abandonaba a través del río, en una barca, por la virgen del Valle. Me acompañaban mis suegros, mi cuñada y dos sobrinos. Mi suegra estaba paralítica y entre su marido y yo la llevábamos, a campo través, hasta que llegamos, al fin, a un pueblecito donde encontramos, abandonada, una motocicleta con «sidecar». Entonces, quise ponerla en marcha y no funcionaba... Intenté arreglar la avería y logré que arrancase. Y así llegamos hasta Mora de Toledo. Allí los dejé y yo tomé el tren hacia Madrid.

MADRID, ALBACETE, POZOBLANCO

En la capital me reuní con mi mujer y me incorporé al Ejército republicano. Me presenté en el cuartel del Conde Duque, en transmisiones. En Madrid permanecí un mes; luego me trasladaron a La Roda (Albacete). Iba de sargento de cocina. Posteriormente me enviaron a Albacete, a la segunda compañía, a instrucción de morse. Y en esta ciudad me ocurrió que estaba supliendo a un ingeniero que, por unas horas, se había desplazado a ver a su familia, cuando llegó la orden de que ese individuo tenía que trasladarse a Pozoblanco, para montar un parque de transmisiones. Como él no se encontraba, tuve que acudir yo. Bien, me fui y estuve a las órdenes de don Joaquín Pérez Sala. Los bombardeos en este lugar fueron tremendos. Recuerdo especialmente una noche que una pobre mujer, viuda, con sus tres hijos se encontraba en aquel sitio... Yo estaba de guardia, al frente de dos teléfonos, centrales de radio, todo el material eléctrico..., muy cerca de nosotros cayó una bomba. No nos mató de verdadero milagro. Yo caí herido muy grave, a punto de perder la visión. Me llevaron a Albacete y mi mujer, ante mi estado, me trasladó a Madrid. Por cierto, que el segundo altavoz que monté fue en un camión que salió de Albacete para ir a Pozoblanco, a la primera línea del frente, con objeto de animar a la tropa y dar órdenes.

UN CAMPO DE CONCENTRACIÓN

Una vez recuperado, me trasladé a Albacete, la guerra terminaba y caí prisionero. De esta forma, yo entraba en la plaza de toros de Albacete, convertida en un gran campo de concentración: veintinueve mil almas, la mayoría catalanes. Allí estaba con mi colchón de lana y una manta. Otra vez se repite la historia.
Necesitaban un hombre para instalar un altavoz mediante el cual se controlara a la multitud..., para dar órdenes.
Entonces me ofrecí a ello y pedí los aparatos necesarios. Por supuesto, que yo no podía salir a la calle; pero como me hacía falta buscar estos instrumentos, me facilitaron un permiso especial para entrar y salir. En ese maremágnum de gentes, yo era un ser privilegiado... Total: que con un permiso de entrada y salida y otro para requisar, me trasladé a un cine donde cogí el equipo que necesitaba. Luego, lo instalé en la plaza de toros. Y ya no dormí aquella noche en el campo. Le dejé mi colchón y mi manta a uno que yo conocía de Toledo. Y me fui a dormir a una casa particular de la que era dueña una señora, la más rica de la ciudad. Más tarde, en esta casa, vivirían mis padres y mi mujer.
Bien: coloqué el altavoz, que utilizaban para llamar a los presos y le instalé una radio a un teniente..., y en fin, que me granjeé la simpatía de los jefes. Y me cogieron un gran afecto.
Yo no tenía ni una peseta y busqué la manera de ganármela. Entonces me puse en contacto con un almacenista de vinos. El primer día me dejó una garrafa que me llevé sin abonársela y, con ayuda de un embudo, fui llenándole las cantimploras a los soldados. Les cobraba una peseta. Esa tarde ya pude pagarle la cantidad llevada y, al día siguiente, volví a repetir la operación. Pasó el tiempo, y ya me permitía el lujo de regalarle a los soldados, por cada cantimplora, una cajetilla de tabaco, que me costaba veinticinco céntimos, el papel, diez y una caja de cerillas. El vino me salía por cuarenta céntimos y lo vendía todo a una peseta. En cantimplora ganaba veinte céntimos. El negocio aumentaba de día en día. Y tuve que cogerme unos «secretarios», que me traían y servían el vino. Yo me dedicaba a cobrar. Y llegué a tener unas veinte mil pesetas. Una fortuna en aquella época.
Ya un día le dije al teniente:
—Mire usted, mi teniente, qué hago yo aquí. Sabe usted que no

me escapo, que todos los días salgo y entro constantemente; que duermo en una casa. Me dé la libertad.

En el campo de concentración nos encontrábamos cuantos combatimos en aquella zona. Y allí se permanecía hasta que llegaban los informes del lugar de procedencia de cada uno. Según iban llegando y según lo que reseñaban se actuaba. Unos iban a la cárcel..., otros los fusilaban..., o salían en libertad. En el campo de concentración, a medida que pasaban los días, iban quedando menos hombres. Y mis informes Dios no quería que llegaran. Y no llegaron. De acuerdo que 29.000 hombres eran muchos y los informes, por tanto, tardaban un tiempo. Yo había dicho que era de Madrid y no de Toledo. Yo había mentido ahí, pero era una forma de salvar el pellejo.

Al fin, el teniente me dio la libertad. Y dejé mi puesto de vinos a uno de Toledo. Ya libre me enteré que un tal Portabella quería montar en Albacete un almacén de vinos y aguardientes. Y me ofrecí a montárselo. Y se lo monté. Así me gané otro dinero.

Entretanto, mis padres se marcharon a Toledo, a su casa. Mi padre, que era ferroviario, se incorporó ota vez a la «Renfe». Poco antes de salir, yo le había dicho a él:

—Me escribes de esta manera —le señalé una clave—: Toledo, 10,10,39, es que no pasa nada. Y si esta fecha la separas con un guión, quiere decirse que la cosa está dudosa; y si esta separación es con cruces es que van a fusilar, con lo cual yo no puedo aparecer por Toledo.

Ya he dicho que vivía en casa de la mujer más rica de Albacete. Ésta tenía un hermano que era abogado y secretario de la Diputación de la ciudad. La carta de mi padre marcaba las cruces. Entonces, ante la imposibilidad de marchar a Toledo, pensé en irme a Málaga, donde vivía una hermana mía, casada. Bien, esta familia manchega me conocía perfectamente. Sabía cómo era y cómo obraba. Yo no pude por menos que pedirle al secretario de la Diputación que me facilitara una cédula, que me proporcionó. Bien es verdad, que no me atrevía a ir con mis apellidos auténticos y opté por que me colocara en la cédula el segundo apellido de mi padre y el segundo de mi madre con mi verdadero nombre. Él me proporcionó la cédula personal.

Así que, con mi cédula en el bolsillo, emprendí viaje a Málaga. Mi mujer también se había marchado con mis padres a Toledo.

Ellos llevaban el dinero que yo había ganado para que pudieran vivir. Yo me quedé con lo justo: unas dos mil pesetas. Y a Málaga. Allí solamente estaba el suegro de mi hermana. Ellos se habían marchado por un tiempo a Toledo. Y en vista de la situación, me alojé en la calle Cuarteles, en una pensión, junto a la estación.

Ya ellos de vuelta, un día fui a verles y me invitaron a comer. El suegro era asentador de mercado de mayorista, y como yo estaba sin trabajo, vi que ésta podía ser una forma de empezar a trabajar. Recorrí los mercados de detallistas a ver si podía coger un puesto. Y encontré uno en el de la Merced. Como los géneros me los proporcionaban fiados, y como no tenía dinero ni para comprarme un peso, tuve que empezar por adquirir géneros que no necesitaran de medidas. El traspaso del puesto me había costado veinte duros. Y así tuve que seguir... hasta que compré el peso. Luego empecé a vender de todo. En el mercado no estuve más de un mes. Lo traspasé a un pariente, que se dedicaba a vender lotería.

En la calle de los Frailes estaban construyendo dos locales comerciales, muy buenos; uno de ellos tenía una trastienda. Yo había ganado un dinerillo en el mercado. Y tuve la suerte de que tenía bastante para el alquiler. Y allí vendía de todo. Mi mujer se incorporó al negocio. Esto nos duró más de un mes. Siempre intentaba buscar cosas nuevas para venderlas. Y un día llegué a la fábrica de salazones de don Manuel Castelló de la Rosa y le compré algunos géneros para venderlos en la tienda. Hablamos, simpatizamos y, le dije:

—Mire, le compro a usted toda la producción de salazones; es decir sin dinero. Eran muchos miles de pesetas. Había una condición: yo ponía los precios..., los vendería, repartiría y todas las semanas le liquidaría y él me tendría que dar el diez por ciento de la venta. Así fue. Llegamos a un acuerdo: traspasé el local de la tienda, y comencé con el negocio de salazones.

RECORRER DISTRITO A DISTRITO

Por las mañanas cogía una bicicleta y me recorría, distrito a distrito, todas las tiendas en las que podía vender este producto. Y tomaba nota de lo que cada uno quería y, al día siguiente cargaba el carro. El carrero lo llevaba y yo, que desconocía Málaga, lo descargaba y cobraba. En todo esto, yo gané bastante dinero. En aquellos tiempos, llegué a tener unas cien mil pesetas. Luego no me interesó continuar: ya había ganado un dinero y aquello era muy trabajoso. Entonces, ese dinero lo invertí en la compra de una casa, pequeñita, en la calle Duque de Rivas. Pasó un tiempo y compré la casa de atrás. Y a ésta le quité una habitación para agregársela a la de adelante, y a la que acababa de comprar, le añadí una habitación en lo alto. Y la vendí. Con este dinero, compré otra casa en la calle Huerto Manjos, número siete. Y lo hice con un inquilino, que lo trasladé a la primera casa que había comprado. Por cierto, este hombre era carabinero. Vacío este inmueble, lo volví a vender y ya emprendí el negocio al que me he dedicado: agente de la propiedad, debidamente matriculado. Para esto era necesario el carné de identidad y el registro me lo otorgó con la cédula. Estamos en el año 1948.

EL MIEDO

Pero yo, a pesar de que era muy afortunado en los negocios, tenía una obsesión: el miedo, un miedo que no he perdido hasta el indulto de marzo del 69. El miedo por la instalación del altavoz en El Alcázar. Miedo que no me dejaba ni un solo momento. A medida que el tiempo avanzaba, éste crecía. Los primeros años tenía que pensar en subsistir. Y quizá por eso me olvidé un tanto de la tragedia que tenía encima. Bien es verdad que no tenía ningún problema. Conseguí, mediante la cédula, el carné de identidad. No pasó nada. Pero siempre El Alcázar estaba detrás, como una sombra siniestra, que me amedrentaba. Sacarme el pasaporte no fue problema. Me lo dieron fácilmente. Tenía muy buenas relaciones. Viajé al extranjero..., seguía con mis apellidos falsos y con la sombra siniestra de El Alcázar. ¡Es que cualquiera que hubiese puesto las huellas en ese asunto...! De ahí el miedo. Yo esperaba un indulto... Llega el del 45... Pero el asunto de El Alcázar era... especialísimo. Yo no estaba manchado en sangre. No era político, no había pertenecido a ningún partido. Pero siempre la sombra de El Alcázar..., que me llevaba de un lado para otro viviendo como si fuera un fugitivo.

El trabajo me calmaba este miedo. Por eso, mientras me encontraba en plan de trabajo, me hallaba más tranquilo —aunque trataba a mucha gente—. Luego terminaba y empezaba otra vez el cerco del miedo. Y así entraba en un bar —rarísimas veces—, entraba, digo, pedía un vino y al instante yo presentí que me miraban..., entonces pagaba rápidamente y me marchaba. Siempre con esa sombra siniestra tras de mí.

Y cogía el tranvía y me ocurría una cosa parecida. Si alguien se me quedaba mirando..., cogía y me apeaba en marcha. Luego me iba andando.

Y a todo esto, muy considerado en Málaga, con muchos amigos, fulano por aquí, fulano por allá. Y hasta llegué a ser presidente del Tribunal Tutelar de Menores.

Yo estaba casado y no teníamos hijos. De haberlos tenido hubiese sido un problema... Esto por una parte. Por otra no podía inscribir en el Registro de la Propiedad, nada de mis compras. Por eso me valía del nombre de un sobrino. Nunca hasta después del indulto del 69 he podido tener propiedades; hubiese falseado un documento público. En la compra-venta que se efectuaba en mi inmobiliaria, yo era un simple intermediario que me llevaba una comisión de la misma.

Y resulta que un día... con la gente que yo trataba. Habían pasado muchos años. Y Málaga ya era Costa del Sol, con turismo, con mucho ajetreo de personas. Y estoy sentado en un banco, en una placita, y se me acerca un señor, y me dice:

—Usted es Ángel Pomeda Varela, de Toledo.

Y yo, impresionado, pude decirle:

—No, no, yo no me llamo así... Y además no he estado nunca en Toledo. Se ha equivocado.

Y puse los pies en polvorosa. El señor se quedó anonadado. En todos estos años, a pesar de la sombra siniestra de El Alcázar ha sido el único que, en corto y por derecho, me identificó.

Mi mujer se murió y yo aún seguía con mis apellidos falsos.

Y así hasta que se promulgó el indulto de 29 de marzo de 1969. Ya estaba harto de tanto miedo..., y no pude por menos...

...un día en el más riguroso secreto me vine a Madrid. Tenía pánico a entregarme. Y pasé unos días en Madrid. Unos días de miedo, de angustia, hasta que al fin decidí entregarme. Mis amigos se enteraron de la noticia por la prensa. No se lo podían creer. Aún mucha gente en Málaga sigue llamándome, conociéndome y escribiéndome por mis falsos apellidos, los apellidos del miedo...

Mis amigos me comprendían el miedo que escondía ni que por la insignificancia de instalar el altavoz de El Alcázar me pudiera ocurrir algo. Así fue: no me ocurrió lo más mínimo. Mis amigos en Málaga decían que por qué no me había entregado allí, todos me hubiesen echado una mano.»

LA RUTINA DE RODRÍGUEZ ARAGÓN

Quiero insistir en el papel preponderante que la geografía jugó a la hora de enconderse un hombre. Así, por ejemplo, se da la circunstancia de que Andalucía arroja un buen balance de gente oculta. Es el caso de Juan Rodríguez Aragón, para quien la guerra terminó a finales del año 1968. Cuando salió a la luz Rodríguez Aragón contaba sesenta y siete años de edad. Algunos parientes le daban por desaparecido.

El autor no llegó a conocerle personalmente; sin embargo, en una ocasión en que pasó por San Fernando (Cádiz) trató de rehacer la historia de este hombre mediante los relatos de sus parientes y unos vecinos muy allegados a la familia. Su historia, la historia de un hombre que se resignó a seguir oculto, sin prisa, al parecer, por salir es, sucintamente, esta:

Al ocultarse contaba 34 años, estaba casado y tenía dos hijos, con los que vivía en la calle García de la Herrán, núm. 4, en San Fernando (Cádiz).

Rodríguez Aragón era de oficio carpintero y estaba empleado en el arsenal de «La Carraca». Además, era taquillero del teatro de las Cortes. Aficionado a escribir, colaboraba por aquel tiempo en la revista *La Razón*. Sin duda, temeroso de que sus artículos pudieran ser delictivos, se encerró en su casa.

El inmueble que ocupaba Rodríguez Aragón —una casa con buena huerta, cercana al cementerio de San Fernando— es actualmente un edificio nuevo de varios pisos, en los que, por cierto, viven sus hijos.

Juan vivía con su mujer, sus hijos, su hermano, una cuñada y su madre. Ésta y su hermano se oponían rotundamente, a que abandonara el escondite; escondite que se reducía a una habitación en el fondo de la casa.

El tiempo transcurre, los hijos crecen, e ignoran el paradero de su padre. Pasará algún tiempo, y hasta que los hijos no tienen uso de razón no conocerán al padre. Por otra parte, la mujer monta un taller de sastrería. Al frente del mismo se encontraban las dos hermanas. Varias muchachas de la ciudad acuden a coser a este lugar. Durante la jornada de trabajo, él permanecía leyendo en la habitación. Por la noche, y siempre en apoyo a él, el hermano acondicionaba la huerta de tal suerte que adquiere más frondosidades. Hay árboles que disimulan la presencia de Juan en sus paseos habituales, nocturnos. Colaboraba enormemente a esta operación de disfraz la presencia de su hermano.

La vida, para su mujer, fue naturalmente muy dura; ella, además de las tareas del taller, se dedicaba a hacer «crochet» y otras labores finas de ganchillo que, posteriormente rifaba.

La vida transcurría para Juan apaciblemente, sin grandes sobresaltos. Su impaciencia por salir era grande. A ésta se oponía, fuertemente, su madre y su hermano.

—¿Te falta algo en casa, hijo?

Y esta pregunta era muy frecuente en boca de su madre. Muerta ésta, quedaba la presencia de su otro oponente, el hermano. Quizás su gran deseo de salir, le hubiese llevado a la calle si no es porque cuando tenía pensado abandonar esa situación, el hermano entraba en un proceso cardíaco. El temor a que su hermano fuese víctima de su salida, le impidió seguir adelante con su idea.

Muere el hermano, y Juan desde un armario ropero presencia el acto de amortajarle. Su mujer y su cuñada son insuficientes. Un vecino íntimo, amigo del difunto, les ayuda en esta tarea. Hay un momento en que las mujeres están buscando ropa para ponerle; entonces, el vecino se encuentra con que el cadáver se le desliza. El vecino lucha porque no se le caiga. En el armario, Juan presencia la escena. Posteriormente, cuando sale, le dará las gracias a su vecino, y le contará, la escena desde otra perspectiva.

VIVIR OCULTO EN LA SERRANÍA

Siguiendo con Andalucía, también los periódicos se hicieron eco —como en el caso de Rodríguez Aragón, de la noticia transmitida por la agencia Cifra e insertada por algunos diarios (*ABC* la publicaba el 31 de enero de 1968)—. La Prensa hablaba de la detención por fuerzas de la Guardia Civil de la Compañía de Ronda de Pablo Pérez Hidalgo, «de 65 años, alias Monolo *el Rubio*, natural de Bobadilla. Se encontraba —continúa diciendo la agencia Cifra— escondido en el cortijo "el Cerro" del término municipal de Genalguacil desde el año 1949, haciendo vida marital con Ana Trujillos Herrera, alias *la Oveja*, de la que no ha tenido hijos».

La agencia aludía «al que puede ser considerado como el último bandolero de la serranía en la que llevaba escondido más de veintisiete años».

Álvarez Aristu publicaba en *Sol de España*, del 15 de diciembre de 1976, el siguiente reportaje:

«La organización en estas sierras —se refiere a la guerrilla— fue algo difícil; pero, ya una vez transcurrido algún tiempo, allá por los años 42 y 43, organicé dicho grupo con hombres que llegaron de un lado y de otro. Le denominamos Grupo Guerrilleros de Fermín Galán, y yo era el jefe.

»A mí me llamaban Manolo *el Rubio*; otras veces les dio a los muchachos por llamarme *el Mesorín*. Primeramente estuvimos por los montes de Cádiz, y ya que habíamos hecho algunas fechorías por estos lugares, para no ser descubiertos por la Guardia Civil pasamos a los montes de Málaga. Por donde anduvimos con mayor frecuencia fue por la parte de Coín, Alora y por todos los montes de las cercanías de Ronda. Lugares que yo conocía a la perfección.

»Con la Guardia Civil no tuvimos encuentro alguno, por lo menos el grupo que yo capitaneaba. Yo solamente tuve un encuentro con la Guardia Civil, pero no fue con este grupo. Fue el 20 de noviembre de 1940.

»Como iba diciendo, anteriormente a esa fecha, íbamos una vez un grupo de ocho o diez *huidos* y nos refugiamos en un cortijo enclavado en el término municipal de Alpendeire y ya que estábamos en la casa, al parecer el dueño le dio el soplo a la Guardia Civil de que unos hombres armados venían huidos de la zona republicana y que se habían refugiado allí, en su casa. Entonces llegaron hasta donde estábamos nosotros muchos guardias civiles y falangistas y mandaron a pedir fuerzas a Ronda; en fin, todo un ejército se encontraba allí. Nos rodearon la casa, con nosotros dentro. Al parecer un sargento de la Guardia Civil a voces nos dijo: "Entréguense, que están ustedes perdidos." Como no nos entregamos como ellos querían, comenzaron a disparar contra la casa. Nosotros también lo hicimos contra ellos. Cuando vimos que estábamos perdidos, puesto que ellos eran mayor número y también en armamento, comenzamos a salir de la casa. Por nuestra parte cayeron dos muchachos heridos en este encuentro.

»Cuando ya estábamos en otro lugar, llegó la noticia de que ellos también habían tenido bajas, de algún guardia civil y algún falangista. No sé si esto será verdad, porque eso nosotros no lo vimos. Los dos muchachos que cayeron heridos de nuestro bando pudieron venirse con nosotros. Claro que al hacer esta clase de operaciones nos ayudaba la gente de los cortijos. Unos porque lo sentían y otros por miedo a nuestras represalias, y gracias a estas ayudas nos movíamos por las sierras. Al llegar a las sierras próximas a la "Resinera", por encima de Estepona, pudimos curar a los muchachos heridos. Ése es el único encuentro que yo tuve con la Guardia Civil. Lo demás es una pura mentira. Ya que *el Rubio* no fue nunca tan sanguinario como se ha dicho. Tras el encuentro y posterior huida, permanecimos en la Sierra del Borrejón, hasta que estuvieron completamente curados nuestros compañeros. Uno de ellos era asturiano y el otro de Cortes de la Frontera. Este último, ya que estuvo curado, se separó del grupo mío y se unió a otro. Después nos enteramos que lo mataron en la Sierra de Guaro, por la parte de Nerja.

En aquellas fechas nos llamaban los rojos del Ejército republicano. Nos cansamos de estar por estas sierras y pasamos de nuevo a la parte de Cádiz. Otra temporada por aquí y después nuevamente al punto de partida. Estos cambios los hacíamos según las estaciones del año, ya que cuando hacía frío nos íbamos a la parte sur y cuando hacía calor marchábamos a la parte norte.

»La ayuda era la que nos prestaban los campesinos, ya que a la ciudad o a los pueblos, por supuesto, no podíamos acercarnos porque nos hubiese descubierto la Guardia Civil y lo hubiéramos pasado muy mal entonces. Los campesinos nos daban de comer y después, al marcharnos de sus casas, nos daban suministros que metíamos en nuestros morrales, para dos o tres días, y cuando éstos se terminaban, volvíamos otra vez a reponernos nuestras provisiones. Cuando ya nos hacíamos muy vistos en un lugar, acechábamos otra casa de campo, para después llegarnos hasta ella.

»Una vez en estas casas, a las que siempre llegábamos durante la noche y por sorpresa, pedíamos dinero y comida; si los campesinos se ponían tontos, lo cogíamos por la fuerza y si estas gentes eran adictos nuestros nos daban todo cuanto queríamos.

»Llevábamos escopetas de dos cañones, fusiles, pistolas y pistolas ametralladoras. Estas armas las conservábamos de cuando la guerra y si alguno se quedaba sin ella, se las quitábamos a alguno que había estado en la otra zona de los nacionales.

»Ya hace 27 años que estaba escondido en "El Cerro". Saque la cuenta desde el año 1949, en que aquellas partidas desaparecieron porque no teníamos vida propia. Entonces unos fueron por un lado y otros por otro. Cada cual a donde pudo refugiarse para no ser descubierto.

»Los caminos para llegar a las casas amigas los teníamos siempre expeditos, ya que los pastores, mujeres y niños o campesinos

nos ayudaban cuando nos trasladábamos de un lado para otro.

»Mire, eso de que éramos una partida de carniceros que mataba a mucha gente es un relato falso, una propaganda mala que se levantó contra los que huimos de la zona republicana. Eso no es cierto. Era un campaña en contra nuestra con la que querían justificarse, para que cuando alguno de nosotros cayera prisionero que no tuviese salvación. Respecto a haber matado guardias civiles, que le pregunten eso a la misma Guardia Civil, ya que ellos deben de tener un archivo con todas esas cosas que usted dice y de los guardias civiles que matamos... "Ninguno."

»Nosotros no éramos eso que se decía. En cambio, teníamos que luchar por nuestra existencia en aquellos momentos tan difíciles para nosotros. Siempre anduvimos por los montes de Jubrique, de Guenalguacil, de Estepona, Benahavis..., casi siempre por las provincias de Málaga y de Cádiz.

»No, qué va. ¿Qué cuevas ni qué ocho cuartos? Nosotros no éramos bandidos de cuevas, de esa absurda leyenda de bandidos de la Serranía de Ronda. Nosotros, cuando hacía mal tiempo, con una manta nos tapábamos y en una tienda de campaña debajo de un pino se guarecía uno. Cuando hacía calor, al aire libre; ya estábamos más fuertes que una roca, acostumbrados a vivir siempre en el campo como los pájaros, a la buena de Dios.

»Nosotros estuvimos en la sierra esperando por si la tortilla daba la vuelta, ya que así lo estaban diciendo las emisoras del exterior, y en caso positivo salir nosotros triunfantes. De entregarnos nada, puesto que entonces nuestros huesos se hubieran podrido en la cárcel. Al desaparecer aquellas partidas de las sierras yo no podía ir a Bobadilla, como es natural, y pensé en refugiarme en el cortijo "El Cerro", que ya conocía de antemano y además tenía la confianza plena de que su dueña, Anita Trujillo Herrera, no me denunciaría. Con anterioridad yo había tenido contactos con esta familia, ya que un hijo suyo estaba en la compañía que yo mandaba.

»Aquí he hecho mi vida en este cortijo. Ya se puede figurar cómo he podido sobrevivir. Siempre estuve en esta mazmorra que se ve aquí. Cuando salía por el monte a dar una vuelta o a cortar leña, no muy lejos de la casa, siempre lo hacía con el oído puesto en los perros que se hallaban atados en las cuatro esquinas del cortijo y, cuando éstos ladraban, me ponía a temblar, ya que siempre pensaba en la Guardia Civil; que venía a detenerme, pero que lo que yo temía era el chivatazo que podían dar si alguien me veía. Lo mismo que han hecho ahora.

»Aquí hemos vivido siempre de casi nada. Esta señora trabaja como una esclava. También le dan una pequeña pensión de un hijo que le mataron en la guerra de Alemania.

»Por otra parte, estos 27 años que he estado escondido aquí han sido para mí un verdadero martirio. Yo no sé cómo no me he vuelto loco, para mí, esto ha sido una verdadera "condena" toda llena de amarguras y suplicios. Yo creo que si algo malo he hecho en esta vida, lo he pagado con creces, siempre metido en esta "mazmorra". Me han dejado en libertad, ya que las autoridades judiciales creo que han comprendido que ya he sufrido y he pagado lo que debía.»

EL GUERRILLERO DE LA NOCHE

Hay que señalar, por otra parte, los «escondidos» provocados por la lucha guerrillera. En este sentido, José Guerrero, guerrillero en Sierra Nevada, en el grupo de los «Niños de la Noche», permaneció oculto siete años en el refugio que él mismo se construyó —era albañil— en el pueblo de Purchil, situado a doce kilómetros de Granada. José Guerrero se ocultó desde 1948 en casa de su hermana.

TREINTA Y TRES AÑOS REPARTIDOS ENTRE UN ARCÓN Y UN DESVÁN

SATURNINO DE LUCAS: «ME ENCONTRABA MUY A GUSTO OCULTO»

- «DESDE EL DESVÁN, SEGUÍ TODA LA VIDA DEL PUEBLO, MEDIANTE UNOS PRISMÁTICOS»
- «A LA GENTE LA CONOCÍA POR LA VOZ»

Con este hombre recio, leal castellano que es Saturnino de Lucas Gilsanz, ex alcalde de Mudrián, un pueblecito de la provincia de Segovia, charlo en su casa cuando aún está fresca la noticia de su salida, y todo son comentarios en el pueblo.

Saturnino se ocultó el 24 de julio de 1936 y abandonó su refugio el 4 de abril de 1969, a los pocos días de que se promulgase el decreto por el cual todo aquel que hubiera cometido hechos delictivos durante la guerra civil, quedaba fuera de pena.

Saturnino enfermó gravemente a los ocho meses de salir de su ocultamiento, y falleció cuando rondaba los sesenta años de edad.

El día 25 de julio, yo había jugado mi partida de cartas —a la brisca— en este bar que está aquí cerca de la iglesia. Al poco rato iba a celebrarse baile. La fiesta de Santiago era muy festejada por estos pueblos. Desde el momento en que abandoné el bar, nadie volvió a verme en Mudrián. Alguien ha dicho que, montado en un caballo, me llevaron a través de los pinares, a una carretera, donde me esperaba un coche... Pero lo que ocurrió fue:

El cura de Mudrián me llamó con mucha prisa y me aconsejó que abandonara, urgentemente, mi casa. «Ofrecen mucho dinero por tu cabeza.» No debía decir ni a mi familia dónde me iba. Así que, con estas negras perspectivas, me metí en la casa de don Alberto García Matesanz, que así se llamaba el cura, y que era nacido en Valdesimonte, al lado de Cantalejo. Me metí, repito, en su casa como, previamente, habíamos acordado. Y me instalé en una habitación. Allí don Alberto, conmovido, me dijo: «Te buscan, desesperadamente, y quieren que tu cabeza esté por la mañana ante Basilio Mesa.»

Era éste un hombre al que apodan *Barrabás*, y es propietario de extensos pinares en esta zona. Este hombre ha hecho mucho dinero. Empezó con la miera —lo que vulgarmente la gente conoce por resina— y, en la actualidad, posee una gran industria maderera.

EL PRECIO DE UN HOMBRE

¿Que por qué me buscaba? Yo sospecho que por los enfrentamientos, que, durante mi época de alcalde, tuvimos los dos por unas lindes de pinares entre los términos de Navas de Oro, un pueblo que está aquí cerca —y de donde es él— y Mudrián. Y también por cuestiones de salarios.

Se lo dijo un vecino de Navas de Oro al cura de Mudrián: «Al *Cojo* lo buscan con prisa.» Y fue el mismo cura quien, allí en la habitación me dijo, conmovido: «Te buscan desesperadamente. Quieren que tu cabeza esté, ante Basilio Mesa, mañana mismo.»

El cura y yo permanecimos un rato charlando. Oímos unos fuertes golpes en la puerta ¡pum! ¡pum! ¡pum! Entonces yo pensé: «Vienen a por mí.» Mientras, el cura fue a abrir la puerta. En efecto, mi idea no iba descabellada. Un grupo de falangistas del vecino pueblo de Navas de Oro venían con idea de llevarme ante Basilio Mesa.

Ellos mismos se lo dijeron al cura, con amenaza: «Tiene que decirnos dónde está Saturnino.» El cura les respondió: «No tengo la menor idea; no le he visto en todo el día.» Y luego les preguntó: «¿Se puede saber a qué obedece esa búsqueda tan rápida?» Y ellos contestaron, sin inmutarse: «Queremos matarlo: Y usted, quiera o no —prosiguieron— tiene que ayudarnos a encontrarlo.»

Y le obligaron al buen cura, y registraron mi casa, y la de mis hermanos, y la de mis amigos. Y a pesar de todo esto, no encontraron nada. Sus esperanzas se desvanecían.

En vista de su fracaso, maltrataron a mis padres —éstos, naturalmente, no sabían mi paradero— y los maltrataban porque ellos no le indicaban ni lugar ni pista alguna para localizarme.

Después, estos falangistas repitieron sus acciones con mis amigos —gente perteneciente a la Casa del Pueblo—. Y recorrieron de manera escandalosa las calles de Mudrián.

La casa parroquial está situada cerca de la iglesia, en la acera de enfrente. Hoy ya nadie vive en ella. La nueva casa parroquial está situada junto a la iglesia. Y la levantó el cura que enterró a mi padre, don José Luis Merino. Por cierto, que mi pobre madre murió años antes que él, casi de manera repentina, de un carbunco inesperado.

Bien: en esta casa abandonada ahora, vivían con don Alberto, su padre, el señor Hermenegildo y su ama que respondía por Victoriana.

El señor Hermenegildo era un tipo muy interesante: Le gustaba hacer versos, y se dedicaba a representaciones de maquinarias y abonos. Hacía muy bien las rimas. El buen don Alberto —y lo digo sin pasión— era un hombre fuera de serie. Un cura de una vez. A este hombre le gustaba con locura el campo. Era muy habitual verle con su sotana subida, su arado con unas ruedas que, ingeniosamente, le había adaptado. Tenía su berlina y una tralla que, en tiempos, había sido de un famoso bandolero. Era un hombre muy caritativo —y no lo digo por lo que conmigo hiciera—. Dos días por semana reunía en su casa a comer a los pobres de solemnidad de Mudrián. El ama Victoriana era sobrina de un cura que llevaba con él muchos años. Y le había bordado el alba.

LA VIDA EN UN ARCÓN

El cura, en un principio, me escondió en un arcón de pino, situado en un rincón de la cuadra. Yo tenía que permanecer en el mayor sigilo posible. De mi estancia, en aquella casa, nadie sabía nada, excepto el cura. Ni el señor Hermenegildo, ni Victoriana, ni mis padres...

Por eso tenía que permanecer metido en el arcón, donde pasé muchas penalidades. Tenía que estar sentado, siempre. Y en él, en una vasija, hacia mis aguas. Por esas fechas tenía yo 25 años, y era en plena juventud un hombre dinámico. Sin embargo, ahora era un ser pendiente del hilo de la guerra; un hombre inmovilizado, que pasaba las horas y las horas pensando en qué acabaría una vida como la mía que, para salvarla, elegía, en plena juventud, una especie de ataúd.

Y el buen cura me llevaba la comida al arcón, y él vertía mis deposiciones, y él me preparaba una jerga de paja y unas mantas de cara al crudo invierno de mi tierra.

La comida era buena, aunque, eso sí, no teníamos pan en un lugar tan propicio para ello. Los hombres, por la guerra, habían abandonado el campo, que se encontraba desierto, sin productos.

Y yo, ya digo, pasaba todo el día en el arca. Por la noche salía un ratito. Llegaba el cura —cuando su padre y el ama dormían— me ayudaba a salir y fumábamos algún que otro pitillo. Una de las cosas que peor llevaba en el arca, era la de no poder fumar; tenía miedo a sus consecuencias. Y lo pasaba muy mal por la sencilla razón de que siempre he sido un gran fumador; lo mío son treinta pitillos al día. Por lo que se refiere a beber no tenía el mismo problema: con el agua me bastaba...; soy abstemio.

A pesar de mi ocultamiento, yo estaba al corriente de cuanto sucedía en Mudrián. Ni qué decir tiene que las noticias me las proporcionaba don Alberto. Y las otras, las de la Guerra, las seguía mediante los periódicos.

Mucha gente en Mudrián me daba a mí en esta contienda... Y mejor diría que cada vecino tenía su versión de mi caso. Llegó a decirse que alguien me vio en Rusia...; y no sé cuantas cosas más. Entretanto, mis padres y mis hermanos desconocían mi paradero.

En el arcón, la vida pasaba con una gran monotonía. El tiempo se hacía como más largo. Y lo peor de todo es que no contaba ni con los elementos más primarios para vencer este pesado aburrimiento. Pero si esto, dentro de lo que cabe era soportable..., peor resultaba el que yo me pusiera de buenas a primeras enfermo.

Y una noche, quizás debido a un leve resfriado, a mí se me escapó un estornudo, que debió oír el señor Hermenegildo. Éste le sugirió a su hijo dar una vuelta por la casa a ver lo que pasaba, a ver si había alguien; eran tiempos, al fin y al cabo, revueltos. Ambos recorrieron, detenidamente, todo. Llegaron hasta la cuadra y ¡nada! Don Alberto trataba de disuadir al viejo de toda posibilidad de que allí hubiera entrado alguien. Y procuraba culparle más a su fantasía que a la realidad.

Y, tras este mínimo suceso, a la noche siguiente, el cura y yo acordamos la conveniencia de que el señor Hermenegildo pasara, durante el día, el menos tiempo posible en la casa. Y para ello pensamos que una buena solución sería la de ocuparle como maestro de los niños de Mudrián, ahora sin clases, debido a la ausencia del maestro. Al señor Hermenegildo le sobraban luces como para cubrir normalmente su ausencia. Y este señor empezó a impartir enseñanzas.

Y yo, tras el resfriado, sentí la necesidad de conocer la medicina para un caso de emergencia.

Y LA FAMILIA AL FONDO

Pasaba el tiempo, y yo seguía atenazado por el arcón. Y entretanto mi familia corría, según me informaba Alberto, peor suerte que yo. Porque mi padre se pasaba un mes en la cárcel..., y mis hermanos mayores se encontraban en el frente, combatiendo con los nacionales. Y curiosa paradoja ésta, pero resulta que, en Mudrián, la gran mayoría que tenía afectos republicanos se puso, nada más estallar el Movimiento, a favor de los insurgentes. Y todo ello porque les faltó valor y coraje. Y los tres pequeños permanecían aquí en Mudrián. Éstos, por cierto, pasaban por una serie de humillaciones —los paseaban desnudos por el pueblo, les hacían perrerías—. Y todo ello porque yo era el jefe de la Casa del Pueblo. Y por este motivo yo recibía denuncias extrañas, acusaciones no menos extrañas como las de poseer armas y municiones.

Todo esto formaba parte de un plan bien meditado por estos enemigos, para ocasionarme el mayor daño posible. De esta patraña, daban fe unos emisarios que enviados por el Gobernador militar de la provincia, rechazaban, por falta de pruebas, toda esta sarta de acusaciones. Y así, de este modo, ninguna prosperó.

La contienda seguía lejos de Mudrián. Sus frentes, distantes. El pueblo podría vivir normalmente, aunque con la pesadilla lógica de la guerra. Y así las cosas, el ambiente era tenso en Mudrián. Y se les hacía la vida imposible a mi familia. Mi padre no encontraba trabajo, y ante esta circunstancia, decidió marcharse del pueblo. Y se marchó a Bayubas de Abajo, un pueblecito soriano, cerca de Berlanga de Duero.

Acabó la guerra. Yo seguía escondido en esta especie de ataúd viviente. Y un nuevo episodio, triste, venía a sumarse a toda esta cadena de acontecimientos. Don Alberto García Matesanz caía gravemente enfermo, de pulmonía. Elevadas fiebres, sangre que se le subía a la cabeza... le produjeron ciertos trastornos mentales. Y todo se volvía decir «¡Que no me lo toquen!» «¡Que no me lo toquen!» Naturalmente, se refería a mí. Gracias a esta falta de lucidez, la gente creía que deliraba.

CAMBIO DE REFUGIO

Y fue entonces, cuando tras pensar mucho, en mi próximo destino, decidí que tendría que abandonar el arcón y refugiarme en el desván de mi casa. Todo estaba pensado y calculado. En Mudrián ya estaba toda mi familia. Algunos de los míos ya conocían mi paradero. Y un día le dije a mi madre: «Esta noche iré de madrugada a casa: me espere.» Era una noche fría del mes de febrero de 1940.

Entonces, momentos antes de salir, me cubrí la cabeza con un sayal negro y envolví la muleta con un trozo de saco. A esa hora, calculada por mí para el traslado, no había un alma por las calles de Mudrián. Yo estaba de mi casa a contados metros, en la acera de enfrente. Caminé normalmente y, en unos segundos, alcanzaba mi casa. Mi madre me esperaba, impaciente. Subí con toda rapidez al desván. Y en él comenzaría la segunda etapa de mi vida. Quité varios adobes para poderme meter. El refugio no llegaba al metro de altura. No podía permanecer de pie. Desde entonces, prácticamente, he vivido emparedado. Mi madre me daba la comida por un agujero. Allí mi vida no tendría la oscuridad del arcón y podría fumar. Y leer; en fin, que no tuve tiempo de aburrirme. Estudié las resistencias del cuerpo humano de cara a las circunstancias en que me encontraba, Derecho, y leía mucho —en mi «biblioteca» hay unos cien libros de varias materias—. Y allí el tiempo daba para todo, porque por oficios no faltaba ni el de zapatero. Yo le arreglaba los zapatos a mis sobrinos. De mi permanencia allí sólo estaban enterados mis padres, mis cinco hermanos y dos hermanas. El resto me daban por desaparecido. Entre éstos podían contarse mis cuñados y cuñadas.

La casa, protagonista de mi segundo ocultamiento, está situada en la calle principal, al lado de la iglesia. Es muy estrecha y, en el piso principal, tiene un balcón pequeño. La puerta se encuentra en la planta baja; detrás de ella, la barbería. La casa comunica con la calle de atrás, a través de unos corrales.

Mis hermanos solían venir a verme, a charlar conmigo después del trabajo. De paso hablaban con mis padres; luego regresaban a sus respectivas casas. Sus mujeres si les preguntaban de dónde venían, respondían que de dar una vuelta, o de casa de sus padres, pero siempre ocultando.

Desde mi escondite he trabajado como agente comercial. Mi hermano Eulogio me representaba en el mundo; de la correspondencia, el papeleo y la documentación me encargaba yo desde el desván. Y hasta allí me acercaban mis hermanos sus hijos, veintiocho sobrinos. Me los llevaban cuando eran pequeños.

He permanecido soltero. Cuando me oculté no tenía novia y nunca tuve intención de casarme. Amigas sí tuve. Ellas se lo pasaban bien conmigo y yo con ellas. Se divertían con mis juegos de manos, brujerías y esas cosas.

Desde el desván seguía toda la vida del pueblo mediante unos prismáticos, y tan de cerca que les oía hablar cuando pasaban debajo de la casa, o cuando entraban a charlar con mis padres o mis hermanos; a la gente la conocía por la voz. Una noche, ante los ruidos extraños que había en la iglesia, llamé a un hermano mío. Se trataba de un fuego que empezaba. No tuvo importancia. Mis hermanos, sin embargo, se asustaron mucho dada la proximidad de la casa respecto a la iglesia. Ellos tenían preparado un carro lleno de paja y situado en los corrales por si era preciso trasladarme en él a otro lugar.

Nunca estuve enfermo..., sólo padecí, a los pocos años de ocultarme, un fuerte dolor de muelas.

En el tiempo que permanecí escondido, en cierta ocasión, hicieron obras en la casa de al lado. El albañil estuvo a punto de tirar un pequeño tabique que separaba ambos desvanes. Sin embargo, durante ese tiempo que duraron las obras, me oculté bien en el fondo del tejado, por si acaso.

La verdad es que yo me encontraba muy a gusto oculto. Decidí salir hace dos años, cuando murió mi padre, pero nunca quise precipitar la salida. En ese tiempo se promulgó el decreto. Y, como no tenía nada que ocultar, salí.

Me costó mucho dar los primeros pasos, y tuve que apoyarme en mi hermano para no caerme. Después he dado algunos más, pero con dificultad... El tiempo hace olvidar muchas cosas... Y yo, cuando me dirigía a presentarme a Segovia confundí la capital con Carbonero El Mayor. El tiempo.

CATORCE AÑOS ELUDIENDO LA MUERTE

GUILLERMO CURIESES: «TUVE QUE HACER LA VIDA DEL ZORRO, HUYENDO DE TODA PERSONA Y DE TODO RUIDO»

- «EN LOS REGISTROS TIRABAN PERIÓDICOS ENCENDIDOS AL HORNO DE CASA POR DONDE SE ENROJA Y SE METE EL PAN; Y DECÍAN: "AQUÍ NO HAY NADA"»
- «UN TÍO ME PRESTÓ UN TRAJE DE CARABINERO Y ASÍ FUI VESTIDO HASTA LUGO CON INTENCIÓN DE EMBARCARME; EL TÍO NO SE ATREVIÓ...; VOLVÍ; MARCHÉ HASTA PORTUGAL; Y TUVE QUE OCULTARME... DESPUÉS HASTA CAMBIÉ DE PUEBLO»

Guillermo Curieses es el prototipo de castellano cazurro. Hombre de una inteligencia natural prodigiosa, su figura es la de un hastial harto de recorrer besanas de la Tierra de Campos.

A Guillermo le hemos sorprendido en Cuenca de Campos cuando llegaba a esas tascas castellanas, sencillas y rituales de la partida, el café y la copa.

Para llegar hasta él me he servido de la gran ayuda de Cirilo, un hombre culto de Cuenca, que tiene a su cargo el teléfono del pueblo. Cirilo le ha abordado y, tras un primer encuentro afectuoso, nos hemos ido a charlar, junto a la ermita del pueblo, en una tarde calurosa de verano. Allí Guillermo ha ido desgranando su historia ante la misma sorpresa de Cirilo que, por primera vez, se enteraba de algunas cosas que, bien andaban confusas o ignoradas.

Guillermo permanece soltero y vive en la actualidad con una hermana.

De febrero a julio yo estuve muy enfermo de hepatitis. Yo he sido de muchas voluntades para comer y no podía ni probar bocado. Me mataban un lechazo, que a mí me ha gustado mucho siempre, y lo he comido bien... y ¡nada!, lo metía en la boca. Me parecía así, ná más verlo que me iba a gustar, que ese día iba a tener apetito, pero no había manera.

Cuando estalló el Movimiento, estaba bajo los efectos de esa maldita enfermedad. Todavía no tenía apetito. Estos meses previos a la guerra fueron unos tiempos de gran inquietud en Villarramiel. Salían los obreros a manifestarse a la calle y nadie se las piaba. Seguían las directrices que les dábamos Germán y yo. Este Germán ha muerto el hombre. Nosotros les dábamos consejos, porque a dar consejos, creo que no me gana ningún cura, ningún Obispo ni ningún Cardenal... ni el propio Papa. Si yo doy un consejo, tengo la completa seguridad de que no puede ser mejor, porque para eso no hace falta tener grandes conocimientos, sino buena voluntad y nada más. Un consejo le doy yo a cualquiera, como le puede dar el Padre Santo.

LOS OBREROS, BAJO NUESTRAS DIRECTRICES

Los obreros del pueblo estaban bajo las directrices que les dábamos Germán Pérez y yo. Éramos los dos las cabezas visibles de allí. Germán no era un pobretón, tenía tres pares de labranza para tres pares de mulas, o sea, que era de los ricos de Torozos. Era un

riquillo. Los había más ricos, pero era rico. Llegábamos con peticiones para mejora de jornales y yo le decía algunas veces:
—Parece que te pones pálido...
Y él contestaba:
—¿Quién? ¿Yo?
Y le parecía poco a él. Se portó muy bien con nosotros. Después, claro, le cogieron, cuando estalló el Movimiento. A mí no me echaron mano, porque ese día no quiso ir a las ovejas mi hermano. Yo me escondí. Algunos dijeron que fue una valentía por mi parte, pero a mí me parece lo contrario. Yo lo que no quería, bajo ningún concepto, era caer en las manos de los que me buscaban para matarme.

Un muchacho se presentó a buscarnos a Germán y a mí, diciéndonos que el alcalde de Villalón nos esperaba en un coche a la salida del pueblo para irnos a Valladolid, porque había oído por la Radio que si allá en África, que si no sé qué. Se fueron y los detuvieron en Torozos. Yo no fui por mi hermano, que ahora vive en Irún. Él no quiso ir a las ovejas y tuve que ir yo, que tenía el morral, las mantas y el paraguas. Por eso no pude irme con el alcalde, que si voy no estaría con los huesos aquí... que no los conocería ni el mejor anatómico. El día 19 por la noche, y no el 18, algunos muchachos escucharon en la Casa del Pueblo que había un Movimiento insurreccional —claro que lo había— que pudo haber fracasado. Yo soy de los que piensan que pudo haber fracasado si el Capitán General está en su puesto y le hace frente. No tuvo salero. Podía haber armado a las Juventudes socialistas de Valladolid. Hay que pensar que en Valladolid había bastantes socialistas y muchos republicanos.

«AQUÍ ESTAMOS COMO BORREGOS»

Bien: podían haberme echado mano el día 19 por la noche, pero me fui del pueblo. Me habían dicho que en Villarramiel no había nadie, que todavía no había pasado nada. Me fui para allá andando y al llegar no encontré gente. Había dos muchachos en este pueblo que simpatizaban con nuestra causa; tenían dos camionetas. Les propuse cargarlas de socialistas y marcharnos para Asturias o Santander. Pero allí no encontré gente con capacidad ninguna. «Aquí estamos como borregos —les dije—, desarmados, esperando sin hacer nada. Si aquí se presentan cuatro gatos dando dos tiros, se acabó.» Más tarde sucedió como yo había dicho. Llegaron cuatro de Palencia, pegaron cuatro tiros al aire y se hicieron con el pueblo.

Para luchar hay que tener armas y si no, es mejor no emprenderla. Cuando aparecieron éstos, me volví al pueblo. Yo no podía pasar frío por la enfermedad que tenía, y esa noche, ¡el frío que pasé! Se levantó un cierzo... que tuve que meterme debajo de una morera, y aun allí, pasaba el aire. No estaba yo solo. De Villarramiel habíamos salido tres o cuatro. Seguimos el camino. Ya nos fuimos acercando hacia mi pueblo, hasta la charca de la Estrella, que yo conocía, por ahí debajo de la esclusa quinta. Encontramos allí un muchacho de confianza y le dijimos que se subiera a un árbol, mientras nosotros descansábamos, por ver mejor si venía alguien y así poder avisarnos con tiempo.

Nos metimos entre los retoños de los negrillos al lado del canal. Había muchos y era difícil que penetrara la mirada de nadie. Cuando más descuidados estábamos, dice el muchacho: «¡Ahí vienen con caballos!» Y se tiró del árbol. Tuvimos miedo de si lo habían visto. Mis compañeros se querían marchar, pero les dije: «Quietos aquí, ¿por qué nos van a haber visto? Y si nos han visto ¿qué?» —voy y les digo—: «Que tú no me conoces, que te doy un tiro que te dejo seco.» Bueno, yo no tenía pistola, tenía una pero me la «limpiaron» en el 34. Marcelino Pérez, el presidente de la Asociación de Tamariz no se quedó con nosotros. Se metió por los trigos y se echó junto a un reguero. Desde allí vio a los caballos, pero ellos no les vieron.

«LO DESTRIPARON ALLÍ EN EL TEJADO»

No hay mal que por bien no venga: el frío que pasé aquella noche me curó la enfermedad. Por la mañana tuve hambre y un compañero de Belmonte nos sacó unos chorizos y un botijo de agua. Y a chorizo limpio. Desde entonces no he tenido ninguna molestia. Está visto que a mí me hacía falta una cosa de ésas para poderme curar.

A Marcelino Pérez lo mataron más tarde en el tejado de su casa. Dijeron que habían sido los de Villarramiel porque allí le habían visto paseándose con una escopeta. A mí también me ofrecieron una escopeta, pero yo no quise andar con armas por la calle. Yo entendía que las armas son para utilizarlas si es necesario, pero no para lucirlas. No estábamos en momentos para eso. Pero no fueron los de Villarramiel, eso es mentira. No fue porque le vieran con la escopeta. Fue porque había sido presidente de la Asociación y les había dado cara. Debido a eso, los de Tamariz quisieron segarle y le segaron.

Emborracharon a unos cuantos desgraciados que siempre hay

por todos los sitios y a un guarda jurado que iba con la tercerola terciada por la calle. A éste le dije yo un día:

—Oiga usted, caza personas o ¿qué? Si le vuelvo a ver otro día con la tercerola así, le pego sesenta que no va a saber ni por dónde le llegan.

Y desde entonces ya no la volvió a llevar así.

Ese guarda jurado fue el primero que le arreó, el primero que le mató. Los demás siguieron. Lo destriparon allí en el tejado. Si me pilla a mí el guarda en ese momento... No solamente por haberle dicho aquello, sino porque yo era el garbanzo negro y un garbanzo negro hace feo en el puchero y hay que quitarlo.

...LA VIDA DEL ZORRO

A partir de esa fecha tuve que hacer la vida del zorro huyendo de toda persona y de todo ruido. Todas las noches registraban mi casa, y también con sol cuando les parecía. Yo tenía que procurar no estar allí. Recuerdo que en mi casa había un horno. Lo había en todas las casas del pueblo. Y en los registros tiraban periódicos encendidos por donde se enroja y por arriba, por donde se mete el pan. Y decían: «aquí no hay nada». Claro que no había nada. Yo estuve hasta la raya de Portugal, pasando hambre y muchas calamidades. Pero siempre hay hombres que están dispuestos a echarte una mano. Más tarde volví a mi casa, aunque seguían los registros. Había una mujer de cierta edad que se le había muerto el marido. Ésta le dijo a un vecino, simpatizante nuestro y que votaba siempre con nosotros:

—Si me lo encuentras, aunque sea metido en un costal, me lo traes, que lo cuide aquí, que no lo encuentren esos canallas.

Yo me enteré de que decía eso esa señora y no quería comprometerla. Se lo mandé decir por mi madre. Pero aquella mujer tenía tanto interés por guardarme y mi aprieto era tan grande... que dije: «Si me cogen nos fusilan a los dos. Al fin y al cabo ella es mayor. Pues, nada, morimos los dos abrazados, que nos atraviesen a los dos.» Ella me decía luego: «tú, quieto aquí, hijo» y a mi madre le daba duelo.

A las dos o las tres de la mañana, después de un par de horas de que se terminaran todos los ruidos, en un par de zancadas, me acerqué hasta la puerta de la casa de esa buena mujer. Ella ya sabía que iba a ir y me esperaba detrás de la puerta. No hice más que

CONSEJO DE MINISTROS

PRESCRIBEN LAS RESPONSABILIDADES PENALES DE LA GUERRA CIVIL

MADRID, 29. (INFORMACIONES y agencias.) "Hoy podemos decir históricamente que la guerra ha terminado a todos los efectos y para bien de España", manifestó ayer el ministro de Información y Turismo, señor Fraga Iribarne, al ampliar la referencia de lo que había tratado el Consejo de ministros, reunido en el palacio de El Pardo, bajo la presidencia del Jefe del Estado.

El Consejo aprobó un decreto de la Presidencia del Gobierno por el que prescriben "las responsabilidades penales sobre hechos cometidos antes del 1 de abril de 1939. El señor Fraga destacó su importancia y leyó el preámbulo, que dice así:

"La convivencia pacífica de los españoles durante los últimos treinta años, ha consolidado la legitimidad de nuestro Movimiento, que ha sabido dar a nuestra generación seis lustros de paz, de desarrollo y de libertad jurídica, como difícilmente se han alcanzado en otras épocas históricas.

Por ello, y con ocasión de cumplirse el 1 de abril de 1969, treinta años desde la fecha final de la guerra de Liberación, es oportuno hacer expreso reconocimiento de la prescripción de las posibles responsabilidades penales que pudieran derivarse de cualquier hecho que tenga relación con aquella Cruzada, quedando de esta forma jurídicamente inoperante cualquier consecuencia de lo que en su día fue una lucha entre hermanos, unidos hoy en la afirmación de una España común, más representativa y, como nunca, más dispuesta a trabajar por los caminos de su grandeza futura."

NEGOCIACIONES CON LOS ESTADOS UNIDOS

Dijo después el ministro que el Consejo se ocupó detenidamente en examinar el informe que presentó el ministro de Asuntos Exteriores sobre su gestión cerca del Gobierno de los Estados Unidos. Añadió que no cabía extenderse sobre el tema, ya que se conoce el comunicado y las negociaciones continúan con la natural reserva diplomática.

PAGARES

El ministro de Hacienda informó acerca de la reciente emisión de pagarés del Tesoro manifestando que las peticiones de suscripción rebasaron los 10.000 millones de pesetas, por lo que hubo que cerrar temporalmente la referida suscripción. El número de pagarés solicitados paga ya el 7.000, el porcentaje de lo suscrito a seis meses representa el 71 por 100, el de lo suscrito a un año el 29 por 100.

Asimismo, dio cuenta al Consejo de la favorable acogida que tuvo ante el Comité de Seguros de la O. C. D. E. la proposición española sobre concentración de empresa, derechos especiales de los asegurados sobre los activos de las compañías de seguros y régimen de ejecución de sentencias en el plano internacional. Para el estudio de estos problemas, el referido Comité decidió constituir un grupo de trabajo cuya presidencia fue concedida a España por unanimidad.

EL I. N. I. COMPRA EL 97 POR 100

A propuesta del ministro de Industria, el Gobierno ha autorizado la adquisición por el Instituto Nacional de Industria del 97 por 100 del capital social de Unelco (Unión Eléctrica de Canarias), empresa que tiene a su cargo la producción, transporte y distribución de energía eléctrica en las Islas de Gran Canaria y Tenerife.

La necesidad de atender la creciente demanda de energía eléctrica que reclama la espectacular expansión y el desarrollo turístico y económico de dichas islas y para lo cual son precisas cuantiosas inversiones, con rentabilidad a largo plazo, justifica, entre otras razones, la compra acordada por el Gobierno.

Con esta adquisición, el Instituto Nacional de Industria se hace cargo de la responsabilidad del servicio eléctrico en la totalidad de las Islas Canarias.

El ministro de Industria informó al Consejo sobre la favorable evolución de la acción concertada en el sector de la piel. En líneas generales se van cumpliendo las finalidades que se incluían en las medidas que el Gobierno acordó en agosto de 1964 al aprobar el régimen de acción concertada para el sector.

Es de destacar la muy favorable evolución de sus exportaciones, que han pasado de 555 millones de pesetas en 1964 a 4.700 millones en 1968.

ORDENACION RURAL

Se ha aprobado el decreto correspondiente a la ordenación rural de la comarca del Jiloca (Teruel), que es el primero que se ajusta a la nueva ley 54-1968. La superficie de la comarca es de 163.909 hectáreas con una población de cerca de 30.000 habitantes, distribuida en 33 municipios, entre los que se encuentran varios núcleos importantes de población (Celia, Monreal del Campo, Calamocha).

Con esta nueva comarca, el total de las acogidas hasta la fecha, a los beneficios de la legislación de ordenación rural, es de 66 que comprenden 1.053 municipios, con una superficie de 3.588.000 hectáreas y una población de 1.175.000 habitantes.

PRECIO DE LA LECHE

El Gobierno ha examinado la propuesta del Forppa sobre regulación de los precios de la leche en la campaña 1969-70. Ha sido aprobada la orden correspondiente por la que se fijan los precios mínimos de compra de la leche al ganadero en origen. Estos precios, desde el 1 de abril próximo, serán iguales a los del período de primavera-verano que bajan una peseta en litro de la campaña 1968-69, o sea, en relación con los actualmente vigentes, y a partir del 1 de septiembre próximo entrarán en vigor los de otoño-invierno, que serán iguales a los de la campaña anterior que regían el 1 de abril pasado incrementados en 0,25 pesetas el litro, y que han de tener aplicación hasta 23 de febrero de 1970.

MERCADO DE POLLOS

Del Ministerio de Agricultura se ha aprobado igualmente una moción de cierta importancia para el mercado de la carne de pollo que viene acusando últimamente un exceso de oferta. Por dicha moción se aprueba una propuesta del Forppa acordando la intervención en el mercado mediante la compra de 1.000 toneladas de carne de pollo en un plazo de tres meses, a realizar por la Comisaría General de Abastecimientos y Transportes.

RESUMEN DE LO TRATADO

RESUMEN DE LO TRATADO EN EL CONSEJO DE MINISTROS CELEBRADO EN EL PALACIO DE EL PARDO, BAJO LA PRESIDENCIA DEL JEFE DEL ESTADO

PRESIDENCIA DEL GOBIERNO.—Decreto sobre prescripción de responsabilidades penales sobre hechos cometidos antes del 1 de abril de 1939.

tes de contratación de obras y de pagos por expropiaciones.

EDUCACION Y CIENCIA.—Decreto por el que se reglamentan las pruebas de acceso al Magisterio Nacional Primario. Decreto por el que se crea el Archivo General de la Administración. Decreto por el que se aprueba el reglamento del Patronato de Casas

cido en el decreto 3.158/1968, de 26 de diciembre, sobre concentración de fábricas de conservas de pescado. Decreto por el que se otorgan los beneficios de expropiación forzosa y urgente ocupación de bienes para construir una línea de transporte de energía eléctrica de Chantada (Lugo) a Lalín (Pontevedra). Decreto por el que se adjudica un permiso de investiga-

Sindicales del Norte, Penibética, Jaén y constitución de la Mancha. Informe del Sindicato de Frutos sobre la firma de contratos con las navieras españolas sobre transporte de tomate canario. Informe sobre reuniones en la Casa Sindical de empresarios y trabajadores procedentes de Guinea.

AIRE.—Informe sobre inauguración del aeropuerto de Menorca.

Muchos se habían acogido anteriormente a indultos... Pero este decreto, dictado a los treinta años del «final de la guerra de Liberación», levantaría una losa para los hombres del miedo. Entonces empezaron a salir.

Los hermanos Hidalgo, Manuel y Juan.

Micaela, la mujer de Andrés Ruiz, veinte años de soledad... de miedo, de kafkianas historias de posguerra, junto a los chopos del Tajuña.

Eulogio de la Vega, con el autor, por las calles vallisoletanas del barrio de la Farola.

El ex alcalde de Mijas con su mujer.

Ana y Patricio, recién casados. Hacía un año que él había salido de su escondite.

La salida de Patricio (el primero empezando por la izquierda) se celebró bien.

Han quedado atrás los años del encierro voluntario. Patricio se adelanta a su mujer y a sus amigos durante una visita al Escorial.

acercarme y al sentir los pasos abrió la puerta. La cerró con cuidado y se abrazó a mí llorando, mientras decía:
—Que nos maten a los dos, porque esos canallas... ¿Qué has hecho tú que te quieren matar?
—¿Qué me importa a mí? Si me matan, matao soy. No seré el primero ni el último, seré uno de tantos.

CINCO MESES EN CASA DE UNA SEÑORA

Esta señora vivía a la entrada del pueblo, frente a unos hermanos de mi padre, dos hermanos y una hermana que eran solteros. Pero yo no tenía confianza en ellos, no porque fueran de derechas, sino porque eran de una condición que yo no tenía. En casa de esta señora pasé una temporada grande, cuatro o cinco meses. Nadie sospechó nada. Yo le decía a la mujer:
—Usted haga la vida de siempre. Cuando marche, cierre la puerta con llave. Si tarda como si no tarda. Usted como si no hay nadie.
Tenía muchos libros de un hijo estudiante que había tenido. Yo los leía y estaba muy entretenido. Yo siempre diciéndola:
—Mira que si por mí le pasa algo a usted...
—Hijo, ¿qué va a pasar, si yo ya soy vieja? Si te matan a ti, ¿pa qué quiero yo vivir?
Yo creía que aquello representaba un compromiso para ella. Sentía charlar a todas las vecinas en la casa de al lado. Charlaban como cotorras cuatro o seis mujeres. La mujer salía y cerraba con llave, cuando antes no había tenido costumbre de hacerlo. Le dije:
—Esto les va a poner en guardia; usted no debe de cerrar. Si usted sale a algún sitio debe de dejar abierto.
—¿Y si vienen?
—Si vienen y me encuentran usted dice que habré venido corriendo por ahí, estaba la puerta abierta y me he metido. Así usted excusa su responsabilidad.
—¿Yo voy a excusarme? Yo digo que te tenía aquí y que nos maten a los dos.
Nada. Como si yo hubiera sido hijo de ella. Venían a visitarme de vez en cuando los vecinos de esta señora, Valeriano, al que ella le había dicho que me quería guardar y su hermano Alejandro. Los tres éramos muy amigos. Íbamos juntos todos los años a comprar ovejas. Éramos como hermanos.

LOS REGISTROS

Yo no me había metido con nadie. Por eso habría sentido el pueblo que me mataran. Aun a muchos que se llamaban de derechas les habría parecido muy mal mi muerte. Dionisio Escudero, que era somatén y algo pariente nuestro, que se empeñaba siempre en que yo le llamara tío, cuando llegó al pueblo les dijo a mis padres:

—No tengáis miedo, que si aparece y no lo han matado antes de llegar yo, ya no le va a pasar nada, o me tienen que matar a mí también. ¿Qué ha hecho él para que le maten?

—¿Qué han hecho otros y ya los han matado?, decían mis padres.

Cuando ya aflojaron los registros en mi casa, me marché con mi familia, aunque aquello no era vivir. Vivía con dos hermanas solteras y mis padres. Éramos seis en total, cuatro hermanas y dos hermanos. A pesar de que habían aflojado los registros, seguían haciéndolos de vez en cuando. Por eso mi cuñado Titán vino a Cuenca de Campos a ver si encontraba alguna casa para poder trasladarnos de Tamariz aquí. Yo les propuse a mis padres marchar a la provincia de Lugo, donde mi padre tenía a un hermano carabinero, a ver si de allí me podía yo hacer a la mar en un barco de cabotaje, aprovechando las amistades de mi tío. Mis padres marcharon a Lugo. Salieron por la mañana temprano, para que no los viera nadie ya que teníamos que obrar como si fuéramos ladrones o malhechores. El carabinero era bastante inteligente. Mi padre le propuso la idea de hacerme a la mar y el otro le dijo: «Amistades tengo muchas, pero me puedo comprometer.» Todo lo que lograron mis padres fue un uniforme de carabinero por si yo podía hacer uso de él.

CARABINERO

Me vestí de carabinero, y de noche, a las dos de la mañana salí a pie de Tamariz camino de Villada. Hay treinta kilómetros. Allí ya era un señor carabinero. Había mucha gente, soldados. Me acerqué a la taquilla a sacar el billete. Me pidieron la documentación de carabinero para hacerme el descuento que se acostumbraba. Yo dije:

—No, no. Yo no quiero gravar a la empresa. Yo quiero pagar mi billete como un ciudadano cualquiera.

—Pocos hay de ésos.

Esto era a finales del 36. Los pistoleros andaban por todos los vagones y por todos los sitios con sus pistolas al cinto, y yo con el consiguiente miedo, pero con caradura. Llego a Lugo, donde mi tío. Mis padres me habían dado la dirección bien concreta. Llamé a cierta hora avanzada de la noche. Salió él, lleno de miedo, a abrirme. Al verme se abrazó a mí:

—¡Hombre! ¿Cómo vienes así?

Y venga a llorar.

—¿Qué hace usted? ¿Por qué llora, si soy yo el que va a cascar?

Pero él también estaba mal conceptuado porque cuando estalló el Movimiento en Lugo estaba de merendola con otros carabineros, en vez de estar concentrados con las fuerzas armadas que habían querido participar en el levantamiento. Más tarde le echaron del cuerpo. Se metió entonces a guardia civil, que también lo dejó en seguida para terminar siendo administrador de una ricachona.

Y venga a llorar: «Con lo que quiero yo a mi sobrino y no puedo hacer nada, porque nos matan a los dos, y no sólo a los dos, sino a mi mujer y a mis hijos...»

—Bueno, no se preocupe usted, yo me marcho mañana. No tiene que molestarse en acompañarme a la estación ni nada.

—¿Tienes documentación de carabinero?

—Si me la piden ya estoy muerto. Sé que me van a entrar las balas por todos los sitios.

Yo no tenía miedo a morir, tenía miedo de caer en esas malas manos. Si a mí me hubiera juzgado un tribunal y yo pudiera haberme defendido aunque sea torpemente, me habría entregado.

«ESTABA A DISGUSTO EN TAMARIZ»

De Villada a Tamariz volví también a pie y de noche, apretando el paso para llegar a buena hora de la noche, no fuera ya contra la mañana y anduvieran las gentes y me viera alguno. Mi madre me preguntó en seguida.

—¿Qué?, hijo.

—Nada. No quería comprometerse.

—¿No decía que tenía tantas amistades?

—¿Cómo no las va a tener? Es carabinero, tiene que tener muchos amigos. A muchos le habrá tenido que tapujar él y serán agradecidos, y le pueden hacer un favor, pero él no tiene resolución para afrontar este caso.

Yo estaba a disgusto en Tamariz. Tenía el presentimiento de que no tenía que estar allí. Debía marcharme. Mi madre no las tenía todas consigo. Era más lista que un conejo. Mi padre había vivido mucho, pero mi madre era como un conejín de listos ojos que las veía a doscientos mil kilómetros. Todos mis hermanos y una cuñada sabían que yo estaba en casa. Y el vecino de la señora y su hermano Alejandro, grandes amigos míos. Mi cuñado de Castil no sabía nada. Y un día, que vino mi hermana, le contaron las otras que yo estaba escondido. Como en el pueblo se comentaba que me habían matado, convinieron ponerse todas de luto para hacerlo creer así. Los sobrinos iban por allí. Yo los tenía en brazos, los besaba. No sabían que era su tío.

—¿Quién es éste? —le decían a mi madre.
—Un señor que ha venido a vendernos unos lechazos.

Eran pequeños y no se enteraban. Mi madre intuyó, desde el principio, que no iba a ser cosa de tres días, como yo mismo y otros muchos habíamos pensado. Si el alzamiento llega a triunfar rápidamente, sin bajas, habrían metido a muchos en la cárcel, a otros los habrían liquidado, a mí posiblemente no. Los militares se hubieran hecho dueños del poder, hubieran impuesto su sistema y nada más. Pero cayeron muchos señoritos en Labajos y empezaron a matar, cuando Onésimo Redondo decía que iba a entrar el primero en Madrid y clavar las banderas de la Falange y de las JONS.

Yo no pensé al principio que se trataba de una guerra civil que iba a durar tres años. Si lo llego a saber, hago rumbo diferente, a ver si puedo hacer contacto con los de Asturias.

Mi madre presintió desde el comienzo que el Gobierno de la República por una parte y los militares rebeldes por otra, los dos iban a recibir ayuda de fuera de modo que la cosa iba a quedar equilibrada y durar mucho. Mi padre, que era más inteligente y había leído más, no tenía la intuición de mi madre y no lo comprendió así.

ME SABÍA LOS PARTES DE MEMORIA

Mi familia no se atrevía a deliberar. Creían que el que más claro podía verlo todo era yo. Me llevaban las noticias que recogían por ahí, los partes de guerra y todo eso. Aquello no era leerlo, sino mamarlo. Llegaba a saberlo mejor que el que había escrito los partes. Los sabía de memoria. Sabía cómo iban las cosas. Yo lo que sí creí y quería a todo trance es que esta guerra hubiera durado un poquitín más. Si dura un poco más aquí no manda Franco. Don Julio Álvarez del Vayo, representante de España en Ginebra, les dijo a estos de la guerra civil que resistieran por lo menos hasta mayo. Pero aquí hubo una descomposición que yo no sé quién fue. Unos culpan a los otros y la verdad no la sabremos nunca. Don Julián Besteiro que era un hombre muy inteligente y muy bueno de sentimientos, pero a mí me parece que de revolucionario... y debido a eso, pues tuvo un fracaso. Yo en su lugar habría parlamentado con estos de Franco. Pero, nada. Menuda soberbia tenía. Murió de cualquier manera.

Pero mi familia tenía miedo de mis escapadas. Creían que al cuarto de hora de marcharme no iban a encontrar otra cosa que mi cadáver. Pero yo les decía:

—¿Qué hacemos así? Esto dura mucho y hay que esperar que lo que no ha sucedido hoy, por necesidad pueda suceder mañana.

Reconocieron que yo tenía razón en pensar en marchar. Pero, ¿a dónde? Éste era el problema, marchar sin ayuda de nada ni de nadie. Porque evadirse de una cárcel es relativamente fácil si se tiene ayuda de la calle.

OTRA VEZ PORTUGAL

Salí otra vez, camino de Portugal. Pero fue una mala idea, porque Portugal y estos de aquí eran lobos de la misma camada. Pero lo intenté por el afán de no estar aquí. No salió bien, porque no podía salir bien. Llegué hasta Fermoselle, en la provincia de Zamora, pasando por Almeida. Me fui otra vez andando, de noche, pasando el día escondido en un maizal, muerto de sed y de hambre. Pero tuve suerte. Estaba en un monte del terreno de Almeida, tumbado entre unos matorrales, cara al sol allí quieto, porque hacía frío, y en esto sentí unos cencerros. No me quise asomar, porque lo mismo que yo podía mirar si venía el pastor, el pastor podía verme a mí. Pero los perros debieron descubrirme y se acercaron ladrando. Se quedaron quietos a unos metros de mí, ya sin ladrar, y se acercó el pastor, que me dice:

—¿Qué dice usted?
—Pues ya ve usted que estoy callado y no digo nada.
—Tendrá usted hambre.
—Bueno, y ¿por qué voy a tener hambre?
—Eso dice usted. A lo mejor... No hace falta que me diga nada. Espere aquí un momento.

—¿Va a avisar a la Guardia Civil?
—Voy a ordeñar unas cabras que tengo allí. Esta merienda que tengo es de usted y este pan es suyo. No desconfíe de mí.

Luego se presentó con la leche y me siguió diciendo:
—Le doy esto y más que tuviera. Dinero no le puedo dar porque no tengo. Con el dinero se arreglan muchas cosas, y si yo tuviera dinero, ahora mismo era de usted, porque me doy cuenta de la situación. No crea que es que soy de éstos o de los otros, nada más que soy un hombre con conciencia y me doy cuenta de lo que le pasa.

JORNADAS DE OCHENTA KILÓMETROS

Ahí terminó mi intento de marchar a Portugal. Me dije: «¿A qué vengo yo a este país cavernícola, si es tan canalla o más que este del que quiero salir? ¡Pa'tras!» Y me vine como siempre, de noche y a pie, por medio de los campos. Siempre he andado bien y hacía jornadas de setenta u ochenta kilómetros. He sido pastor y las estrellas me dicen dónde estoy yo y dónde están todos los puntos cardinales. Nunca me he perdido de noche, ni aun en los días de niebla.

Y otra vez en el pueblo, en casa de esa señora, cuidando que mis padres no se vieran con ella por la noche, por lo que la gente y mis tíos pudieran pensar; aunque mis tíos no es que quisieran encontrarme. Ni mucho menos. Ellos habrían sido capaces de dar la vida. No eran de izquierdas, pero eran hermanos de mi padre y yo era un sobrino al que ellos querían y tenían motivos para quererme porque yo había hecho todo lo que había podido por ellos.

Todo seguía igual, pero yo veía que la señora esa se debilitaba por momentos. Se lo dije a mi madre:
—A esta mujer le encuentro yo cosas ya un poco rarillas y la veo cada vez más débil. Puede que de la noche a la mañana caiga enferma.

Yo quería marcharme de allí, antes de que cayera enferma o le ocurriera otra cosa peor, que se muriera, como ocurrió más tarde.

Entonces mi cuñado, un gran pastor, vino pitando de la cárcel y llegó a Cuenca a servir de pastor en la casa grande de los Mayorazgos. No les gustaría que viniera de la cárcel de Cocheras, pero como era muy buen pastor, les encantó. Vino por Tamariz y le pregunté:
—¿Qué hay por allí?
—Es un pueblo muy liberal.

Este pueblo le pareció así a mi cuñado, y eso que no tiene muchas luces, pero tenía razón. Aquella burguesía de Tamariz era insoportable, que no pudiera yo ahora pillarles uno a uno, ¡hijos de mala madre! Le dije a mi cuñado:

—Mira a ver si encuentras una casa a las afueras del pueblo, aunque sea desvencijada, pero que nos pueda servir.

LA MARCHA A CUENCA DE CAMPOS

Encontró una casa que no estaba del todo mal, no tuvimos que gastar dinero en ella. Primero se trasladó allí mi familia y más tarde lo hice yo. Habíamos concertado que mi cuñado me saliera a esperar a las doce de la noche junto a un regato y allí para no equivocarnos por lo oscuro y evitar peligros, darnos una consigna. Llegué al regato, esperé un poco y no venía. «Éste se puede haber descuidado —me dije—; si viene vendrá por el camino» así que eché a andar. «Si él me siente primero se meterá a gatas por el trigo y cuando yo pase, me va a decir algo, si yo no le veo, y si le veo yo a él, le digo lo que le tengo que decir y él contestará.» Anda que te anda, llegué hasta la tapia del Mayorazgo, que era donde tenía prefijada la entrada y me di cuenta de que tenían la traserilla abierta. Casi al llegar allí siento moverse algo. Doy un brinco y salto una pequeña tapia que había. Y según le siento pasar, le suelto la consigna y contesta asustado. Le digo:

—Pero, ¿qué pasa? ¿Qué horas son éstas? ¡No me jodas, tengo que venir de allí solo!

—Pero ¿tú no sabes lo que ha pasado? Se me murió una oveja y me entretuve allí. Luego tuve que llevar la leche.

—No, si la vereda me la conozco de memoria, y estando la traserilla abierta, entro y ya está.

NADIE SOSPECHÓ DEL TRASLADO

Nadie sospechó nada del traslado de mi familia. Tanto los de izquierdas como los de derechas pensaron que mi familia iba buscando una vida más tranquila. Así se acabarían los registros.

Por la noche salía a dar una vuelta por el pueblo. Durante el día permanecía escondido en casa como un esclavo, leyendo, mirando. Yo quería conocer a todo el mundo por si luego me hacía falta, que luego me hizo.

Vivimos poco en aquella casa. Yo estaba a disgusto porque estaba muy céntrica. Así que a los dos años le dije a mi cuñado que buscara otra por las afueras. Fuimos a verla de noche, Vicenta, mi cuñado y yo detrás. Vimos la casa a la luz de una vela. A mi hermana no le gustaba, pero a mí me pareció la ideal, porque desde allí podía verlo todo. Y allí nos metimos tal y como estaba: vieja y casi en ruinas. Como pensábamos que aquello iba a durar poco, quisimos comprarla, para, después de pasado todo, tirarla y hacer una nueva.

Una vez trasladados no paseaba ya por el pueblo, que era peligroso, aunque fuera de noche. Paseaba por el campo. Tenía mucha necesidad de pasear. En esta casa no pasó nada mencionable hasta el final. Las ovejas de mi cuñado y las nuestras tenían la misma suerte. A mi hermana le ofreció un señor su huerta para que las ovejas pudieran beber en unos canalones que habían hecho. Entonces fue cuando Moisés y el señor Juan dijeron que iban a llevar a sus ovejas a beber a esa huerta. Mi hermana se negó y ellos se enfadaron. Delante del presidente de la Hermandad pidieron que se repitiera el sorteo de las tierras para el pasto, porque además nos había tocado uno muy bueno que ellos querían. Nos volvieron a tocar las mismas tierras. Al cabo de unos días supimos que normalmente entraban sus ovejas en nuestra suerte y los denunciamos. Esto creó en ellos un cierto rencor. Y un día quisieron pegar a mi sobrino. Para que no volviera a ocurrir decidimos que el muchacho no fuera solo con las ovejas. Así que al día siguiente, por la tarde me fui yo con él. Si no llega a ser por un perro no nos hubieran visto, pero el perro nos delató. Empezaron a insultar a mi sobrino y a llamarle cobarde. Entonces no me pude aguantar y salí del arroyo donde estaba más o menos escondido y al verme echaron a correr. Mi cuñado, que venía detrás, empezó a reñir al muchacho, pero yo le dije que la culpa la tenían aquel par de fátuos, esos dos tíos que tienen cojones y que según ellos tenían derecho a pasar la divisoria.

LA SALIDA

Mi hermano que se había enterado que me habían visto, me llevó a otra casa a Villa Cid. Al muchacho y a mi cuñado los que trabajaban en el Ayuntamiento les preguntaban constantemente quién era yo y les cascaban a menudo. Ellos contestaban que no me conocían. Pero yo no podía aguantar aquella situación, pues sabía que les estaban apretando mucho. Y decidí salir. Era el año 1950, que si llega a ser antes me cuelgan. Pero aquel año hubo una campaña de pacificación de los espíritus y los partidos socialistas decidieron, en caso de lucha, ir contra Rusia, contra el comunismo. Yo no era ni comunista ni socialista. De hecho me consideraban socialista, pero de derecho no lo fui nunca. Nosotros sólo pertenecíamos a la Unión General de Trabajadores, y votábamos la candidatura socialista. Eso no quería decir que perteneciéramos al Partido Socialista. Me entregué por la noche. Fui a casa del Alcalde. No había luz en todo el pueblo. Aquel señor, a pesar de todo lo falangista que fuera, me pareció un gran señor. Marchó a hablar con el capitán y los sargentos que estaban allí buscándome desde el día que me habían visto aquellos dos. Mientras estaba allí con los guardias, llegó Alberto Pastor. Éste era uno del pueblo que había estado en la División Azul. Se fue donde el capitán y le dijo que si le permitía llevarme a la plaza del pueblo para pegarme tres tiros. El capitán se negó. Este Alberto Pastor no era más que un campesino, un pelele que después se ha convertido más que en ladrón, que ha estafado a unos y a otros con el carguito de Alcalde, delegado del Gobernador y de esas cosas. Dio dos informes distintos de mí: uno como si yo fuese el peor de los hombres, y el segundo, en cambio, como si fuese el mejor de todos.

No me condenaron ni nada. Ni siquiera me hicieron Consejo de Guerra. Yo mismo elegí a mi defensor. Tuve que estar una temporada presentándome cada semana en Villalón. Si me iba a algún sitio, tenía que decirlo.

Mi padre murió el 15 de marzo de 1946, mientras yo estaba escondido. Mi madre dos años después de salir.

Hasta que yo me entregué nadie se enteró de nada. Luego empezaron los comentarios: el señor Macario decía que yo era el que vendía el abono, pero sería mi cuñado el de Castil, al que vio. Él no lo conocía. El señor Anastasio dijo también que me había visto cuidando las ovejas. El que sí podía haber sospechado era el señor Benito, porque un día que estaba yo ordeñando entró él en la casa diciendo que quería comprar ovejas y mi hermana no le dejó entrar. Seguramente sospechó algo.

VEINTIOCHO AÑOS ENTRE UN MAIZAL, UN POZO, UNA FINCA, EN CASA

EL EX ALCALDE SOCIALISTA DE RUEDA (VALLADOLID): «ESTO FORZOSAMENTE TIENE QUE DESCUBRIRSE UN DÍA U OTRO»

- «DURANTE EL TIEMPO QUE PERMANECÍ OCULTO, MI MUJER QUEDÓ EMBARAZADA, Y TUVIMOS UNA NIÑA»
- «ESA HIJA QUE VINO DE LA ESPERANZA, SE ECHÓ NOVIO, RECLAMARON UNA HERENCIA QUE NO EXISTÍA. ENTONCES ME DENUNCIARON Y ME DETUVIERON»

Este socialista que responde por Eulogio de Vega vive en la extremidad del vallisoletano paseo de Zorrilla, en un piso de reciente construcción. A Eulogio le corre la sangre socialista desde muy niño, y en Rueda su pueblo natal, el pueblo de los vinos, demostró su calidad de líder en los mítines.

Perseguido, como es de suponer por sus ideales, Eulogio, para salvar su vida, no encontró mejor camino que el de ser fugitivo y esconderse... Preso a raíz de la revolución de Asturias, oculto desde los primeros días del Alzamiento en la capital del Pisuerga, salió a la luz de una manera fortuita, pero trágica, por la actuación familiar.

Ahora, él y su mujer, Julia de la Mota, viven la pendiente de la vida en la paz provinciana del barrio de La Rubia. Eulogio trabaja en un hotel de la ciudad, y sigue con sus ideales socialistas.

Hombre inteligente, culto, resulta muy agradable escucharle. Él ha contado su historia sin ningún tipo de miedo, sin resabios, sin amargura... Es un hombre de gran bondad y generoso.

No se ha alterado ni un segundo en el transcurso de su relato, excepto cuando han contado ambos lo de la hija.

Mi padre marchó como otros tantos del pueblo a Asturias, para trabajar en las minas. A principios de siglo, la filoxera había destrozado el viñedo de Rueda. Por esta causa emigraron muchas familias: Como el viñedo entonces se labraba todo a brazo, en el pueblo existían muchos obreros. Era Rueda el pueblo más rico de la provincia de Valladolid. Rueda, como digo, era rico. Los panaderos de los pueblos de alrededor iban todos a vender allí; con los tenderos ocurría otro tanto; la gente consumía, porque había mucho trabajo, y rodaba el dinero... Pero llegó la filoxera y se lo llevó todo. Bastaron quince años para que desaparecieran todas las viñas y los obreros hubieron de emigrar a los centros industriales; la única salida eran las minas y, concretamente, Asturias.

Mi padre, hijo de obrero, tuvo, en un principio, una situación pobre; luego, con su espíritu ingenioso, llegó a hacer un dinerillo. Tuvo suerte en la contratación de madera de unos pinares y nuestra economía era muy próspera.

EL ESPÍRITU SOCIALISTA

De todas maneras, mi padre nunca dejó de pertenecer a las Sociedades Obreras. En una ocasión fue teniente alcalde socialista en Rueda. Pero la llegada de la filoxera —repito— nos obligó a emigrar a Asturias. Allí el espíritu socialista de mi padre se incrementó. Yo, naturalmente, lo llevaba ya en la sangre, por herencia.

En Rueda empecé a intervenir en el Centro Obrero; yo y otros cuatro más creamos en el pueblo las Juventudes Socialistas. Una vez constituida, los viejos miembros del socialismo dijeron:

—Este primero de mayo deberíamos presentar las Juventudes Socialistas.

A mí me animaron; creían que era el hombre idóneo.

—«Bien —contesté—, diré unas palabras de saludo...»

Y a partir de esa fecha empecé a intervenir en Rueda, todos los primeros de mayo. Con estas actuaciones cogí algo de crédito, y empezaron a solicitarme en los pueblos aledaños como la Seca y otros, todos ellos muy pobres por la desaparición del viñedo. El capital en estas villas se había acumulado. La pobreza, también.

LA CASA DEL PUEBLO

En Rueda creamos sociedades importantes. Y la Casa del Pueblo llegó a contar con quinientos afiliados. Luego vino la dictadura, y la juventud socialista recibió un duro golpe; el número descendió notablemente. Recuerdo que el presidente, al regresar yo del servicio militar, y ante la situación, me dijo:

—Camarada, ahí la tienes..., no podía hacer más que sostenerla.

La Dictadura de Primo de Rivera se portó mal con nosotros; y lo mismo ocurrió en el resto de España. Aquel régimen halagaba a la U.G.T. y al partido socialista, pero fue duro con nosotros. No obstante, en plena fuerza del régimen dictatorial, nosotros le dedicamos una calle a Pablo Iglesias, y con tal motivo celebramos una manifestación. Y yo en plena Dictadura instituí la Federación Castellana de Juventudes Socialistas en Palencia con todos los jóvenes de la cuenca minera de Barruelo de Santullán, Brañosera y otros pueblos.

Por lo que respecta a nuestro socialismo, éste hacía hincapié en que debía de haber, entre otras cosas, retiro obrero y descanso dominical; ahora bien, nuestra finalidad ha sido siempre constituir el estado socialista para que cada uno, dentro de lo posible, reciba el fruto de su trabajo y eliminar la explotación del hombre por el hombre. Sinceramente, yo había leído a Marx, pero vamos a ser francos: no lo entendía. Claro es que entonces yo no estaba tan fuerte en matemáticas como lo estoy actualmente. A quien leí mucho fue a Pablo Iglesias...

Y vayamos a otro asunto: En 1930 se configuró la Federación de

los Trabajadores de la Tierra. En Palencia había un abogado, Asurio Herrero, que estaba asociado al partido socialista. Éstos me dicen:
—Acudirá usted a Madrid.
Había que marchar para estructurar la U.G.T.... los trabajadores de la tierra, que faltábamos de estructurar en federación. El viaje a Madrid coincidía con la inauguración del mausoleo a Pablo Iglesias. El abogado se empeñó en decirme:
—Usted irá allá.
—Iré si me nombra la sociedad...; mi deseo, por supuesto, es ir.
—¡Hombre, cómo no!
Total: que la Sociedad me nombró para que la representase en los actos que se iban a celebrar con motivo de la inauguración del mausoleo a Pablo Iglesias. Llegué a Madrid, asistí al Congreso y una vez que se abrió la sesión, el secretario general que entonces era Lucio Martínez Gil, dijo que convendría, para recoger las aspiraciones de todas las regiones, hombres para las ponencias, uno por cada región. Entonces, a uno de estos delegados de Palencia se le ocurre decir en voz alta:
—Por Castilla la Vieja, Eulogio de Vega.
Y entonces formé parte de la ponencia de estatutos y asistía a cuantos congresos se celebraban. En resumen, que después me encargaron para que dirigiese la Federación de los Trabajadores de la Tierra, cargo que simultaneaba con la alcaldía de Rueda. Fundamos en Madrid un semanario titulado *El obrero de la tierra*.

«EL MOVIMIENTO NO ME SORPRENDIÓ»

Y llegamos al Movimiento. A mí no me sorprendió, porque lo esperaba. Recuerdo que estalló un sábado por la noche. El domingo anterior habíamos dado un mitin en Villalón y en Villacid de Campos. Al regresar de estos pueblos, camino de Valladolid, paramos en Medina de Rioseco y nos sorprendió un grupo de jóvenes, que intuimos fuesen fascistas. Recuerdo que nos dijeron:
—¿Ya es la hora? ¿Venís a traer la consigna? ¿Cuándo es?
Yo le pregunté al doctor Garrote —primero que fusilaron en Valladolid— y que me había acompañado en el mitin:
—¿Qué se traerá esta gente entre manos?
Por otra parte, días antes del mitin, se había discutido las bases de los trabajadores de la tierra para la recolección en la provincia. La comisión la formaba un jurado mixto del cual yo era vocal. Uno de los vocales, patrono por cierto, me dijo:

—Este triunfo que van ustedes obteniendo no se cumplirá: Les aseguro a ustedes que estas bases no se cumplirán.
—Esto tiene fuerza de ley —le contesté— y tiene que cumplirse.
El patrón insistió:
—No se va a cumplir...
La reacción derechista ya estaba formada. En Valladolid, yo era muy amigo del gobernador Luis Lavín Gautier —de la UGT, sección de Banca—, incluso me tenía como su informador. Además se daba la circunstancia de que como yo movía tanta masa obrera, a él le interesaba mucho saber cómo discurrían los mítines... Los días iban tomando un cariz que a mí no me gustaba y fuimos a verle.

Ya en el Gobierno Civil observamos cómo nos adelantó un guardia de asalto que también iba a verle. Le dije al doctor Garrote:
—Aquí hay algo.
En efecto, cuando nos entrevistamos con el Gobernador éste nos manifestó que había tenido contacto con los militares de la ciudad y que le habían ofrecido todo su apoyo a la República. Luego nos fuimos a la Casa del Pueblo, donde esperábamos cualquier emergencia. Allí empezaron a llegar jóvenes que decían:
—Los guardias de asalto se han sublevado. Marchan por la calle de Santiago y les acompañan los falangistas. Vienen hacia la Casa del Pueblo.

En nuestro centro había armas, muy pocas; con ellas no podíamos hacerles frente. Entonces mandamos desalojarlo. La gente no cesaba de entrar y salir. Cuando llegaron los guardias de asalto, había dentro quinientas personas de las que cuarenta fueron condenadas a muerte. Momentos antes de que llegaran los agentes, yo pude escapar por la calle del Obispo —la Casa del Pueblo estaba situada en la confluencia de las calles Núñez de Arce y Fray Luis de León—, y me fui hacia mi casa, por los barrios periféricos. Llegué y le dije a mi mujer:
—Mira: esto de la libertad en España se ha acabado.
Desde que llegué tomé mis precauciones, y aunque tenía contacto con la familia y comentaba con ella cuanto iba ocurriendo, sin embargo dormía en unas cuadras cercanas que pertenecían a mi padre.

«¡VIVA LA REPÚBLICA!»

(En Valladolid —cuenta Thomas— el general Saliquet, que había estado anteriormente en la lista de retirados, y el general Ponte,

La inmovilidad fue causa de que **el Lirio** se encontrara muy obeso al salir. Aquí lo vemos con su hermana Esperanza.

Ángel Blázquez con el autor, en la puerta de la casa donde estuvo oculto Ángel, en la calle Alojería de Béjar (Salamanca).

Gorete en pleno monte, junto a la cueva de los Lobiles. Día 19 de marzo de 1944. **Gorete** hace tarucos para las madreñas y para las familias de los presos.

Una de las cuevas en Monte Vejiga.

Gorete, desde su refugio, otea el horizonte.

Antolín Hernández,
poco antes de esconderse.

La casa, situada en la calle
de Olivillas, donde Antolín
permaneció oculto.

Guillermo Curieses, con el autor y un amigo de ambos. Al fondo, la ermita de Cuenca de Campos.

Cuenca de Campos... uno de tantos pueblos protagonista de historias de escondidos.

veterano conspirador monárquico, se presentaron inesperadamente en el despacho del jefe de la división, el masón general Molero, y le pidieron su adhesión a su causa. Los rebeldes concedieron un cuarto de hora a su compañero de armas para reflexionar y se retiraron a una habitación contigua. A medida que pasaban los minutos, podía oírse en la calle el comienzo de la lucha entre falangistas y obreros. De pronto, el general Molero abrió de par en par la puerta y gritó: «¡Viva la República!», mientras uno de sus ayudantes disparaba contra él. Siguió una breve lucha, en la que murieron dos jóvenes oficiales de cada bando, pero los rebeldes quedaron victoriosos. Molero fue recogido del suelo herido, para ser más tarde fusilado por «rebelión». En la ciudad los obreros ferroviarios lucharon valerosamente durante todo el día contra sus bien armados enemigos, entre los que se contaban guardias civiles, guardias de asalto, paisanos y falangistas. La Casa del Pueblo no se rindió y fue arrasada hasta los cimientos. Sin embargo, al anochecer, Valladolid quedaba sometido. Luis Lavín, gobernador civil, que había sido nombrado por Casares Quiroga con el encargo especial de aplastar el fascismo en la ciudad, se vio abandonado por todos sus colaboradores y amigos. Por tanto, se dirigió a su automóvil e intentó llegar a Madrid. Fue capturado y llevado prisionero a su propia casa, en la que ya se había establecido el general Ponte. Su única petición fue la de que le hicieran entrar por la puerta de servicio en lugar de por la principal.)

Un día de ésos le dije a la mujer: «Procuraré poner mi vida a salvo, pero aunque tarde en volver no se te ocurra irme a buscar porque te seguirían; lo echaríamos todo a perder.»

Y me fui al barrio de la Farola —que decimos—. En él se dieron cita muchos compañeros e hicimos un grupo. Alguno propuso que interviniésemos, ante la toma por la fuerza de la Casa del Pueblo. Me mostré contrario a esta idea:

—Si lo hacemos —señalé— tiene que ser a fondo. Hay que dominar a los falangistas, y si éstos se resisten, tenemos que llegar a hechos violentos; no debemos ensangrentar la Casa del Pueblo.

ESCONDERSE

Mi primer refugio fue la casa de un viejo matrimonio amigo de mi padre, sin hijos, en la calle Florida. Con esta pareja estuve quince días, durante los cuales me ocultaron la gravedad de la situación.

Únicamente me contaban lo favorable. Pero al lado de la casa en que habitaba ya empecé a ver gente asesinada en la calle.

(En todas las provincias había muchas personas para quienes los fusilamientos eran un espectáculo emocionante y muy satisfactorio. Los requetés de Pamplona hacían chistes sobre las damas aristocráticas que se levantaban al amanecer para presenciar una ejecución. El 25 de setiembre de 1936, el gobernador civil de Valladolid publicó una carta en *El Norte de Castilla*. Refiriéndose a la triste necesidad de los órganos de justicia militar de ejecutar las sentencias de muerte, y concediendo que las ejecuciones podían ser legalmente presenciadas por el público, recordaba, sin embargo, a sus lectores que su presencia en tales actos «decía poco en su favor y el considerar como espectáculo el tormento mortal de un ser humano, aunque estuviera justificado, daba una pobre impresión de la cultura de un pueblo».

El general Mola dirigió un telegrama perentorio a las autoridades de Valladolid ordenándoles que escogieran lugares menos visibles para las ejecuciones y que enterraran a los muertos con más rapidez. Los problemas de identificación eran casi insolubles y, en muchos casos, los familiares tenían miedo de ir a identificar a los suyos. Un rasgo particular de la Falange en sus asesinatos era un tiro entre los ojos. Médicos que durante tiempo habían gozado de la confianza de las familias, ahora se encontraban con que éstas no les abrían de buen grado la puerta, temerosas de que hubieran venido por orden de la Policía.

El matrimonio empezó a tener miedo; a sus oídos llegaron comentarios de que gente que tuviese escondido a alguien los cogían y los mataban a todos. Y un día el hombre, el señor Pedro, me dijo:

—El caso es que mi mujer ni come ni duerme.

A lo que le contesté:

—Pues yo, para salvar su responsabilidad, he decidido marcharme.

—Ten un poco de paciencia —me recomendó—, la creencia general es que este conflicto no puede durar mucho.

En fin, que no me marché.

CAMBIO

El día dos de agosto bombardearon la ciudad. La gente corría despavorida de un lado para otro. Y yo entonces aprovechando esta ocasión cogí y me marché, a todo correr, a un barrio, el de la Farola. Allí me encontré a un grupo de los nuestros. Un compañero me comunicó «que no fuese hacia mi casa, pues estaba sitiada. Y él, ante la situación, me llevó a la suya; donde me contó cuanto había ocurrido en distintos pueblos y los asesinatos que se habían cometido. Esto hizo que yo me percatara de la gravísima situación por la que atravesábamos». A mi casa no podía ir; estaba sitiada. ¿A dónde podré ir?, me preguntaba a mí mismo. Se lo dije a él.

—Puedes ir a las «Arcas Reales».

(Las «Arcas Reales» era una zona de huertos, donde emanaba el agua abundantemente; está cerca de la casa donde habito actualmente.)

En las «Arcas Reales» había pequeños arrendatarios, que poseían pequeñas parcelas en las que había una casita donde se metían los aperos de labranza. Allí teníamos un conocido, que trabajaba en la azucarera, y era arrendatario de uno de esos huertecillos. Esa noche la pasé en casa de mi amigo. Y por la mañana, al ser de día, salí acompañado de otro compañero. Íbamos por la vía del tren Madrid-Irún. Marchábamos tan campantes, pero de pronto observé a alguien y le dije:

—Vamos, Ladislao, aprieta el paso, que viene uno en bicicleta, y se nos está echando encima.

Ladislao se le quedó mirando y dijo:

—¡Anda si es Jesús!

Y resulta que este muchacho era vecino mío, e iba a trabajar a una finca de su padre, donde en la actualidad se encuentra el polígono industrial. Al verme, me confirmó que mi casa estaba muy vigilada. Ante tal panorama, me invitó a que me escondiera en la casita de su finca. Llegamos allí, que estaba el padre, y éste no se atrevió, por la responsabilidad, a facilitarme un refugio. Este Jesús, en vista de la actitud del padre, me propuso:

—«Puedes esconderte por la finca, y nosotros como si no supiéramos nada.»

EN UN MAIZAL

En resumen, que me metí en un maizal, y allí estuve cuarenta días sin salir. Desde el 2 de agosto hasta el 13 de setiembre. Durante ese tiempo, mi esposa, que ya sabía dónde estaba, le daba a Jesús la comida para mí. A cierta hora salía de mi refugio, iba hacia la casa, cogía la comida y me volvía al escondite. Cuarenta días con cuarenta noches en el maizal. Una manta y un saco para cubrirme. Pero resulta que la gente que vivía en los alrededores de donde yo estaba, solía ir con frecuencia a coger hierbas para los conejos, y se metían por el maizal. ¿Y entonces yo qué hacía? Para no levantar sospechas, cogía mi manta, la metía en el saco, me lo echaba a la espalda y me ponía a coger hierbas, como ellos, y a pasar el tiempo. Cuando ellos hacían su recolección se marchaban, y yo volvía a tumbarme en el maizal, donde me pasaba todo el día acostado. Y cuando tenían que regarlo, los dueños ordenaban a los obreros que se marcharan a otra parte. Ellos se ocupaban de la pena de regarlo. Los dueños, algunas noches, me llevaban un tazón de leche. Tenían mucho miedo. No me explico cómo me dejaron estar allí. Durante mi estancia, llovió alguna que otra noche, pero podía más la circunstancia que los elementos.

En una ocasión, vino a verme un hermano mío; sabía dónde estaba gracias a Jesús. Me dijo que en un bar del barrio de la Farola, en el que se reunían varios compañeros, se comentaba a quiénes habían matado y cómo iba la situación. En este bar, un día, un ferroviario que me conocía le comentó a los dueños cómo yo vivía de refugio en refugio. Ante esta situación, los propietarios del bar abordaron a mi hermano y se ofrecieron a recogerme. «No le conocemos —dijeron—, pero sabemos su historia. Sabemos quién es, y, por su prestigio, le recogemos.»

AHORA, UN POZO

Ya tenían a otros dos más recogidos. Mi hermano me animó a que me fuese con ellos.

—«Son dos, vamos a ser tres —le dije a mi hermano—. Si no es uno es otro, pero cualquiera puede cometer una imprudencia que podemos pagar todos.»

Por una parte, el tiempo, que hasta entonces había sido, dentro de lo que cabe, bueno, se metió en lluvias, y por otra, mi casa seguía vigilada. Total: que decidí aceptar la invitación. Al llegar al bar, los otros dos escondidos se hallaban en una casa, pequeña, lindante al mismo, con un pozo; en él estaban escondidos.

Los pozos, en esta tierra, están cercados por aros de cemento. El terreno es flojo y, de esa manera, se evitan los derrumbamientos.

Mis compañeos habían cavado por fuera de los aros, una especie de fosa, y la habían cubierto, posteriormente, de traviesas viejas de ferrocarril. Le habían echado tierra encima, y sobre la tierra, basura, que es lo que dominaba en el suelo de aquel corral. Uno de mis compañeros, que era muy hábil, había cincelado el aro y, con cuidado, le había quitado un trozo. Por esa abertura de aro, nos metíamos en la fosa. Vuelto a colocar el aro, si alguien se asomaba al pozo, solamente podría observar que uno de los aros estaba agrietado.

Allí permanecíamos la mayor parte del tiempo; pero solíamos salir alrededor del pozo. La primera noche que me alojé en él, esa noche, sacaron a mi padre para matarle. Me lo dijo la dueña a la mañana siguiente.

De los tres compañeros, uno no tenía dinero para pagarse la comida. No teníamos conciencia para echarlo. Y no tuvimos otro remedio que pagarle entre nosotros el hospedaje. Por cierto, que los tres no nos conocíamos de nada.

JULIA ANTES DE LA CARCEL

Al mes y pico de estar allí, metían a mi mujer en la cárcel.

Antes de ir a prisión —cuenta ella (Julia de la Mota)—, siempre estuve vigilada. Por la tarde, se presentaban dos falangistas con fusiles a la puerta de casa, y por la noche, nuestra casa, que estaba aislada, era custodiada por dos coches, que se situaban en la parte posterior de la misma. Les observaba, atentamente, desde la ventana, junto a la que permanecía toda la noche. Cuando amanecía, esta gente que esperaba a mi marido, en vista de que no llegaba, se marchaba. Luego me acostaba un poco.

En casa yo estaba con dos hijos varones de ocho años. A una hija le cogió el Movimiento en Úbeda con una hermana mía. En vista de la situación —sacaban a gente por las noches— pensé, ante el temor de que conmigo hicieran lo mismo, enviar a los chicos a Rueda con mis padres. El temor fue creciendo a medida que pasaban los días. Se marchó también a Rueda una cuñada mía. A él lo habían matado, y la mujer se quedó con cuatro hijos. Fui a acompañarla hasta el autobús. Y cogí lo indispensable para no volver a casa. Una vez que despedí a mi cuñada, me marché a casa de un matrimonio mayor —primer refugio de mi marido—. Cuando llegué me preguntaron qué iba a hacer... «No lo sé, pero por supuesto a casa no quiero volver. Quiero dedicarme a servir, pues así estoy como más protegida y paso más desapercibida.» El matrimonio me convenció para que me quedara con ellos. Y allí permanecí, pero con tan mala suerte, que la casa —una planta baja— comunicaba con un patio, y, mira por dónde una de Rueda, que vivía en el primer piso, me vio y se lo dijo al marido, que lo comentó en el lugar de su trabajo, una tintorería situada en el paseo Zorrilla. Su mujer se apresuró a bajar y le dijo a la señora:

—Me han dicho que tiene usted aquí recogida a la mujer del alcalde de Rueda y a lo mejor también al alcalde... «Pero, ¿qué dice? Pasó por aquí casualmente, comió con nosotros y se ha marchado...» «Ya hemos dado cuenta a la Policía; la Policía busca al matrimonio.»

La señora me contó todo esto. No quise ponerla en un aprieto, y le dije:

—«Me marcho a mi casa.» Iba hacia ella, pero se me ocurrió pasar a ver a unos primos que tenían una lechería. Subí a verles y ellos me animaron a que me quedara, ya que tenían nueve hijos; una mano sí que les podía echar. La Guardia Civil ya había ido a buscarme a la casa anterior.

Un día estaba yo cosiendo al sol a la entrada de la casa de los primos, y se presentó la Guardia Civil a detenerme. «Tire esas tijeras.» Luego empezaron a preguntarme por Eulogio, qué hacía yo allí... Al primo mío lo esposaron y le tomaron declaración en una sala, mientras tanto a mí me aislaron. Registraron la casa de arriba a abajo. Uno de los agentes dijo:

—«Si cortamos la rama se acaba el tronco.»

Mi prima les dijo:

—«Hombre, no se la lleven ustedes... tiene tres hijos.» «Una tenía yo —respondió el agente— y me la han matado..., aunque se maten muchos de éstos no importa.»

Al marcharse, uno de ellos dijo:

—«¡Bah! Qué adelantamos con llevarla a los calabozos..., no, nada.»

Y se marcharon. Allí me quedaron. «A los cinco días vino la Policía secreta y éstos volvieron a hacerme las mismas preguntas: «por mi marido, qué hace usted aquí...» Mi primo entonces les contó que me necesitaban puesto que ellos tenían nueve hijos, la lechería y, en fin, que yo les era imprescindible. Estos agentes fueron muy humanos. Se marcharon. Yo creí que los interrogatorios habían cesado, pero...

LOS GUARDIAS DE RUEDA

A los tres días se presentaron en casa los guardias civiles de Rueda; recuerdo que llegaron a las nueve de la noche. Llamaron a

la puerta y preguntaron:
—«¿Julia de la Mota?» Mi prima salió a recibirles, y les dijo:
—Aquí está.
—Dígale que salga.

Salí tal como estaba, es decir, yo me encontraba cosiendo y aparecí con el delantal de coser, faena a la que me dedicaba en la casa. «Nos tiene que acompañar» —me dijeron—. Cuando me quitaba el delantal para dárselo a mi prima, el guardia señaló:
—Vamos, de prisa. ¡Ale!
—Y me llevaron al Gobierno Civil, donde estuve un rato sentada. Después me tomaron la filiación. En ese instante, pasó ante mí uno de los policías secretas que había ido a casa de mi prima. El hombre, al verme, dijo:
—La han traído a usted aquí; es una injusticia más.

Entretanto dos guardias dialogaban. Uno le decía al otro:
—¿Tú conocías a Peñas, ese de Asturias?
—Sí, era un canalla como el marido de ésta.

Ante esto no pude por menos que contestarles:
—Pues para mí y para mis hijos y para el pueblo, bien bueno ha sido...

Un tercero medió:
—Una propagandista.

Uno preguntó:
—¿Se apellida Julia de la Mota Rueda?
—Sí.
—Pues yo también me apellido Rueda y no tengo nada que ver con ellos.
—Pues no nos hace ninguna falta —contesté.

Él insistió:
—Si éstos no se acobardan nunca.

Luego me llevaron al calabozo. Y cuando iba a entrar me identificó uno de Torrecilleja del Valle. Y oí que alguien dijo:
—Hombre, si es la mujer del alcalde de Rueda.
—¡Cómo la habrán traído...! —exclamó otro.
—Pues no lo sé.

A LA CÁRCEL

A las once de la noche me sacaban en compañía del hombre de Torrecilleja y su compañero de celda. A éstos los llevaron a Cocheras y a mí a la cárcel. Cuando salíamos del Gobierno Civil aún estaba allí mi prima, que había ido tras de mí con una botella y un mantón para que me arropara. Ella, al verme, avanza hacia el el camión..., hacia uno de los agentes. Iba muy compungida.

—¿Se lo puedo dar a mi prima? ¿Vale para algo...?
—Va a la cárcel. Se lo puede dar.

Y el mantón y la botella de leche me los dio por una ventana. Ella creía, antes de esa respuesta del guardia, que me llevaban a matarme...

A las doce de la noche llegamos a la prisión. Al entrar, me dijo un guardia:

—Usted no puede entrar con esa botella.

Otro agente intercedió por mí. Terció en el asunto, y dijo:

—Déjala que se la tome dentro..., lleva desde la siete de la tarde y no ha cenado nada.

En la prisión todo estaba a oscuras. Únicamente se oían voces: «¡¡Un ingreso, un ingreso!»

Ya allí en la cárcel, una mujer que me conocía me hizo sitio a su lado en el petate, hasta que amaneció. Y en aquella celda, donde nos encontrábamos cinco mujeres, estuve diecinueve meses.

SEGUIR EN EL POZO

Todo esto ocurría en el mes de diciembre. Yo seguía en el pozo escondido —cuenta él—. El ambiente era muy peligroso; la Guardia Civil recorría con mucha frecuencia la zona. Uno no podía descuidarse ni fiarse. Entonces, los tres decidimos salir del pozo lo menos posible.

Una mañana entró la dueña del bar a vernos, y nos dijo:

—Se han llevado a mi marido, a Vitorino y a varios más del barrio.

El dueño del bar tenía un hermano falangista, que al enterarse de la detención de Francisco Álvarez —así se llamaba el amo—, se presentó sin más en el Gobierno Civil, a las dos de la mañana. Ese falangista, cuando llegó hasta el Gobierno, se encontró a su hermano subido en un camión con un grupo. Iban todos atados... y marchaban, como es de suponer, hacia la muerte. El hermano de Francisco se dirigió hacia los responsables, y les dijo:

—A éste me lo llevo yo bajo mi responsabilidad.

Y así fue. Se lo llevó a la cárcel. El resto siguió en el camión, se los llevaron y no ha vuelto a saberse nada de ellos.

La mujer se quedó sola con dos chicos pequeños. A los pocos días volvieron los guardias y se la llevaron detenida. Los chicos se quedaron solos...; y se iban a dormir a casa de una abuela que tenía gente a pupilo. Eran todos guardias de asalto. El chico mayor era muy espabilado, y con el pretexto de que tenía unas gallinas en la casa, venía todos los días a cambiar impresiones con nosotros. Mientras, estudiamos cada uno la manera de marcharnos de allí. A los pocos días, yo, de acuerdo con mi hermano, salía hacia la finca donde un amigo mío estaba de cachicán.

DEBAJO DE UNAS BALDOSAS

Los dueños de esta finca eran gente muy vinculada a las derechas. Uno de sus hijos llegó a ser gobernador civil. El día 28 de diciembre marchaba yo a la finca, donde permanecí hasta el 23 de mayo de 1939. La finca estaba situada en la margen izquierda del Esgueva, en la carretera de Villarramiel. Era pequeña y la tenían los dueños para recreo. En ella, por lo general, sólo estaba el encargado. Los obreros que iban por allí solían ser adictos a la causa para, en el caso de que me descubrieran..., pues eso, no decir «esto no he visto, esto he visto». Eran, ya digo, gente de toda confianza.

En la finca cogí un reúma fuerte, en la pierna. Contigua a la finca había otra cuyo cachicán, de Villalón, había estado preso en Cocheras. La mujer de éste solía llevar a las de otros presos a dormir en la finca. Eran esposas de reclusos que habían estado con su marido. Bien, un día salió este matrimonio. De todas maneras, aunque fuera gente adicta a la causa, yo procuraba el que no me vieran. Y resulta que un día que yo había estado en un lugar con temperaturas de cuatro y seis grados bajo cero, aproveché el que ellos salieran para irme a la lumbre a calentarme. Ardían unos sarmientos; yo estaba muy encima del fuego y, cuando me hallaba allí, oigo ¡pum, pum, pum! Golpes en la puerta. Ante las llamadas no tuve más remedio que salir huyendo a ese lugar tan frío... un lugar en el campo. Eran los de la finca de al lado. No hubiese habido problemas..., pero por si acaso.

En la finca, yo hacía una vida normal y dormía en la casa; preparamos un escondite.

Levantamos varias baldosas de esas grandes, antiguas, de suerte que mi cuerpo cabía bien. Y para disimular, por si las moscas, hicimos un enrejado de alambre que servía de apoyo al conjunto de las baldosas. Enrejado, unas tablas y una capa de cemento formaban una sola pieza. El escondite estaba perfectamente disimulado; es más, la mujer de la finca se encargó de colorearlo, con lo cual era muy difícil, casi imposible, el que me viesen.

(Charlamos en su casa del barrio vallisoletano de «La Rubia». Eulogio tiene buena ortofonía; también su mujer. Hablan ambos ese castellano rico de Valladolid.)

Ya he dicho que los guardeses eran de toda confianza. Para no comprometerles quise enconderme en el pinar de la finca, y ellos no me dejaron:

—Eulogio, quédate aquí, en casa, que es mejor. Los dueños suelen venir de vez en vez y recorren la finca de punta a cabo. Corres peligro.

La casa la habían registrado en numerosas ocasiones, porque el guardés estaba tildado de sospechoso...

AL DESCUBIERTO, PERO...

El tiempo pasaba tranquilamente, sin inquietud... hasta que un día, no se me olvidará un 20 de abril, vino una mujer a visitarlos. Era una mujer de Rueda. Y mira por dónde, a pesar de las precauciones, me vio...; no me dio tiempo para ocultarme. Ni que decir tiene que me reconoció. Yo, suplicante, le dije:

—No digas nada a nadie, que nos pierdes.

A esta mujer le gustaba el vino a rabiar. No pudo guardar el secreto; nada más llegar a Rueda le faltó tiempo para largarlo. El vino le había traicionado. En efecto, las palabras de la *Catalana*, que así se llamaba la mujer, se difundieron rapidísimamente. «¡Que han visto al Eulogio, que han visto al Eulogio!» Y claro, les faltó tiempo para venir a casa de los guardeses a verlo con sus propios ojos. Y esto hizo una vecina, que se presentó inmediatamente ante el guardés, a quien le dijo:

—Me ha dicho la *Catalana* que estaba aquí el Eulogio.

—Pues sí —contestó el guardés—, aquí ha estado, pero iba de paso.

Entonces, yo, ante estos acontecimientos, pensé que no podía comprometer a nadie, y que de cogerme que lo hicieran en mi casa. Entretanto, en Rueda, la noticia había corrido como la pólvora y, por supuesto, había llegado a oídos de la Guardia Civil, que mandó llamar a la *Catalana* para que prestara declaración al anochecer sobre lo que había visto. Ante lo que se avecinaba, el marido de la *Catalana* quiso prestarme un grato servicio. ¿Y qué se le ocurrió a este hombre? Pues ni más ni menos que emborracharla. Y así, en estado de embriaguez, la acompañó al cuartel. Allí salió el cabo, quien tras dirigirse al marido, le dijo:

—Que su mujer anda diciendo por ahí que ha visto al alcalde...

—Ella —contestó el marido— habrá dicho lo que quiera..., pero no se le puede dar crédito.

Pregúnteselo usted a ella...

El cabo comenzó el interrogatorio, mientras la *Catalana* no daba pie con bola. El cabo, ante esta situación, la echó desesperadamente del cuartel.

A MI CASA

Y yo marché a mi casa, en el barrio vallisoletano de «La Rubia», en la carretera del pinar. Era un inmueble de planta baja aledaño a otro de varios pisos, antigua propiedad de mi madre. En la casa teníamos una vacas que nos daban para vivir. Hasta allí llegué andando, entre dos luces.

Entretanto, yo estaba en la cárcel —cuenta ella—. Y sabía dónde estaba él por una cuñada mía que solía visitarme los miércoles, y cuando comunicábamos me lo transmitía mediante frases convenidas. La cárcel, donde me encontraba, era vieja y cuando salí mi intención era la de dedicarme a servir. Era una manera de sentirme protegida, de no encontrarme sola en mi casa donde podía, en cualquier momento, correr un riesgo. Incluso busqué una casa, pero ya tenían cubierto el servicio. No obstante, me señalaron que si no me importaba podía trabajar en el campo. No puse ningún inconveniente y trabajé solamente un día, pues no sé bien lo que me ocurrió, pero me sentí muy mal. Seguí buscando casa, y encontré una cuyo dueño era un hombre muy liberal. En aquella casa había muchos niños. El dueño puso una pequeña industria de papel. Entretanto, mi marido llegó a casa, y yo fui a su encuentro, porque dio la circunstancia de que el patrón me dejó de encargada en el taller, al frente de seis mujeres. Y esto me permitía venir a casa a dormir. Por la mañana, yo salía para el trabajo y él permanecía aquí solo.

Por lo que se refiere a registros, tuvimos suerte; sin embargo, en ciertas ocasiones vinieron preguntando por él. Si yo estaba en casa, naturalmente, preguntaban por mí y, en caso contrario, lo hacían a las vecinas. Todas respondíamos con la misma frase: «Desde el día del Movimiento no lo hemos vuelto a ver.» Así que yo pasándome constantemente por viuda..., claro que decía que ignoraba dónde, cómo y si vivía. Preguntar por él, sí preguntaban con mucha frecuencia, incluso hasta el mismo día que iba a salir, el 29 de febrero de 1964.

Pero durante el período en el que él se encontraba escondido, cuando yo trabajaba en el taller, quedé embarazada. Y resistí en el trabajo los meses que pude, hasta que la gordura me respetaba...; cuando noté que podían sospechar algo, le dije al patrón que lo sentía mucho, pero que me tenía que marchar porque yo me encontraba mal..., y debía tomarme unas vacaciones en casa de una hermana mía que vivía en un pueblo de la provincia de Jaén, en Úbeda. A este hijo, que iba a venir pronto, lo esperamos tanto él como yo con una gran esperanza; era, para nosotros, como una bendición... Venía en unas circunstancias anómalas, pero estábamos los dos muy contentos, muy felices por su próxima venida..., y los problemas que en sí suscitaba por la situación de mi marido no existían para ambos. Teníamos ya hijos, pero, repito, éste era una bendición.

Me marché a Úbeda y allí di a luz felizmente una niña. Entretanto, al marido lo atendieron los otros chicos. Nuestra incomunicación fue absoluta durante el tiempo que permanecí en Úbeda. Un día, cuando ya me sentí recuperada, volví sin la niña, naturalmente, y la alegría fue grande en casa. Decidí volver al trabajo entre el regocijo de las compañeras, que me encontraron con muy buen aspecto.

En casa vivíamos con mi sueldo y el beneficio de dos vacas que atendía el marido. Luego compramos cuatro más. Él se encargaba de cuidarlas; era la única manera de entretener el tiempo.

SUSTOS

Mi vida en la casa —cuenta él— transcurrió sin apenas tensión. Yo tenía, bien es verdad, mis defensas en caso de que viniesen a efectuar algún registro. Existía una habitación debidamente protegida; también la entrada estaba acondicionada por si se acercaba algún desconocido, a través de una ventana que comunicaba con un pasillo... Bien, incluso cuando compramos las vacas venía un chico de la calle a enseñarle a un hijo mío cómo se ordeñaba, luego él me transmitía a mí la lección. Hubo una ocasión en que la Policía vino a efectuar un registro..., pero al que buscaban era a mi hijo mayor, que había participado en unas alteraciones laborales. La Policía vino a buscarle, pero con tan buena suerte que, ese día, el chico que nos enseñaba a ordeñar las vacas, vino antes de su hora y yo estaba viéndole detrás de una puerta. La Policía entró preguntando por mi hijo, y el chico les contestó que allí el único que estaba era él, que no había nadie. Ellos respondieron que volverían al día siguiente. Ante el riesgo que corría, marché a dormir a casa de un cuñado mío. En efecto, al día siguiente se presentaron a registrar, pero no llegaron a entrar en casa. Mi hijo, que trabajaba en una azucarera, estuvo en la cárcel dieciséis meses por cuestiones laborales.

En otra ocasión ocurrió que cuando yo me encontraba paseando por dentro de casa, de pronto observo que, por la ventana, mete la cabeza un guardia civil, y este hombre coge y ¡zas! me da un saco de legumbres... ¿Qué ocurría? Que el hombre, que se las llevaba a una vecina, se confundió de casa. El saco solía dejarlo el guardia en una ventana de la parte trasera de la casa... En esta ocasión la confundió.

Los sustos, por supuesto, prosiguieron..., porque en otra ocasión, unos guardias, los de la ronda, en vista de que hacía muy mala tarde se les ocurrió meterse detrás de la casa de mi padre. Al día siguiente volvieron a hacer lo mismo y se situaron en el lugar del día anterior. Los hombres, para pasar la tarde, se les ocurrió mandar a unas sobrinas mías a por una botella de vino... Pero al tercer día volvieron al mismo sitio. Conocían ellos allí a una vecina con la que se llevaban muy bien; en vista de que llovía, pues a los hombres se les ocurrió meterse en nuestra casa. Y allí en buena armonía se pasaron la tarde con mi mujer, mientras yo permanecía en mi escondite pacientemente, esperando a que se marcharan...

Otro día un chico robó a una hermana unas cuantas monedas. La hemana le denunció, y cuál fue nuestra estupefacción, cuando oímos la perra ladrar; entonces nos asomamos y vimos cómo avanzaban por el callejón hacia la casa una pareja de la Guardia Civil, que se detuvo ante la presencia de la perra. Yo estaba ordeñando una ternera... y gracias al ladrido de la perra pude alcanzar la habitación donde me escondía. La cosa sólo quedó en susto.

LA NIÑA

La niña seguía en Úbeda con mi cuñada, donde su marido tenía un taller mecánico. Nosotros le enviábamos dinero para que la cuidaran. Pero un día a mi cuñado se le ocurre vender el taller y, sin decir nada a nadie, se presenta en Rueda con la niña. La llegada de ellos a Rueda fue un acontecimiento. Todo el mundo sentía curiosidad por conocer la niña. Ellos eran mayores, y a la gente le costaba trabajo creer que la criatura fuera de ellos. Para mayor inri, la niña se parecía mucho a mi otra hija y levantaba en el pueblo ciertas sospechas. Durante los veranos, nos la traíamos con nosotros para que jugara con sus sobrinos. A los cinco años decidimos traérnosla, pues nos resultaba muy caro el mantener dos casas. Ya en el hogar, le dijimos que nosotros éramos sus padres, y que nos debía llamar como nos correspondía mientras a los tíos debería llamarlos tíos, pero nunca nos llamó padres. A mí me conocía por *Guito* y a mi mujer por tía. Por *Guito* también me conocían los nietos y mis hijos, por razones de seguridad.

Pasó el tiempo. Ella y yo —cuenta la mujer— repartíamos juntas la leche por las casas. A mí me conocían por la viuda. Yo procuraba no intimar con nadie para que no me preguntaran por él. No iba por Rueda por esta causa. Y yo era la que vendía las vacas... En resumen, que por él no solían preguntarme, aunque recuerdo que, una de las últimas vacas que vendí, vino el hombre a ajustar el precio a casa, y como no llegamos a un acuerdo, le vio a él que se encontraba ordeñando y le preguntó si terciaba..., a lo que él contestó que no le iba nada en el asunto. «No, este señor no cuenta para nada; es un obrero.»

El trato se cerró. El hombre quedó en matar el lunes la vaca, en el matadero, a las siete de la mañana. «Bien, a las seis de la mañana la tendrá usted allí; avisaré a mi hijo.» Todo esto ocurría un viernes. Cuando volvía de avisar a mi hijo, me encontré con el señor en cuestión quien me dijo:

—Vengo de su casa y no hay nadie. Quería decirle que en vez del lunes me lleve mañana, sábado, la vaca al matadero.

—Me hace usted la pascua, porque acabo de venir de casa de mi hijo para que se la lleve el lunes.

Entonces él insistió:

—¿Y no me la podría llevar ese señor que la estaba ordeñando?

—No, ese señor, viene irregularmente.

Al día siguiente detenían a mi marido. Este hombre no pudo por menos que decirme: «¡Vaya con el obrero!» Ese mismo día lo sabía todo Valladolid. El hombre fue a pagarme la vaca al Gobierno Civil, donde estábamos todos reunidos.

Y siempre ocultándose, porque recuerdo cuando venía el veterinario y pedía que le echáramos una mano, salía mi marido que pasaba por ser un obrero de casa.

«ME FALTÓ VALOR»

Durante el tiempo que permanecí escondido y fugitivo escribí, en dos ocasiones, mis Memorias. En un primer intento, las escribía al día, que era lo bueno, digamos, porque la exposición reflejaba mi verdadero estado de ánimo. Pero las rompí..., y eso sí lo siento...; me faltó valor... si un día vienen —me decía—, y puedo escapar, que no quede un hito y puedan decir que esto lo ha escrito y tiene que estar forzosamente por aquí. Eso sí lo he sentido de veras... no escribirlas al instante que es cuando reflejaban todo el ánimo de uno. Yo tenía, naturalmente, mis momentos bajos, decaída la moral, pero siempre surgía un rayo de ilusión. Sí gozaba de ilusión, porque incluso cuando la mujer estaba embarazada y a algunos les dio por decir «que está embarazada la viuda». Bueno, ¿y qué? Lo que decíamos: aunque vivimos tranquilos esto forzosamente tiene que descubrirse un día u otro. Si algún día te mueres, decía yo, salgo, presido el duelo y si me detienen que me detengan... Y si el que se muere soy yo, me entierras, lo haces público... porque no me van a matar después de muerto.» De modo y manera que nosotros vivimos con la conciencia tranquila y —volvía a decir— «como el tiempo dará gusto a todo, si hablan que hablen, si parlan que parlen». Y seguimos nuestra vida como pudimos dentro de unos años muy duros... Habían pasado muchos años...; habíamos sorteado muchos peligros...; el azar estaba siempre con nosotros... pero un día... nuestra hija, esa que había venido de la esperanza, que llevaba nuestros mismos apellidos...

UN PRETENDIENTE

La chica tuvo un pretendiente, que era militar. No teníamos nada contra el chico. Pero en el barrio habían ocurrido dos hechos un tanto lamentables. Dos hermanas tuvieron relación con unos militares y cuando los trasladaron no quisieron saber más de ellas. También a una parienta nuestra le ocurrió algo parecido. Entonces, ante el caso de nuestra chica, le aconsejamos que lo dejara. Nosotros la vigilábamos. Rompieron el noviazgo, pero ella no nos dijo lo más mínimo.

Al poco tiempo comenzó a salir con otro chico. Éste ni era militar ni nada. Ella llevaba las relaciones en secreto, y pensó que nosotros no queríamos que se casara, cosa que no era verdad. Era joven, pero eso no tenía la menor importancia. La cuestión es que por parte de ellos hubo una confabulación contra nosotros. Y los dos un día decidieron cuando ella salía a repartir la leche, como era habitual, dejar los cántaros en casa de una vecina con un pretexto. Él la llevó a un convento donde la depositó. Alegaba que su madre no les dejaba casarse. La madre fue al convento para arreglar el problema... Y a Julia no la dejaron entrar. Cualquiera podía entrar en el convento menos la madre...

LA DETENCIÓN

El futuro yerno cometió una torpeza, llamémoslo así, por no decir una mala fe. Y al chico le dio por reclamar una herencia..., plantearon el cuento entre la hija y él, claro, de que la herencia nuestra se había repartido entre tres y que eran cuatro. Cuando estalló el Movimiento nosotros teníamos ya tres hijos. Mi padre murió durante la guerra, mejor dicho lo mataron en Valladolid..., lo sacaron el 13 de setiembre de 1936, y lo encontramos en la cañada de Puente Duero. El 11 de agosto habían matado también a un hermano mío. Bien, mi padre muerto, yo desaparecido..., y la parte de mi herencia pasa a mis tres hijos... Luego vino la chica, que no tenía herencia, claro. Entonces fue cuando surgió el problema, una torpeza por su parte... El juez tuvo que descifrárselo:

—Para solicitar usted la herencia, tiene que presentar la defunción de su padre.

Entonces, la chica contestó:

—Es que mi padre vive.

—Pues si vive no puedo hacer que consiga la herencia —contestó el juez, quien agregó:

—Cómo va a reclamar la herencia de su padre si éste no ha muerto...

El juez dio parte a la Comisería con un mensaje en el que se leía: «Necesito saber, para una petición de herencia, si este hombre, Eulogio de Vega, vive o no.» El caso es que a las pocas horas, la Policía se presentó en casa y me cogió *in fraganti*, tranquilamente sentado en el sofá. Era el 30 de setiembre de 1964. Yo estaba leyendo una carta de una hija mía, que estaba en Alemania.

Salgo a la puerta —cuenta ella— y dos policías me preguntan:

—Eulogio de Vega, ¿vive aquí?

—Era mi suegro..., pero el pobre falleció hace muchos años.

Ellos se quedaron como cortados. Ya se identificaron: «Somos de la Policía Militar.» Ambos iban de paisano, armados.

—Nosotros venimos preguntando por Eulogio de Vega no por Eugenio...
—Eulogio es mi marido —respondí.
—Venimos a ponerle en libertad...
Entonces tuve gran emoción, y les dije:
—Que así sea.
—Estamos aquí por su hija...

AL GOBIERNO CIVIL

A mí me dijeron —narra él— que no tuviese miedo, que venían a liberarme. Nos encaminamos al Gobierno Civil. Allí me sometieron a un interrogatorio, que interrumpimos para comer, y que proseguimos a las cinco de la tarde. Ni que decir tiene que yo permanecí en Comisaría. Uno de los policías, dirigiéndose a mí, dijo:
—Mire, Eulogio, ahora usted está aquí en calidad de detenido... Nosotros, para nuestra seguridad, tenemos que dejarle en un sitio seguro. Llamaron al cabo de guardia. «Hágase cargo de él.» El cabo, a todo trance, no quería. Así que se quedó esperándolos... Luego prosiguió el interrogatorio. «Diga todo lo que le parezca, que es para liberarle.» De todas formas, yo tenía miedo y procuraba ser discreto, y decir sólo aquello que convenía en el curso de la conversación. Mientras ésta transcurría, aprecié que no se me hostigaba ni se me ofendía; sino que yo decía lo que debía... Cuando finalizó el interrogatorio, el comisario me dijo:
—Usted tiene una hija.
—Dos, mejor dicho.
—Tiene usted un problema de herencia, ¿no es así?
—No, yo no tengo nada. Sólo ha habido una herencia por medio, la de mi padre, que la repartimos los hermanos como Dios manda...
—Pero usted tiene una denuncia, que no se la digo por mi honor profesional...
—Total que me empiezan a preguntar más y más y, sobre todo, preguntas con respecto a la hija pequeña.
—¿Y esa situación por la que atravesaba cuando su mujer se quedó embarazada de la hija pequeña...?
—Comprenderá —le contesté— que cuando se es joven se tiene ilusión, se van a tener hijos; es cosa natural de un matrimonio..., pero en este caso la ilusión podía estar un poco atenuada..., pero qué le vamos a hacer... así lo habrá querido la Naturaleza. Otro,

en mi caso, tal vez hubiera provocado un aborto... pero era un crimen... porque mire usted: desde mi punto de vista yo he considerado que con estas cosas de la política no he hecho mal a nadie..., me están persiguiendo..., he tenido que sufrirla... sin embargo, me he hecho esta cuenta: si me cogen y me castigan tengo la satisfacción, si me condenan a muerte, de morir sin merecerlo... porque no merecía la muerte; y de la otra manera, tendría el remordimiento de haber cometido un infanticidio... de vivir sin merecérmelo. Entonces, tanto para mi esposa como para mí, la elección no fue dudosa... Nosotros adelante.

»Hemos hecho —continué diciéndole— una vida normal, y así seguimos...; lo otro hubiese sido un infanticidio y si llega a descubrirse nos hubieran condenado..., además no iba con nuestra conciencia.

El comisario estaba muy de acuerdo con lo que decía.

—Es usted muy humano —me dijo—; ha procedido muy humanamente... Voy a hablar por teléfono...; esto ha terminado.

Le dijo al juez:

—Este caso está resuelto...; no hay delito..., unas pequeñas faltas...

Pasé allí la noche. Por la mañana tenía que ir a ver al juez.

—¿Es usted creyente? —siguió preguntándome el comisario.

—Pues no.

—Pues nos ha fastidiado usted, porque vistas las declaraciones... y lo humano que es... pensábamos decírselo al juez, pero claro, nosotros en este estado no podemos airear la causa de uno que es ateo.

El caso es que pasé, como digo, toda la noche con los guardianes oyendo hablar cosas que parece mentira que fuesen los servidores del régimen, porque lo ponían de chupa de dómine.

Lo del juez fue un trámite. Al fin salí y recibí muchas muestras de afecto, de gente neutral... Las propias organizaciones las encontré atemorizadas...; no querían hablar conmigo por temor a creer que se solidarizaban.

Después, cuando ya andaba, normalmente, por la calle, venían algunos a desahogarse conmigo. Pensaban que no les delataría, que yo no era ningún traidor.»

(Ambos se han emocionado cuando hablaron del tema de la hija. A pesar del tiempo transcurrido, las relaciones, rotas, siguen siendo las mismas. Eulogio ha visto a los nietos de esta hija en una sola ocasión.) La vida.

«LA VIDA ALLÍ, EN EL HUECO DE UNA BÓVEDA, ERA MUY DURA»

JUAN PEDRO LEÓN: «QUINCE AÑOS SON MUCHOS AÑOS; LOS NOTABA EN EL ESPEJO CUANDO ME AFEITABA... YA TENÍA ARRUGAS Y CANAS»

- «ESTUVE MUY GRAVE DE PULMONÍA. LES DIJE A MI MADRE Y A MI HERMANA, QUE SI ME MORÍA, QUE ME ENTERRARAN EN EL CORRAL JUNTO AL POZO»
- «Y TRAS TODO TIPO DE PRECAUCIONES, ME DESCUBRIÓ UNA MUCHACHA POR EL OJO DE LA CERRADURA DE LA PUERTA»

Juan Pedro León, escondido en el pueblo cacereño de Arroyo de la Luz, ya no está en el mundo de los vivos. Murió a los pocos meses de mi entrevista con él. Era una tarde decembrina del año 75... El cinco de febrero del 76 lo enterraban. Había pasado más de quince años oculto en un refugio especial situado en la troje de casa.

Me conmovió la figura de este hombre recio, seguro de su trágico túnel robándole páginas y páginas al Quijote —había pasajes que los relataba de memoria— y teniendo que limitar sus lecturas a temas intrascendentes por si algún día le cogían «in fraganti».

Hubo momentos muy duros en la vida de Juan Pedro León, sobre todo una vez que estuvo a punto de morir y, por temor, no se atrevió a llamar al médico del pueblo. Él mismo se hizo el tratamiento a base de «sulfamidas» y pudo seguir viviendo milagrosamente.

Por más que el pacto secreto entre su hermana, su madre y él se cumplió para que nadie supiese de su existencia, las ironías del destino le descubrieron de la forma más ingenua.

Hasta Juan Pedro, que vivía en la plaza de Arroyo de la Luz, llegué acompañado por un sacerdote del pueblo que me sirvió de credencial para que me contase algo de su aventura en un tiempo sepultado.

Arroyo de la Luz es un pueblo eminentemente agrícola y en el que el paro siempre ha sido un problema. Las tierras las poseen unos cuantos —pocos— agricultores fuertes.

—Lo malo fue esconderme, porque al venir a Badajoz...
—¿Qué hacía usted allí?
—Pues me fui voluntario a las milicias, y como esta gente al tomar Badajoz nos dejaban a todos —lo mismo a los de un lado que de otro— refugiarnos en Portugal..., pero después que los nacionales tomaron Badajoz nos llevaron a la plaza de toros... Total que algunos de los que quedamos aislados de San Roque a la derecha, pues ya, como cortaron por aquel lado, no teníamos más remedio que volvernos a casa porque en Portugal no podíamos entrar.

De Arroyo nos enrolamos —que no llegamos a hacerlo del todo— en las milicias unos doce y de los pueblos de alrededor muchos. A otros los cogieron antes de salir.

Nosotros salimos del pueblo el 19 de julio y estuvimos en Badajoz hasta el 9 de setiembre que esa gente tomó eso. El once o el doce pude estar yo de vuelta. No tengo ninguna nota..., no lo recuerdo exactamente. Esta gente por lo más mínimo que te cogieran... te la armaban.

De esos vecinos del pueblo que fuimos a Badajoz vinieron dos hermanos. Después regresamos juntos... Ellos no quisieron entrar en el pueblo, y se fueron al frente con los republicanos, a luchar en Ciudad Real. Cuando acabó la guerra, volvieron a Arroyo, se entregaron y los condenaron a un par de años de cárcel.

LA HISTORIA TRÁGICA DE BADAJOZ

Badajoz —cuenta Jackson— *fue tomado el 14 de agosto. La ciudad tenía unos 40.000 habitantes y estaba próxima a la frontera* portuguesa. Su caída fue especialmente significativa para los insurgentes porque les permitió unir sus ejércitos del Norte y del Sur sin tener que utilizar las carreteras portuguesas. Badajoz era también la capital de la provincia en donde estaba ocurriendo la revolución campesina en vísperas de la guerra civil, y en donde la República había comenzado su mayor proyecto de regadíos. La ciudad fue tenazmente defendida por unos 4.000 milicianos equipados con algunos morteros y más municiones para fusiles y ametralladoras que lo que las columnas de África habían encontrado hasta ahora. Los defensores instalaron ametralladoras en las murallas de la ciudad y taponaron con sacos de arena las puertas de acceso. El corresponsal inglés Harold Cardozo vio a los ingenieros insurgentes volar con dinamita una de las puertas, a través de la cual los legionarios se lanzaron al asalto atacando a los defensores por la retaguardia. En la primera oleada perdieron a 127 hombres en 20 segundos de fuego de ametralladora; pero los supervivientes, en un asalto desesperado, tomaron la barricada a punta de bayoneta. Dentro de la ciudad el coronel Yagüe puso en libertad a unos 380 prisioneros derechistas y oyó historias de los fusilamientos de curas y terratenientes.

Algunos corresponsales franceses y portugueses, y el periodista americano Jay Allen, fueron testigos de la toma de la ciudad y de la represión que siguió. Los portugueses fueron indiscretos al hablar de las ejecuciones, quizá porque no se daban cuenta, al igual que los oficiales insurgentes, de la impresión que tales procedimientos iban a causar en la opinión pública fuera de la zona de batalla. Jay Allen quedó horrorizado al ver un modo de hacer la guerra que ningún americano había visto en el siglo XX, y su reportaje sobre los fusilamientos en masa en la plaza de toros electrizaron a la opinión mundial. Sin lugar a dudas exageró al emplear la cifra de 4.000. El coronel Yagüe dijo a un corresponsal portugués que quizás 2.000 era una cifra ligeramente elevada. Nadie puede decir con seguridad si el coronel sabía exactamente cuántos eran los fusilados, o si se contentó con dejar suponer al periodista que él podía haber mandado fusilar todos esos hombres como si tal cosa. Pero no hubo ninguna duda de la ceremonia nocturna, que ocurrió en otras ciudades además de Badajoz, sin que estuvieran presentes corresponsales extranjeros. Y tampoco había duda de que oficiales españoles cruzaban la frontera hasta Elvas, deteniendo refugiados de las milicias, así como civiles, sacando a sus enemigos de las camas de los hospitales, y fusilando a todos los apresados con las ya citadas *magulladuras en el hombro.*

Durante agosto y setiembre las milicias republicanas se fueron retirando rápidamente. De vez en cuando, un gesto heroico de resistencia retrasaba a los conquistadores durante un par de días y les costaba unas cuantas vidas más. En ocasiones, un bombardero «Breguet» pilotado por un aviador republicano o un aviador francés voluntario, hostigaría a los convoyes de camiones y permitiría así al Gobierno de Madrid seguir el rápido progreso de las fuerzas insurgentes. Pero virtualmente no había oficiales de carrera de Estado Mayor, ni alambre espinoso, ni artillería, ni palas y muy pocas municiones. Los oficiales leales eran necesarios para preparar la eventual defensa de Madrid. La falta de pilotos calificados y la escasez de piezas de repuesto y de gasolina hacía que la mayoría de los aviones permanecieran inactivos en el suelo; además, los «Breguets» con quince años de antigüedad, que carecían de armamento en el morro y volaban lentamente, eran un objetivo fácil para los aviones italianos de caza.)

—Lo de Badajoz fue gordo. Yo tuve la suerte de colar y colé, pero a los compañeros los mataron a todos, a unos seis de los que estaban allí conmigo. Así que, con este panorama, no me quedó más remedio que quedarme aquí.

LOS AÑOS DE LA BÓVEDA

—¿Cómo llegó hasta Arroyo?

—Andando con mucha precaución..., venía campo a través; tardé dos días. Otro del pueblo, que me acompañaba, se separó de mí poco antes de llegar al pueblo. Entré con suerte: eran las nueve y media de la noche y aún no estaba la guardia a las entradas del pueblo.

—¿Dónde se metió?

—Yo estaba en un segundo piso, más bien bajo, en el hueco que había entre una bóveda y una planta baja. Esta casa sólo tiene un piso, pero yo donde me metí fue en el hueco que queda entre el tejado y la bóveda.

—¿Cuánto tiempo?

—Quince años. Le faltaron dos días. Yo me guardé el 8 ó el 9 de setiembre de 1936 y salí el 30 de mayo de 1951.

—Decidió esconderse...

—Claro, viendo lo que hacían con todos los que llegaban no tenía

más remedio que esconderme.
—¿Y qué hacía diariamente?
—Allí nada; cualquiera se atrevía... si tenía el cuartel a una cuarta como aquel que dice. Es más, estaba muy iluminada la casa y en la zona más oscura muchas noches se colocaba la pareja... a la puerta. No es que sopecharan sino que era un servicio que hacían alrededor del cuartel.
—Y en estos quince años... ¿ocurrieron muchas cosas?
—Muchas. Y digo muchas, en el sentido de que pudieron haberme echao mano antes...

LA FISCALÍA QUE NO LLEGÓ

—Pero la gente, ¿cree usted que sospechaban...?
—¡Qué va! Si llega a sospecharlo no duro ni un cuarto de hora; las cosas estaban malas y mi hermana compraba artículos para revenderlos después. Luego implantaron la Fiscalía de tasas... allí no fueron vez ninguna..., esa fue mi suerte. Lo mismo iban buscando azúcar y se hubiesen encontrado conmigo.
Cuando llegué para esconderme fui a casa de mi hermana. Mi madre habitaba en esta casa —en la que charlábamos—. Luego, al llegar yo, como ella estaba sola —era viuda— y mi hermana, también... entonces se fueron a aquella casa, al laíto del cuartel.
Solamente sabían que yo estaba escondío mi madre, dos hermanas y el cuñao Manuel, aunque éramos nueve hermanos. Venían los hermanos y las cuñás, las hermanas y los cuñaos... y mi madre ni pío; se echaba a llorar como si yo estuviese muerto, y la oía perfectamente desde la alacena. Ya digo, a mí me daban por perdío... Algunos hermanos creían que estaba en Francia... Pero la pobre de mi madre ni pío, a ninguno. Temía que en la taberna con el vino a alguno se le escapara.
Hablamos en presencia de la hermana. Juan Pedro se siente protagonista de una historia triste. «Tanta angustia y soledad pasé durante aquellos años que mejor es olvidarlo todo.»

«ESTABA MUERTO PARA TODOS»

—Entonces..., la gente le daba por muerto...
—Todo el mundo ¿sabe usted? y nadie me buscaba ya. Precisamente hace poco ha muerto un señor que decía que había visto mi cadáver entre los que se hallaban en Puerta de Palmas, en Bada-

joz. Otro vecino llegó a decir que me había matado él con otros compañeros y que, en las proximidades de Aliseda, me había pasado por encima el camión donde ellos iban.

Hubo un amigo mío, que se marchó conmigo a Badajoz y que gracias a que tenía buenas aldabas..., bien, pues éste me decía: «Todos te dábamos por muerto... Hombre, si te hubieran cogido por aquí nos podíamos haber enterado. Pero han pasao tantos años que ni yo mismo creía que estuvieses vivo...» Éste, ya digo, vino incluso conmigo, de vuelta, hasta cerca de Arroyo, pero nos despistamos...

Y después de estar detenido en el cuartel del pueblo se atrevió una señora a decir: «Que no podía ser yo. Le ha matao mi hijo.» Coño, si le ha matao su hijo que entre a verlo; ahí dentro está. Y entró la mujer y me dio un beso. Era de risa. Yo, qué iba a hacer; no le iba a pegar una patá en la barriga..., y no tuve más remedio que aguantarme... y la besé.

Seguimos dialogando en presencia de la hermana.

—Entonces, en el escondite no hacía nada...
—Absolutamente nada.
—¿Ni zapatos?
—Por supuesto.
—Leía mucho, eso sí. Leía todo lo que me llevaban. Y seguía la guerra a través de los periódicos. *El Extremadura* apenas si traía información..., me acuerdo que lo llamábamos *El Enano*, porque traía dos hojitas pequeñitas. Sólo decía algo de alguna misa en la Montaña. En la fábrica de los «Tatos», donde trabajaba mi cuñao, allí había otros y él me los proporcionaba. Luego leía muchos libros de todas clases... Yo lo que quería era estar entretenido. Leí el Quijote, noveluchas... Otras lecturas no... Si te cogían con un libro un poco... pues hubiera sido suficiente como para fusilarte.

LA TUMBA JUNTO AL POZO

Hacemos una pausa. Juan Pedro, que tiene un profundo acento extremeño, cuenta las cosas con una gran riqueza de gestos.

—Mientras estaba escondío, en el pueblo ocurrían cosas muy gordas; lo sabía porque tenía el cuartel a una cuarta..., yo oía, al principio, y después veía porque tenía una teja y con correrla...

Hablamos de la salud. ¿Cuántas enfermedades?

—Estuve en una ocasión aquejao de pulmonía, pude haberme marchao; pude haber avisao a la familia e incluso haberme entregao, tras llamar al médico. Pero cuando me vino lo de la pulmonía ya existía la sulfamida, y por causa de tomar poca pude haberme marchao, pero en fin, aunque tomé poca me defendí.

Le había dicho a mi madre y a mi hermana que si me moría, durante esta causa, me enterraran en el corral, junto al pozo. Y cuando cambiaran las cosas me trasladasen al panteón de la familia, al lao de mi padre.

NO TENÍA NOCIÓN DE LA VIDA

Su hermana, que sigue la conversación, dice: «El escondite era muy espacioso y muy bajo. Juan Pedro no podía ponerse en pie. Generalmente estaba tumbao encima de una saca. Al escondite se llegaba por una escalera de madera. Luego aparecía un agujero disimulao por una cortina blanca. Por ese agujero le daba las comidas...» «La verdad —señala él— que los dos primeros años los pasé muy mal..., luego me fui acostumbrando. Sin embargo la vida allí era muy dura. El invierno era tremendamente duro, y no digamos el verano. Me asaba. El techo, que era de resilla, parecía un horno. Qué calor no pasaría que llegaba a beberme, diariamente, un cántaro de agua, y no meaba. Tod era sudar y sudar.»

Allí no tenía noción de la vida, y mi pensamiento estaba puesto en la revancha o en la muerte; ese era mi dilema. Todo lo demás me daba igual...

Yo tenía miedo, la verdad. No era pa menos; otros no habían hecho nada y corrieron mala suerte... No sé qué decirle de los indultos. Franco los daba, pero en los pueblos cada uno hacía lo que le daba la gana. Él daba la orden..., pero aquí, ya digo, hacía cada uno lo que le daba la gana... cualquiera era el majo que se atrevía a salir. La misma Falange era poderosa porque la tenían dejá. Si los jefes le hubieran dicho «¡eh!, el que se pase de ahí ya sabe» se hubieras sujetao. ¡Pero so te podías fiar...! ¡Coño! Yo no tenía ni delito de sangre ni de haber cogido tan siquiera un arma.

Y el caso es que tenía agarraderas. Cuando se terminó la guerra, el que se quedó de gobernador militar en Cáceres, le dijo a mi madre —entonces estaba mi hermano Luis desterrao en Casar de Palomero—. «Ése, mañana mismo se viene, y si sabe usted algo del otro —lo decía por mí—, me lo comunica usted a mí; no tiene que andar allí dando cuentas a nadie. Mando una compañía de soldaos a donde esté y el que quiera que se meta con él. Pero ¡coño! como las cosas estaban... que si ahora, que si luego, que a ver si cambia esto..., y así fue pasando el tiempo..., y se hubiese pasado mucho más.»

LOS DUROS MOMENTOS DE UNA VIDA

Hubo momentos de gran angustias para este «escondido». Juan Pedro los explica:

La situación más difícil por la que atravesé ocurrió cuando, en la casa de al lao, se escondieron unos estraperlistas de café. No sé cómo la Guardia Civil se enteró del asunto. Al anochecer hicieron una redada a la casa —ésta es donde yo habitaba los primeros años y que hacía pared con el cuartel—. Los estraperlistas, que se dieron cuenta, echaron a correr hacia el campo. La Guardia Civil salió tras ellos, pero otros, al parecer, estaban escondidos en los corrales de mi casa, tras saltar las tapias. Entonces, los guardias precintaron las casas cercanas al cuartel para registrarlas. A las once de la noche, los vecinos, que estaban fuera, no pudieron entrar en sus casas.

Entretanto, yo permanecí en mi escondite. Tenía pánico. Yo pensaba... «Ahora sí que me cogen..., de esta no salgo.» Seguía muy bien —porque lo oía todo— los acontecimientos.

Un grupo de vecinos —entre los que iba mi hermana— se acercó al cuartel para saber lo que pasaba... La Guardia Civil les dijo que los habían cogido en el campo y que ya podían entrar y salir tranquilamente en sus casas.

En otra ocasión, mi hermana Joaquina tenía tres niños pequeños. Ocurría esto por los años del hambre. En casa estábamos mal; ellos, por los niños, peor. Mi cuñao tenía tres quintales de trigo y, sin embargo, no disponían de dinero ni de pan para los críos. Era muy caro. Ella le decía a él: «¿Por qué no coges los tres quintales de trigo que tenemos, los cargas en el borriquillo y te vas hacia el molino para que te los muelan y podamos hacer pan?» El hombre cogió su borrico y se fue pal molino. Y no acabó, como aquel que dice, de salir, y se encontró con el jefe de los municipales, un tal Pedro, que le dijo: «¿Qué llevas ahí?» «Pues mira, sinceramente, trigo..., tengo a los críos hambrientos y marchaba a moler...» «Lo siento, pero te lo tengo que requisar —dijo el muncipal—.» Mi cuñao volvió a casa, pues sin aliento. Y al poco rato: pum, pum. Que llaman a la puerta..., y sale mi hermana y era el tal Pedro, el municipal. «Vengo a hacer —dijo— un registro, vengo con que hacerlo, ¡eh!, pero di que lo he hecho...» Ellos temblaban..., mira que si ahora este hombre lo encuentra... Total que ellos tenían allí un poquito más de trigo..., ese un poquito más era yo.

Mi hermana, que era lavandera, cuando iba a Cáceres se dedicaba a hacer encargos, que le pedían las vecinas. Ella procuraba traer cosas de comercio, que no había en el pueblo. Salía muchas veces de viaje, bien a Cáceres o a pueblos de alrededor a blanquear...; traía lo que le pedían. Mi madre y yo nos quedábamos solos. Yo, en el escondite; y mi madre, abajo, ya viejecita... Entraba y salía mucha gente, preguntándole a mi madre si mi hermana había traído lo que le encargaban. Parece que no, pero siempre había peligro... Y tanto... Porque para salir no decidí na.

UNA VIDA... POR EL OJO DE UNA CERRADURA

Lo que ocurrió fue que me vio una muchacha, y claro, la chica dio cuenta. Si no llega a descubrirme, aún estoy allí. La muchacha me descubrió de una manera muy sencilla. Yo, del refugio no me moví los cuatro o cinco primeros años, luego me permití alguna «salida». A eso de las nueve de la mañana lo abandonaba y me metía en una alacena. Total, que mi sobrino se había lavado en una palangana. Este sobrino mío vivía en otra casa... Yo bajé, como digo, pero resultó que al jodío muchacho se le había olvidao tirar el agua. Cogí la palangana y arrojé el agua al corral. Pero dio la casualidad de que, en aquel momento, había una muchacha, que llamaba a la puerta, y como no le contestaban, pues a ésta no se le ocurrió otra cosa que mirar por el ojo de la cerradura. Claro, la gente sabía que mi hermana estaba en Cáceres por tres o cuatro días. Ella iba con frecuencia a la capital. Entonces, la muchacha salió corriendo, gritando y dio cuenta: «Que había visto un hombre», y se armó el escándalo padre. Se creían que en la casa había un ladrón... Y entraron, vieron y dijeron: «Pero si aquí no hay nadie...» Yo les oía perfectamente. Fue también una mala oportunidad de que en cinco segundos que tardé en tirar el agua la muchacha mirara por la llavera. Esta chica iba a llevar un recao a mi hermana.

Recuerdo que la muchacha llamó y yo pensé: «Ésta, al no oír nada, se habrá marchao...», pero buena me la armó. Vino la Guardia Civil y estuve en la cárcel del pueblo trece días. Luego me llevaron a Cáceres, poca cosa...; allí estuve del 30 de mayo hasta el 16 de julio. Y no llegaron a juzgarme. Me dijeron que buscara un abogado militar y cuando ya lo tenía, no me hizo falta. Llegó la hora de la petición y el fiscal pidió treinta años. Pero la causa se sobreseyó y me vine pa el pueblo aquel mismo día...

Cuando salí, la gente se quedó asombrá. Claro, nadie se esperaba esto... Durante muchos días no se hablaba en Arroyo y pueblos de alrededor de otra cosa. De mí se hablaban mil cosas raras. Todo el mundo quería venir a verme, y se decía que había aparecido con una melena que me llegaba a la espalda, que si tenía la misma cara que un muerto, que si estaba blanco como la pared..., vamos, yo era un tipo de fantasma.

Recuerdo que al salir, cuando vino la Guardia Civil a detenerme, sentí que no podía andar; no estaba acostumbrado... Las piernas se me abrían; los pies, blandos. Tuve que agarrarme a un guardia para poder caminar. La luz me deslumbraba, no soportaba tanta claridad.

El pueblo no había cambiao; la gente, sí. A muchos ya ni los conocía. Quince años son muchos años; los notaba yo en el espejo cuando me afeitaba..., ya tenía arrugas y canas.

PATRICIO GRAJO SIERRA
DOCE AÑOS OCULTO EN ORELLANA LA VIEJA (BADAJOZ)

- «SOLAMENTE EN DOS OCASIONES, UTILIZÓ UN REFUGIO ESPECIAL QUE ÉL MISMO SE HABÍA HECHO»
- «ÉL SE FUGÓ CUANDO RECONSTRUÍAN "EL ALCÁZAR DE TOLEDO", CRUZÓ A NADO EL GUADIANA, Y SE METIÓ EN CASA»

Orellana es un pueblecito extremeño, cercano a la Siberia extremeña, que sufrió mucho durante la guerra. En este pueblo se fusiló sin piedad. Hubo expediciones de cuarenta personas que murieron en una sola noche.

Orellana es protagonista de una historia patética y humana. Patricio Sierra Grajo consumiría doce años, ¡doce! de su vida, oculto en una casa de la calle de la Iglesia. Patricio murió el 27 de marzo de 1970. Tenía cincuenta y seis años. Protagonista con él de esa vida oscura con su mujer Ana, la Picadora y su hermana Máxima.

Máxima es una mujer de una fortaleza sin límites. Su marido murió en el frente de Talavera, uno de sus hermanos murió fusilado, otro de enfermedad..., y la noche en que los nacionalistas entraban en Orellana, sin luz, velaba el cadáver de un niño de meses. Mujer recia, no se amedranta ante los peligros de una vida llena de tragedias.

Ana es la mujer dulce..., que esperó ¡doce años! para casarse con Patricio. Las dos viven juntas, solas en el mundo, a la sombra del recuerdo de Patricio.

Nosotros vivíamos de la agricultura aquí, en Orellana. En casa, simpatizábamos con las izquierdas. Mi hermano Patricio no estaba afiliado a ningún partido. Él también simpatizaba con las izquierdas, como todos los de la familia. Y cuando llegó el momento de alistarse en las milicias, él no quiso hacerlo. «No me gustan —decía—.» Y se alistó, como voluntario, en la Guardia de Asalto. Y como guardia estuvo en un pueblo que está aquí cerca: Pela. A él le querían mucho, aquí y allá. En Pela, la gente de derecha le llamaba cuando había peligro y le preguntaba: «Patricio: tenemos mucho miedo... ¿Tú crees que esta noche nos pasará algo?» Y él les respondía: «No os preocupéis, porque esta noche estoy yo de guardia, y responderé de que no os ocurra nada.»

Luego estuvo también como guardia en Cabeza del Buey y en Castuera. Y recuerdo que en Castuera, él atendía a cuantos familiares de detenidos se acercaban a verle y siempre tenía un gesto de consuelo para todos.

Él tuvo mala suerte al caer prisionero de los nacionales en las trincheras de Castuera y, detenido, lo llevaron a Mérida, después a Badajoz, más tarde a Huelva y, finalmente, a Toledo, donde estuvo en la cárcel. En Toledo trabajaba, concretamente, para reconstruir «El Alcázar» y la Academia Militar.

Yo iba, con bastante frecuencia, a verle a Toledo. Y, claro, él me preguntaba de manera especial por mi madre. Porque nuestra madre estuvo encarcelada cuatro años. Primeramente la llevaron a Mérida, después a Azpeitia, más tarde a Barcelona y, finalmente, a Gerona. En la cárcel de esta ciudad la pusieron en libertad. A la pobre la llevaron presa, únicamente ¡ya ve! porque era de izquierdas; ése era el único motivo. Mi hermano no creía que a él también le pusieran pronto en libertad como a mi madre. «Esto va para rato —decía.»

NO AGUANTABA LA CÁRCEL

Ya digo, yo iba a verle, con frecuencia, a Toledo, a llevarle algo de comida. Recuerdo que, la última vez que marché a verle, fue el 3 de mayo de 1943. Mi madre acababa de venir de Gerona, de la cárcel. Fui, como digo, a verle. Y todo se volvía en decirme que era muy difícil que a él le dieran la libertad. Tenía muchas ganas de abandonar aquella prisión... Y no aguantaba. A mí me decía: «Tengo muchas ganas de ver a madre...» Y así fue; no aguantó; no creía en indultos... Y un día se tiró de un camión en marcha cuando estaban en las obras, y campo a través, llegó hasta la finca de un tío mío, aquí en la sierra de Orellana. Y, con una persona de muchísima confianza, nos mandó recado de que estaba allí, y que le mandáramos unos zapatos y un poco de comida. Fue mi tío el que le llevó un pan, dos chorizos y unos zapatos. Nosotros no podíamos salir del pueblo con estas cosas, ya que estábamos muy vigilados. Recuerdo que mi madre, cuando se enteró de que estaba en la sierra se echó a llorar. «¡Y cómo salgo yo con lo vigilada que estoy!»

EL GUADIANA A NADO

Y él se decidió a venir; era el 6 de junio de 1943. Cruzó el Guadiana a nado y, a las doce de la noche, saltaba la tapia, bajita, de las cuadras. Y Patricio se acostó en el serón. En casa estábamos mi padre, mi madre y yo, pero no le sentimos llegar. Todos creíamos que estaba en la sierra.

Yo, de madrugada, cogí un morral y me marché a espigar. Él me vio, según me dijo después, pero no quiso decirme nada. Más tarde entró mi padre a por una guarra, que teníamos para echarla a la piara, y le chisteó. Mi padre, al verle, le dijo:

—Pero, hijo, qué haces aquí...

—He venido a ver a madre... Dígale que estoy aquí, ¡pero que no se impresione!

Cuando yo volví de espigar, a eso de las once de la mañana, me dijo mi padre:

—Tu hermano está en el castillo de Montalbán. Y me dice que le llevemos comida.
—Pues no; yo no voy a llevársela... Me van a pescar. Así que Dios le ampare, y que sea lo que Él quiera. Lo que tenía que haber hecho era no venir. Iba a salir pronto.
Yo rompí a llorar. Entonces él me dijo:
—No llores... está aquí.
Fuimos a la cuadra y nos abrazamos. Luego le dije:
—Patricio, ¡pero cómo has hecho esto, si ibas a salir en seguida!
—Eso me decían siempre, pero eso no se cumplía... Todos han salido, excepto yo..., además, sin tener culpa alguna para estar así.
Desde aquel instante, empezamos a hacer una vida normal. Él comía y cenaba con nosotros. Si venía alguien, él se escondía en el doblao y, otras veces, en la cuadra. En esta, él se preparó un refugio: hizo una zanja y preparó unas tablas que, por arriba, tenían barro y estiércol; Patricio se metía en la zanja, corría las tablas, y como todo el suelo estaba cubierto de estiércol, pues no se sospechaba lo más mínimo.

REGISTROS

El primer registro que tuvimos fue a raíz de la fuga de Patricio. Él se encontraba entonces en la finca de mi tío. Nosotros comprendimos, claramente, el porqué de este registro, que obedecía a su fuga, pero nos hicimos de nuevas. Por más que la Guardia Civil quiso saber si mi hermano se encontraba en casa nada pudo averiguar.
Solamente, en dos ocasiones, Patricio utilizó el refugio: Una, después de que llevara mucho tiempo en casa. Recuerdo que yo estaba en el zaguán contando huevos. A través de un ventanuco vi subir, calle arriba, a la Guardia Civil. Me imaginé que venían hacia casa. Entretanto, subí corriendo al doblao. Mi hermano dormía. Le desperté y le dije: «Corre, Patricio; veo que viene la Guardia Civil... ¡Corre, vete al refugio!» Dispersé las mantas para que no hubiera sospecha. En seguida oí unas voces que decían: «Señora: ¿se puede?» Ya bajaba yo las escaleras. «Sí, sí, pasen...» Uno permaneció en la puerta. Vigilaba la fachada; el otro comenzó el registro, habitación por habitación, debajo de las camas, rincón por rincón. Luego subieron al doblao y, posteriormente, fueron a la cuadra. Patricio estaba dentro de su escondite. No infundía la menor sospecha.

Una vez finalizado el registro, nos pidieron que les acompañáramos. Les rogué que me dejaran un momento para recoger las cosas. También tenía que coger ropa. Cerré la puerta y, nuevamente, les pedí que me dejaran acercarme a casa de una tía mía con el fin de dejarle la llave, y para decirle que echara de comer a la guarra. Ellos me acompañaron hasta la puerta. Entré y, en un instante, le comuniqué a la tía que Patricio estaba allí. Que le atendiera.

Claro, mi hermano se encontró solo en la casa. Pero, a pesar de ello, no tuvo ningún problema para subsistir, ya que, en casa, había de todo, hasta agua en el pozo del corral. Comida también había en abundancia: matanza... Mi padre, mi madre y yo quedamos detenidos. Nos montaron en un camión y nos condujeron a Puebla de Alcocer, y después a Cabeza del Buey. Patricio ya llevaba siete años oculto.

Nuestra detención duró cerca de un mes. En la cárcel de Cabeza del Buey nos trataron bien: nos permitían salir por el pueblo a los comercios, a por agua. La causa de nuestra detención obedecía a que quizá de esta forma Patricio pudiera aparecer o se presentara.

Un buen día a mi padre y a mí nos dejaron en libertad; sin embargo, mi madre continuó en prisión... para ver si él se presentaba. Por cierto, que, cuando yo abandonaba la cárcel, un guardián me dijo: «Si logra hablar con su hermano, dígale que este es el momento de que se presente; no va a ocurrirle nada. En cuanto venga, dejaremos que se vaya su madre.»

Al llegar a casa, naturalmente, le contamos a Patricio esto que me acababan de decir. Él estaba animado, aunque tenía miedo. Pasaron unos días, pocos, y llegó mi madre; venía con el pelo cortado al cero. Esto fue suficiente para que Patricio dijera: «Si esto han hecho con mi madre, qué no harán conmigo.» Y él, ante esto, exclamó: «Antes prefiero que me entierren aquí.» Pasaron un par de años más sin que se produjese ningún otro registro. Pero barruntamos que, cualquier día, se volvían a presentar en casa. Porque en la sierra había una patrulla de guerrilleros, de «maquis». La Guardia Civil pensaba que Patricio se hallaba con ellos...

Patricio, como digo, hacía una vida normal. Me ayudaba a amasar y a preparar el pan en el doblao; allí no subía nadie. Cuando los panes estaban preparados, mi madre y yo los bajábamos en las tablas al horno. Pero en casa todo lo hacíamos entre Patricio y yo.

Y llegó, como barruntábamos, el segundo registro. Fue muy peligroso. Nos cogieron casi «in fraganti». Ese día estábamos de matanza. Íbamos a sacrificar el cerdo cuando llegó la Guardia Civil.

A Patricio no le dio tiempo a alcanzar su escondite, entró en la cuadra y tuvo que quedarse tras la puerta, pegado a la pared. Inmediatamente, un guardia entró en la cuadra. Todo ocurrió muy rápidamente. El guardia entró en la cuadra, que estaba muy oscura, y atravesó el patio. Era un día radiante de sol. El guardia, al entrar en la cuadra, no pudo ver a Patricio, porque iba deslumbrado. Esta fue su salvación. Luego, siguieron registrando la casa. Por supuesto que no podían encontrarle. El cerdo quedó vivo; luego los vecinos se lo llevaron a casa de mi tía y, entre todos, hicieron la matanza. Mi padre, mi madre y yo volvíamos a Cabeza del Buey, nuevamente, detenidos. Otros veinticinco días en la cárcel. Patricio permaneció solo. No tenía problemas. Había comida y mi tía iba a verle con que a echarle de comer a los animales, pero el fin era saber si a Patricio le hacía falta algo. Esta tía ya ha muerto.

Al poco tiempo de regresar de Cabeza del Buey, mi padre enfermó y también Patricio. El médico venía a visitar a mi padre y le recetó unas inyecciones. Entonces, yo iba a las dos boticas y en una compraba las medicinas para mi padre y en la otra, las mismas, pero para mi hermano. Al parecer, los síntomas eran muy parecidos. Se trataba de una pulmonía. El médico le inyectaba a mi padre y yo aprendí, a fuerza de verle, a ponerle las inyecciones a Patricio. Mientras mi padre mejoraba, Patricio, sin embargo, iba peor. Él dormía en el doblao, y yo le tenía dicho, que si le ocurría algo o se encontraba peor, que me avisara. Para ello no tenía más que pegar unos golpes en la bóveda y yo le oía inmediatamente. De pronto, una noche sonaron unos golpes. Subí corriendo. Patricio tenía una fiebre muy alta. «Quédate aquí, conmigo —me dijo—, me voy a morir. Estoy muy malo.» Le contesté: «No digas tonterías... Esto se pasará en seguida.» No quise alarmar a mi madre y yo, ante aquella fiebre, opté por acostarme con él para que sudara mucho y le descendiera. Por la mañana había mejorado ligeramente. Bajé y le comuniqué a mi madre lo que había pasado. Ella le preparó un chaleco de mostaza, se lo puso y a las veinticuatro horas le hizo punto. Y empezó a mejorar hasta que se puso bien.

En otra ocasión tuvo un panadizo y se lo curó él solo. Los remedios eran caseros. Yo le traía alcohol, algodón... de la farmacia, pero era él el que se lo achuchaba para quitar el pus. Siete meses tardó en curárselo, y se le pudrió el hueso. Pasó muchos dolores y se quedó muy desmejorado, pero curó.

VELAR AL PADRE

Entretanto, en el pueblo no se sospechaba lo más mínimo. La gente pensaba que Patricio iba y venía; que entraba por las noches... El tiempo iba pasando... Y mi padre cayó enfermo, gravemente, para la muerte. Ante aquella situación decidí que toda la gente se marchara de casa. Estaba a punto de morir mi padre y mandé a la gente a diversos sitios para que me hicieran cosas. Patricio, durante esos días, no bajaba, porque podían verle. Mi padre estaba a punto de morir. Sólo quedaba en casa una prima nuestra, Rosa, que nos ayudaba en esos días y que desconocía la situación de Patricio. Bien, a esta Rosa la mandé para que fuera a llamar a otra prima, Antonina y a la Ana, que nos tenía dicho que ella tenía mucha fuerza por si teníamos que mover a mi padre. De esta forma, eché a esta prima de casa. Entonces cerré la puerta con llave, subí a por Patricio y le dije: «Sal, ven para abajo, que padre se está muriendo, y te tienes que despedir de él.» Bajó, se despidió de él y no volvió a verle más. Llegó el momento del entierro, que él siguió desde el ventanuco del doblao. Desde allí lo vio hasta la puerta de la iglesia. Vio la fila de los hombres, porque a este entierro vinieron todos los amigos de Patricio, ¡todos!, como si hubiese estad el mismo Patricio.

Por cierto, que poco antes de que muriera mi padre, hubo otro registro. Y no hallaron nada. Temimos otra vez por la prisión, pero, afortunadamente, todo quedó en presentarnos una vez a la semana mi padre, mi madre y yo en el cuartel de la Guardia Civil. Las preguntas eran siempre las mismas: «¿Saben algo de él? ¿Ha venido?» Nosotros, naturalmente, contestábamos que no sabíamos nada, que desconocíamos su paradero. Así pasaron semanas y semanas, hasta que un buen día dejamos de ir. Aquello era una pamplina. En la misma calle, los guardias nos decían que no fuésemos al cuartel.

Antes de la guerra —cuenta Ana *la Picadora*, viuda de Patricio— ya manteníamos relaciones. Durante la guerra nos escribimos y, al finalizar la contienda, durante esos cuatro años que él estuvo por las cárceles, seguimos manteniendo nuestras relaciones, pero, en esta ocasión, como hermanos. No es que se hubiera roto el noviazgo, no; lo que ocurría era que no dejaban a los presos sostener correspondencia nada más que con padres y hermanos. De esta forma nos convertimos en hermanos.

EL SECRETO DE UNA CAJA DE CERILLAS

Recuerdo sus últimas cartas desde Toledo, cuando reconstruían el Alcázar. De pronto, un día dejé de recibir más cartas. Pasa un mes, mes y medio ¡y nada! Yo iba a su casa para enterarme si sabían algo de él. Me decían que no. Les añadía que otro tanto me ocurría a mí.

Mi oficio era carnicera. Despachaba en plena plaza, al aire libre, cuando el tiempo era bueno. Habían pasado casi dos meses, cuando una mañana, muy temprano, se presentó a verme el padre de Patricio. Encima del mostrador dejó una caja de cerillas y me dijo: «Muchacha, guárdala y, cuando estés sola, ábrela y lee lo que hay dentro.» No dijo más. Se marchó. La cogí, la metí en el bolso del mandil y allí la tuve toda la mañana. Cuando estuve sola, la abrí y leí un papelito que contenía. Era una gran noticia. Patricio me decía que se encontraba oculto en casa. Su padre ya me comunicaría el momento ideal para verle...

Un día, Máxima, la hermana, salió a bordar fuera de casa, y el padre me avisó que podía ir a verle. Con un pretexto, salí de mi casa y me acerqué a la suya.

Si el ocultamiento de Patricio ya requería por sí mismo, toda clase de precauciones, ahora había que salvar el obstáculo de Máxima, la hermana, que bajo ningún pretexto, quería que a mí me dijeran nada de lo de Patricio tanto la madre como el padre. Ella se oponía tenazmente, hasta tal punto que ella no se enteró de mis visitas hasta poco antes de salir él. Gracias a la ayuda del padre y de la madre de Patricio, pudimos mantener la farsa y yo podía verle con frecuencia. ¡Con qué sigilo no llevaríamos nuestras relaciones que, mi madre se ha ido a la tumba sin saberlo!

De mil artimañas me valía para, casi todas las tardes, salir de mi casa. Unas veces me acompañaba mi hermana, otras, no. En ocasiones, si una vecina, si fulana está enferma. Y todo ello para pasar por delante de la casa de Patricio, y observar si en el ventanuco del doblao había un trapo viejo colgado; señal que valía para saber si Máxima estaba o no en casa; si el trapo estaba colgado no podía entrar en casa, puesto que estaba Máxima; cuando no había trapo podía entrar. De toda esta operación el encargado era Patricio.

Él vivía para que yo fuera... Si por alguna causa no podía hacerlo, al día siguiente ya estaba su padre en el mercado para saber lo que había ocurrido. Toda nuestra relación se limitaba a una rápida charla. Y mientras tanto, yo en el mercado, todo el día en contacto con el público, sorteando preguntas de unos y otros, de unas y otras. «Si te casas... ¿No quieres casarte? Los años pasan.» Y yo respondía: «Ya llegará.»

Pero a pesar de las precauciones, Máxima se enteró, y se enfadó mucho con sus padres, porque pensaba que, cuanta menos gente lo supiera, mucho mejor para todos.

(Ana fue un gran alivio para Patricio, durante las dos ocasiones, en que condujeron detenidos a los padres y a la hermana. Pasaba por momentos de desesperación... «Si en diez días no los ponen en libertad —decía—, yo salgo.» Pero yo lo retenía. «Espérate. No salgas, que eso es lo que están buscando. Los pondrán pronto en libertad.» Y así pasaban los días hasta que volvían.

En este tiempo de ausencia de la familia, Ana aprovechaba para verle las ocasiones en que la tía estuviese dentro de la casa echándole a los animales, bajo mil disculpas.)

Ahora Máxima cuenta:

«Recuerdo a Patricio siempre con algún niño de la familia. Cuando la criatura cumplía los tres años, lo destetaba. Siempre quería que tuviésemos aquí un niño. Con ellos se entretenía mucho, jugaba, los cuidaba. Sus doce años los compartieron cuatro niños: Luisa, Francisco Grajo Coronado, Rufi y Elisa. Todos hasta los tres años. Cuando comenzaban a hablar resultaban peligrosos. Ya no dejábamos que pasaran a verle. Nunca pronunciábamos su nombre. Para esto le conocíamos por nombres diferentes: el tío Facundo...

Y llegó la hora de salir. Empezamos a indagar la manera de hacerlo. Teníamos una prima casada con un sargento de la Guardia Civil. Un día que estaban aquí, en casa, le dijeron a mi madre: «Tía, ¿por qué si viene por aquí Patricio no le decís que se presente si él no ha hecho nada malo y en el cuartel tiene un informe de buena conducta?»

Recuerdo que le contesté: «Bueno, si algún día viene, yo se lo diré, aunque no sé si vendrá o no.»

Ya a solas lo comentamos con mi hermano, que estaba decidido a salir. Logramos que otro día viniera mi prima sola; salió Patricio, que le dijo: «No es que haya venido, es que estoy siempre aquí.» Ella fue a su casa y trajo a su marido. Luego habló con mi hermano. Al día siguiente, el marido de mi prima se lo comunicó al capitán de la Guardia Civil de esta manera: «Conozco a un muchacho que no le importaría presentarse ya que ha estado en estas circunstancias...» El capitán le contestó: «Dígale que no le va a pasar nada.» El sargento y el capitán acordaron concretar una cita en casa de un sargento jubilado, llamado Sixto, que vivía en Orellana. Cita a la que acudirían de paisano y en la que me encontraría yo. Allí nos reunimos. Charlamos, previamente, hasta llegar al tema. El capitán dijo: «Cuando tú me digas, iré a tu casa a por tu hermano.» Yo le repliqué: «Quiero insistirle en que mi hermano siempre ha estado en casa, pero no creo conveniente el que usted vaya, y le saque de casa, con lo que el pueblo sufrirá una conmoción. Usted se lo lleva tranquilamente. Es mejor que le vaya a esperar, a la salida del pueblo, junto al depósito del agua.»

Mi hermano, al amanecer, salió de casa, acompañado de Sixto. Caminaron hasta el depósito del agua. No había un alma por las calles del pueblo. Allí estaba el capitán esperándole, con un coche. Luego marcharon a Villanueva de la Serena. Ya en Villanueva le llevó al casino, después entraron en una barbería para que le arreglaran el pelo, aunque él, bien es verdad, siempre en casa estuvo muy bien arreglado. Posteriormente, le acompañó a casa de un sargento, donde pasó la noche. Al día siguiente, emprendieron viaje a Badajoz. Allí Patricio entró en la cárcel. Le trataron muy bien. Pasó el tiempo...

Entretanto en el pueblo había una gran curiosidad en torno a él. Ya lo sabía todo Orellana. Y mucha gente se interesaba por él. Un día estaba yo vendiendo leche en un bar del pueblo, y me dijo un señor, que estaba allí: «Oye, muchacha, ¿y tu hermano?, ¿cuándo viene?» Le contesté: «Pasará lo que la otra vez: decían que saldría en seguida...» «No, verás, se darán los pasos que se deban —señaló— y tu hermano volverá. He oído que ha estado doce años escondido en vuestra casa y que siempre ha sido un buen hombre. ¿Cómo se llama?» Patricio Sierra Grajo. «Hoy es Miércoles Santo. El lunes iré a Badajoz y hablaré con él. Allí me enteraré si ha estado escondido o ha andado por la sierra con el "maquis". Consultaré los archivos.»

Yo desconocía quién era este señor. Y se trataba de un comandante de la Guardia Civil. En efecto, fue a verle —yo le acompañé—, y él y Patricio estuvieron charlando un buen rato. Patricio le contó, de pé a pá, todo lo que había hecho desde que abandonó la cárcel en Toledo. Le prometió que le echaría una mano. Habló con abogados. Se hizo el expediente. Comprobó que Patricio no había estado con la guerrilla.

Pero un buen día le dicen a Patricio que tiene siete años pendientes de prisión, por la fuga de la cárcel. Querían trasladarle a Guadalajara donde los cumpliría. Pero él me dijo: «He dicho que me encuentro muy mal; que esperen.» Y así fue. Entretanto, este señor, que se había marchado a Madrid para arreglar todo lo de Patricio, regresó con los papeles arreglados; y, claro, le dieron el alta. Tras once meses, abandonaba la prisión.

Yo me enteré aquí, en Orellana. Me lo comunicó la madrina de Patricio que vivía en Badajoz. Inmediatamente me fui para allá. Y regresamos los tres. El recibimiento fue apoteósico. La gente estaba apiñada en la calle Real. Al bajarnos de la viajera, muchos corrieron a darle la enhorabuena. Nos costó trabajo y tiempo llegar hasta casa. Saludos por aquí; enhorabuenas por acá. Mientras avanzábamos, la madrina arrojaba caramelos y perras a los chavales; era como un nuevo bautizo..., como el bautizo de la libertad. Al fin, a duras penas, llegamos a casa. Allí no se cabía. Todo esto ocurría tres días antes de San José del año 1955. Él tenía cuarenta y un años.

Y así, con su llegada, la casa fue una procesión durante tres meses. Gente que venía a darnos la enhorabuena. Gente que se alegraba de la llegada de Patricio. «¡Ha aparecido Patricio, ha aparecido Patricio!»

(Al año, Patricio y Ana *la Picaora* se casaron.)

EL TIEMPO DE GUERRA Y ALGO MÁS LO PASÉ OCULTO

QUINTÍN: «HE SIDO VÍCTIMA DE UNAS PASIONES DE PUEBLO»

- «DURANTE CUATRO DÍAS PERMANECÍ, SIN COMER NI BEBER, EN UNA COCHINERA»
- «EL MIEDO A SER ASESINADO ME OBLIGÓ A ESCONDERME»

Quintín es un hombre popular en Zarza de Granadilla (Cáceres). Su aspecto es de un hombre fornido que se ha dedicado a la albañilería. Quintín vivió durante algún tiempo en Argentina. Luego sentó sus reales en este pueblo extremeño, que se asienta a la vera de la calzada de la Plata, y a no muy lejana distancia de Las Hurdes.

Quintín, acompañado de su mujer, me cuenta su historia en una casa sencilla y cómoda del pueblo. Se le entiende, a veces, muy mal, y desconozco la causa.

A los dieciocho años, yo era guardaespaldas de don Faustino Monforte. Era éste un hombre muy rico y tenía propiedades en Zarza de Granadilla, en Ahigal —donde su padre había sido médico— en Palomero... Le acompañaba en ciertas ocasiones y llevaba conmigo una pistola. La verdad es que podía hacer uso de una escopeta..., pero con la pistola me valía. Había entonces su violencia... lucha de derechas e izquierdas; y recuerdo que, en una ocasión, se presentaron en su casa. Se trataba de un grupo de personas que iban a pedirle aceite. La mujer de don Faustino, doña Rosario, salió a recibirlo, entretanto yo seguía la escena desde una habitación, cercana a la puerta. La mujer les preguntó: «¿Qué queréis?» Y ellos respondieron: «Venimos a que nos dé el aceite.» Insistieron, y ella agregó: «Le podéis matar, pero no os lo dará si no es para el pueblo, para que lo repartáis entre los que lo necesitan.»
Yo seguía observando la escena... Don Faustino salió y les dijo: «Pasad y cogedlo; mi casa está abierta a quien necesite algo.» Y no pasó lo más mínimo. Yo seguí trabajando a sus órdenes, me daba jornales y, en fin, era muy de agradecer en una época en la que reinaba el hambre y había mucho paro...
Pero decidí, una vez casado, marcharme a la Argentina, a probar suerte. Y en Buenos Aires me coloqué en una gran mansión donde estaba al frente del personal de servicio. De esta manera, pude llevar a mi mujer de cocinera, y así trabajamos juntos, desde el año veinticinco hasta que se proclamó la República, es decir hasta 1931. En Argentina tuve la ocasión de tratar a falangistas... También tuve la oportunidad de conocer su doctrina.

LA CAPEA

Bien, yo me vine a España, como he dicho, recién proclamada la República. Y recuerdo el ambiente político que reinaba en Zarza de Granadilla. Aquí, en este pueblo, hubo sus cosas, sobre todo un suceso que nos conmovió a todos. El asunto fue con motivo de una capea. Las capeas, creo recordar, que por aquella época estaban prohibidas. Al menos, la que se celebraba aquí no tenía autorización. Esto ocurrió el verano de 1935. Un rico de Zarza, Carlos Rodríguez, se empeñó en que tenía que celebrarse la capea. Y el alcalde, un tal Mariano Periné, le apoyó. El ambiente era grande en el pueblo. Había entonces muchos segadores..., muchos que estaban realizando estas tareas y que eran hurdanos. Ya estaban las vacas en los corrales y los carros en la plaza. No había autorización. Entonces, las fuerzas del orden se opusieron a que comenzara el espectáculo.

Yo estaba tomando café. Y en esto oigo pin-pan, pin-pan. Y el asunto era muy feo. ¡Y tanto! Los ánimos estaban muy alterados. Los disparos hacían correr la primera sangre. En la plaza estaban el teniente, con varios números, el alcalde y un tal Mariano, junto con otros hombres. Este Mariano se encaró con el Teniente, a lo que éste respondió con una bofetada. La violencia creció de manera alarmante en la multitud. Entonces, el alcalde se puso a favor de las fuerzas del orden, y ante el cariz que tomaban los acontecimientos, el alcalde sacó su pistola y disparó hacia el suelo con ánimo de amedrentar a la gente. Un hombre, llamado Pedro, resultó herido en la pierna.

Entretanto, Mariano le respondió al teniente con otra bofetada. Ante esta actitud, el teniente ordenó a sus subordinados: «¡Disparad, que este me mata!» Se cumplió su orden y el tiro que mataba a Mariano mataba también al teniente. La tensión fue tremenda. Los agentes se vieron desbordados y estos dispararon contra la gente, que se alejaba del lugar huyendo, despavorida. Mientras tanto, en la iglesia cierto número de gente seguía el rezo del rosario, ajeno a los acontecimientos que se desarrollaban fuera. Al salir, se encontraron con la sorpresa de los disparos. Desgraciadamente, estos alcanzarían a dos mujeres que acababan de pisar la calle: una murió, la mujer de don Ventura, uno de los hombres ricos de este pueblo, y otra resultaba alcanzada por un disparo en un brazo... El número de muertos fue de unos cinco.

CUESTIÓN DE OBRAS

Y llegó el Movimiento. Nunca he sido político..., la política, pienso yo que es para que los políticos se sitúen. Pocos días antes del 18 de julio de 1936, recuerdo que el ayuntamiento de Zarza tenía un dinero para arreglar algunas calles del pueblo. Y me ofrecí al alcalde para hacer las obras... Desde que vine de la Argentina me había dedicado en el pueblo a hacer chapuzas de albañilería. Porque está mal decirlo, pero he sido hombre mañoso. Y empezaron las obras. Yo estaba al frente de varios hombres. Y empecé las obras por la calle que yo, particularmente, creía más oportuna. Apenas iniciadas, se presentó un subordinado de Carlos Rodríguez que, en tono amenazante, me dijo: «Deja inmediatamente los arreglos de esta calle, y comienza por aquella otra... Si no lo haces así, mañana te parto la cabeza.»

Aquello para mí resultaba muy absurdo... Si había iniciado las obras por esa calle... pues no tenía ninguna importancia. Y entonces pensé que la actitud del subordinado de Carlos Rodríguez se debía, al parecer, al enfrentamiento entre los ricos del pueblo, y como resulta que yo, hacía muchos años que había sido guardaespaldas de uno, fue entonces cuando pasaba a ser una especie de víctima de las diferencias entre estos ricos. Se trataba ya de un asunto político... Y me hacían meterme en la política.

Para colmo estallaba el Movimiento... Bien, al día siguiente, el mismo que me amenazó se presenta a por mí, en plena obra. Ya el ambiente en el pueblo era muy tenso. Al llegar este hombre, yo eché a correr, me encaminé hacia la zona baja del pueblo, salté unas tapias y me fui al campo. Claro, abandoné las obras. Y el alcalde preguntándose dónde me encontraría. Y salió a buscarme con un grupo de hombres. Circunstancialmente me hallaron en unas viñas. Y, rodeado de él y varios guardias, llegué al pueblo. Ahora resultó que las puertas del ayuntamiento habían permanecido abiertas, y alguien se apoderó de seis mil reales. Esto vino a pelo para ellos; de esta forma encontraban un culpable y justificaban la paliza soberana que me propinaron.

EN EL MONTE

Una vez que me dejaron, y ante el cariz que tomaba el asunto, decidí ir a mi casa, donde le comuniqué a mi mujer lo que había sucedido..., y le manifesté el deseo que tenía de marcharme del pueblo. Y cuando ya emprendía camino hacia el campo me encontré a un amigo, del pueblo, que además éramos de la misma quinta..., y marchamos a un monte, lejos de Zarza, que llamamos los «Cotos». Allí lo pasamos muy mal. Gracias a que un pastor nos dio un pan, pero aun con eso, lo pasamos, ya digo, muy mal. Allí permanecimos unos diez días..., y en vista de lo mal que nos hallábamos, regresamos al pueblo. Nos prometimos mi amigo y yo que cada uno correría su suerte, claro, pero nunca ¡nunca! uno diría nada del otro. La suya fue aciaga... A los pocos días, cuando yo ya estaba oculto, me dijo mi mujer que lo habían matado. Al parecer, alguien lo vio, lo delató y los falangistas se encargaron de darle muerte.

Al anochecer llegué a mi casa, situada a la entrada del pueblo. Y en ella me instalé, en un principio, en una habitación interior; mientras, mi mujer se hizo con unos materiales de construcción que le ordené me comprara. Y como yo era albañil no encontré dificultades para construirme un refugio en un corral pequeño. En él hice una especie de cueva, que comunicaba con la casa de al lado, propiedad de mis padres, y que tenía una casilla. Coloqué unos ladrillos para que sirvieran de apoyo a la bóveda que levanté...

Normalmente, yo estaba en casa, pero, al menor indicio de que alguien preguntara por mí, entonces, como una anguila, me deslizaba al agujero. Y si la cosa se ponía muy difícil, tenía la posibilidad de comunicarme con la casilla de mis padres y, desde ella, emprender huida hacia el campo. Afortunadamente, esto nunca ocurrió, a pesar de que tuve varios registros. De todas maneras, de cuando en cuando, solían preguntar por mí.

LA MUJER A LA CÁRCEL

Entretanto, hubo un contratiempo: mi mujer quedaba detenida por culpa mía —porque ignoraba mi paradero cuando se lo preguntaban— y era trasladada a la cárcel de Plasencia, donde permaneció seis meses. Durante su ausencia, mis hijas se encargaban de cuidarme...; eran muy niñas; tenían menos de diez años, pero llevaban muy en sigilo todo lo mío. La niña mayor se encargaba de traerme la comida. Y como el lugar era muy frío, la pobrecilla se cogió un fuerte reúma.

Al cabo de los seis meses, con el regreso de mi mujer, la situación se normalizó en casa. La verdad es que aquello para mí era muy penoso... Yo combatía el aburrimiento como podía. Un día descubrí que, haciendo una cortina para la puerta de entrada de la casa, la cosa no me salió nada mal. La cortina gustó a unas vecinas, hasta el punto que le encargaron una a mi mujer como si ella hubiese sido la autora... Y me pasé el resto del tiempo haciendo cortinas. Mi mujer y mi hija iban a por el material, una especie de junco duro, que nace en zonas pantanosas, no muy lejos del pueblo.

Ellas pelaban los juncos y yo, a través del tuétano —llamémosle así— mediante unos alambres los iba engarzando. Y cuando cogí soltura, me permitía hacer filigranas geométricas, aprovechando las diversas tonalidades del material. Y de las cortinas vivíamos. Cundió por el pueblo mis buenas de hacerlas —se entiende que las de la mujer— y no parábamos. Con estos ingresos y un puestecillo que la mujer situaba los días de fiesta en el baile del pueblo comíamos.

De mi estancia en el escondite tenían noticias, aparte de mis familiares, don Faustino Monforte que cierto día vino a interesarse por mí, a saber noticias mías; ya le confesamos la verdad; era de toda confianza. Él mismo me dijo que no saliese. Por cierto que, en una ocasión, estaban reunidos varios amigos míos con él, y a uno de ellos se le ocurrió decir: «Na, si el Quintín está en casa...» «Si ése —señaló otro— es un comunista...» Estaba borracho. El mismo don Faustino le dijo, con afán de protegerme: «¿Y quién te ha dicho a ti que está en su casa...?»

EN UNA COCHINERA

Y así, escondido, permanecí tres años y medio. La guerra la seguía paso a paso, a través de mi padre que me comunicaba las noticias, después que oía los respectivos partes. Pero era todo mentira..., y así me las hacía interpretar mi propio padre, que me hacía entender que tal ciudad que la daban por tomada..., pues no lo estaba. Aquí tocaban las campanas cuando los nacionales tomaban cualquier posición. Posición en la que, según algunos, me encontraba yo. Es decir, que al cabo de año y medio o algo así vino del frente uno del pueblo, y lo que pasa, al hombre lo asediaban a preguntas..., y en la charla, naturalmente, salió mi nombre a relucir; entonces este individuo dijo habérme visto. A mí esta aparición me venía de perlas, porque de esa forma los ánimos respecto a mí —registros, indagaciones— decrecieron... con lo que yo viví más tranquilo, como es de suponer.

De todas formas, cuando más información tuve fue nada más

comenzar la guerra. Yo me vine de los «Cotos», campo a través. Solamente me vio —bueno me intuyó— un ciego. Y, durante cuatro días, permanecí, sin probar bocado ni beber, en una cochinera. ¡El miedo que pasaba cuando entraba la dueña! Llamaba a los cerdos y yo allí, temblando, por si me descubría. Bien, de aquí pasé a mi casa. Pero, a lo que iba...: justamente detrás de ese corral donde me hallaba, hacía el relevo la guardia, mozos falangistas. Y allí ellos hablaban de cómo iba la guerra, los frentes...

LA DETENCIÓN

La guerra había terminado. Yo estaba harto de mi escondite. La gente llegaba de los frentes. Y un buen día salí. La gente quedó sorprendidísima. Rápidamente busqué trabajo e inicié unas obras. Las autoridades locales me abrieron expediente y comunicaron que, en Zarza de Granadilla, un hombre había permanecido escondido. Y así, al poco tiempo, vino una orden por la cual yo quedaba detenido. Unos soldados armados me llevaron a Trujillo, donde fui juzgado, en Consejo de Guerra. Yo, que no había hecho nada..., me veía ante un tribunal dispuesto a juzgarme. Llegué ante él llorando.

—Pajarito, pasa, pasa, a ver qué canción nos cuentas..., dijo alguien por allí.

Me preguntaron si iba a ser sincero en mis respuestas.

—Estoy dispuesto a decir toda la verdad —señalé.

Y añadí:

—Pueden creerme: yo no he hecho nada... Solamente he sido víctima de unas pasiones de pueblo. El miedo a ser asesinado me obligó a ocultarme.

Se me juzgó y retorné al pueblo. Poca culpa tenía cuando me dejaron regresar. Lo peor fue aquí, en el pueblo, cuando llegué. Un día cogieron a un hombre que venía con su borriquillo. Y nos detuvieron a los dos. Allí en el cuartel nos bajaron a una habitación y nos enseñaron unos vergajos, a la par que nos decían: «Vamos a ver si no tenemos que usarlos.» Los dos estábamos muy amedrentados. Después, a mí me mandaron a un calabozo donde pasé la noche. Al día siguiente, por la mañana, un guardia vino a buscarme. El teniente quería hablar conmigo. Llegué hasta él, quien me preguntó:

—Cuéntame todo lo que ha pasado.

Así lo hice, y al final, el teniente lloraba.

Pero otro día venía yo de comprar unos cochinos. La pareja detenía a cuantos individuos veían sospechosos. Y yo estaba entre ellos. Me invitaron a que fuese a ver al teniente. Y yo tan contento, porque este hombre fue justo conmigo. Me dio una tarjeta aquel día que lloró y me dijo: «Si tiene algún problema, sáquela.» Y yo, ya digo, tan contento porque iba a ver a este hombre. Al llegar al cuartel, no me recibieron igual que él sus subordinados. Charlamos un rato y les dijo a sus agentes que siempre que me vieran no me molestaran. Y cuando ya abandonaba el cuartel, y me marchaba con mis cerdos..., me dice un guardia: «¿Quieres un cochino a mitad de precio?» A lo que contesté: «Yo así no compro.» Mientras él añadía: «Pues tú te lo pierdes.»

VARIOS AÑOS OCULTO Y HUIDO

«SU ÚNICO DELITO HABÍA SIDO SER TENIENTE CORONEL EN EL EJÉRCITO REPUBLICANO»

- «EN UN REGISTRO, LO METÍ ENTRE EL COLCHÓN Y EL SOMIER, Y SE SALVÓ MILAGROSAMENTE»
- «SALVÓ LA VIDA, GRACIAS AL SALVOCONDUCTO DE MI PADRE, MUERTO»

Juan Cerezo llegó a ser teniente coronel en el Ejército republicano. Juan Cerezo es un hombre que, por lo que me han contado, ha sido muy valiente. Cerezo vive tranquilamente en el pueblecito cacereño de Campo Lugar.

Perseguido, oculto, Juan Cerezo salvó en múltiples ocasiones su vida, gracias a la ayuda de Josefa Sánchez. Es ella precisamente la que cuenta parte de la vida de escondido y oculto, períodos por los que atravesó Juan Cerezo. Con él he conversado ampliamente y, a pesar de la amistad que nos une, Juan ha intentado sin embargo contarme ciertos hechos que para mí parecían desvirtuados... Por eso, al final, me he inclinado por el relato de Josefa, «La mandá» como se la conoce en Aldeanueva del Camino (Cáceres).

La guerra había terminado, y Juan Cerezo, que había sido teniente coronel del Ejército republicano, estaba muy perseguido. Yo recuerdo haber visto su nombre en los periódicos, como se le buscaba.

Él lo había entregado todo a raíz de terminar la guerra: El coche que tenía y con el que recorría los frentes. Y, repito, era muy perseguido; se le buscaba intensamente. Yo tenía que salvarle como fuera. Y pensé en mil maneras hasta que me decidí por la que yo creía la más oportuna.

Estaba mi padre muy grave en el pueblo, en Aldeanueva del Camino. Y pensé que, con su salvoconducto, Juan podía salvarse. Y me fui al pueblo y cogí el documento de mi padre; al pobrecillo ya no le hacía falta. Estaba muy grave y sus posibilidades de vivir eran escasas. Yo comprendí que aquel documento a él no le hacía falta, mientras que para Juan podía significar la vida. Y fui a por el salvoconducto, lo traje y aquí, en Madrid, unos amigos borraron la edad y pusieron los años de Juan Cerezo. Era la única manera de salvarle; se le seguía buscando. Y ya con la nueva documentación, por las noches, repetía constantemente el nombre de mi padre, Pedro Sánchez González para que, en el momento que le preguntaran, no dudara. Estaba de noche, y a veces de día, diciendo...: «Me llamo Pedro Sánchez González.»

DE TOLEDO A ALDEANUEVA

Recuerdo que vivíamos en la Colonia Iturbe, en la Fuente del Berro, y nos fuimos andando hasta Getafe. Y cada dos segundos un policía que te pedía la documentación. Y allí, en Getafe, él montó en un camión y se presentó en Toledo donde había sido administrador de los consumos. Fue con la intención de ver qué posibilidades tenían de camuflarle. Pero volvió rápidamente. Y entonces pensamos que lo mejor era marcharnos a Aldeanueva del Camino, provincia de Cáceres, y nos fuimos en el tren. Cada dos por tres nos pedían la documentación; él no hablaba por que se ponía nervioso. Era yo la que hablaba. Y cuando la pedían: «Tenga la documentación de mi marido: ¿Cómo se llama?» «Pedro Sánchez González.»

Llegamos a Hervás, y a la media noche, nos dirigimos, andando, hacia el pueblo. Yo procuré meterle en casa, en las afueras, junto a la carretera.

Allí estuvo mucho tiempo metido. Y se trastornó un poco. Le daba como un ramo de locura, como a eso de las diez, todas las noches. Pasamos mucho con él. Lo tenía escondido en la buhardilla. Allí estuvo por espacio de dos años. Luego fueron a buscarle unos diecisiete para matarle. Eran falangistas que les había dado el tufo... porque nosotros estábamos muy perseguidos todos. Nos habíamos significado con las izquierdas. Aquí, en Aldeanueva, estos años fueron muy duros. Hubo hombres que tuvieron que refugiarse en los montes, y otros como Cesáreo Blanco en un baúl, en la bodega. Cesáreo se pasó los tres años metido en el baúl, y para que el hombre pudiera respirar, le habían hecho unos agujeros en el mueble. Y le ponían leña encima. Y él se quedaba todo el día metido allí, porque en cualquier momento se producía un registro. Su madre, su mujer y su hermana, que vivían con él, tenían que ganarse la vida, todo el día, en el campo.

Y cuando se presentaron a buscar a Juan toda esta gente, él me dijo: «Tú abre la puerta y apaga la luz que yo los voy recibiendo.» Y todos echaron a correr.

METIDO EN EL COLCHÓN

Como estábamos muy perseguidos, procuré alquilar una casa dentro del pueblo. Lo llevamos allí. Aprovechamos la noche para hacerlo. Él, como era bajito, lo metimos en medio de la familia. Pero un día lo vio una vecina por una ventana y se chivó a la Guardia Civil. Los agentes vinieron por la noche. Yo le dije a mi madre, cuando llamaron: «Madre, por Dios hay que salvarle. Le voy a meter entre el colchón y el somier, y tú pones las piernas un poquito en alto —ella estaba enferma y paralítica— y te pongo tres almohadas para que disimule.» Así el hueco que hacía él casi no se notaba. Entonces, mi madre se quejaba cuando la Guardia Civil miraba un poco por la cama. Y con tanta fortuna, un milagro, no le vieron.

Poco antes de que muriera mi padre, él se marchó al monte, porque entraba y salía mucha gente de la casa..., y para evitar complicaciones. Y ya murió mi padre el 17 de agosto de 1942. Y desde el monte él vio el entierro. Y después que pasó todo, a la media noche, volvió a casa. Quizá pasaron meses..., un día una mala vecina, muy de derechas, le vio, y le denunció. Vino la Guardia Civil y yo no sabía qué hacer. Y les dije a los agentes que no les abría mientras no fueran a por mi hermana. Cuando llegó ella, yo abrí. En ese tiempo que había transcurrido, pasé muchas fatigas. Yo le quería entrar a él por la chimenea; yo venga a empujarle para arriba. Y él no cogía. Luego me alegré que no saliera por el tejado; las cuatro esquinas estaban vigiladas por los agentes. No tuvimos más remedio que entregarle a la Guardia Civil. Al verle tan negro le preguntaron: «Pero, hombre, ¿cómo usted tan tiznao?» «Pues mire que he bebido unas copillas y ya me ve cómo estoy.» Se lo llevaron y me quedaron sin nueve fanegas de trigo.

Me quedé sin nada. Y tuvimos que empezar a vivir nuevamente.

A él le llevaron a Hervás ante el Juez de Primera Instancia. Y lo que es la vida, se conocían mucho: «Pero hombre, Cerezo, ¿cómo tú por aquí?» Y le contestó: «Pues nada, que me he casado con una de Aldeanueva y no me dejan vivir.» El juez le dio una carta en la que decía que, bajo su responsabilidad, nadie se metiera con él...

EN PORTUGAL

Luego, él se marchó a la estación Plasencia-Empalme. Allí teníamos unas amistades, los Zorita. Y allí él seguía escondido. El día lo pasábamos en una dehesa, en el campo. Por la noche, muy entrada ésta, se metía a dormir en la casa. Yo iba a verle, de cuando en cuando, y seguía con la documentación de mi padre. En la estación permaneció varios meses.

Él seguía siendo muy buscado. Pensamos en Portugal. Recuerdo que en la estación se lo recomendé a un sacerdote: «Mire usted, se trata de mi hermano, que anda un poco retrasado, y me gustaría que lo vigilara.» Y en Portugal estuvo en un pueblo del que era médico un amigo suyo. Allí permaneció un mes. Tuvo que abandonar Portugal rápidamente. Se dictó entonces una ley que decía que todo español que se hubiera pasado huyendo a ese país, fusilarían a él y a la familia que le acogía. De allí salió precipitadamente. Pasó la frontera y, camuflado en un mercancías, llegó hasta Aldeanueva; era de noche. Me explicó lo que había ocurrido. Y pensamos marcharnos a Benavente en la provincia de Zamora. Allí pasaría varios meses, en un hotel, siempre huido. Se le seguía persiguiendo.

Elegimos Benavente porque yo me dedicaba al estraperlo de tabaco; era de lo que vivíamos. Yo lo metía en un colchón y lo facturaba a mi nombre con destino a Benavente. Luego, yo misma lo recogía allí. Y lo vendía como Dios me daba a entender.

Así pasamos muchas fatigas; el tabaco dejaba dinero... él pasó también mucho tiempo huido en el tren, adonde yo le sacaba el género, que él recogía y llevaba hacia Castilla. Allí, en el tren, él fingía el andaluz para disimular. Recuerdo que un día le saqué de Aldeanueva del Camino el tabaco facturado en un saco de pimentón. Hubo un chivatazo. La Guardia Civil intentaba cogerme. Yo portaba el saco que él recogería al paso del tren por Aldeanueva. Sospeché algo, y al detenerse el tren, subí rápidamente, y le dije: «¡Juan, Juan, no te dejo el saco porque vienen a atraparnos!» Y rápidamente, me bajé por la otra puerta. Los guardias creyeron que no me había bajado y me fueron buscando hasta Hervás. Él, naturalmente, iba sin nada en el pasillo y un guardia se puso a su lado. Juan Cerezo le preguntó: «¿Qué buscan ustedes?» «Estamos deseando coger —contestaron— a una pájara que no somos capaces de agarrar...» «Hombre pues qué es lo que les pasa a ustedes con ella.» «Pues nada, que el marido anda para abajo y para arriba, que ella le saca el género, y que ni cogemos a uno ni a otro.»

Los guardias se apearon en Hervás sin haberme encontrado.

Y siempre huyendo en los trenes, mientras yo me ganaba la vida con el tabaco, el azúcar y todo lo que fuera. Un día él me estaba esperando en Béjar. Yo iba hacia Zamora, a por un viaje de azúcar. Le dije: «Juan, al subir al tren me he notado algo.» «Capaz serás que no darás a luz hoy.» «¡Ay, no me digas eso!»

Cuando llegué a Zamora hice la compra, vendí todo lo que llevaba y me fui al Hospital de la ciudad a dar a luz. En Béjar, él esperaba mi regreso y, al no verme, dijo: «Qué le habrá pasado.» A media noche, en un mercancías, bajó a Aldeanueva, a casa de mi madre: «Abuela, qué le habrá pasado a Pepa, que no venía en el tren.» Y ella respondió: «Ha habido un telegrama que decía que ha dado a luz un niño.» Él, en un mercancías, marchó a verme a Zamora.

Tuvimos varios hijos. La vida fue muy dura con nosotros. Luego, él se ocultó en Plasencia. Y allí le sorprendí con una mujer. Entonces le denuncié. Yo sabía que él estaba casado con una mujer de Campo Lugar, María *La Puerca*, que no era la misma con la que yo le sorprendí.

Sé que permaneció muchos años con el documento de mi padre. Luego, él ha recorrido pueblos y pueblos de feria en feria, camuflado, vendiendo de todo, hasta estampas de la Virgen de Fátima... Y todo porque había sido lo que había sido en el Ejército republicano.

EN UNA SACRISTÍA

ILDEFONSO PLAZA: «ME OCULTÉ A RAÍZ DE UN ENCONTRONAZO DE LA GUERRILLA CON LA GUARDIA CIVIL»

- EL HOMBRE DEL BAÚL
- EL HOMBRE-NIDO

Cerca de dos meses estuvo oculto en la sacristía de la iglesia de Villa del Campo (Cáceres) Ildefonso Plaza, a raíz de un encontronazo que la guerrilla tuvo con la Guardia Civil entre Pozuelo de Zarzón y Santa Cruz de Paniagua (*).

(*) Eduardo Pons Prades, *Guerrillas españolas 1936-1960*, págs. 341, 342 y 343. Barcelona, 1977. «Editorial Planeta». N. del A. — El autor es de un pueblo próximo en donde ocurrió la acción. Él conocía la historia, sin embargo, carecía del testimonio que aparece en la obra de Pons Prades.

«Primero le hablaré de Máximo Calvo. Nos conocimos en la cárcel de Cáceres, el invierno 1934-35, a raíz de la revolución de octubre, cuando me encarcelaron con doce más del pueblo, acusados de celebrar reuniones clandestinas. El encarcelamiento hizo que nos conociéramos mejor y allí di muchas charlas. Y me nombraron para que leyese la Prensa que nos entraban de escondidas. Luego, Máximo hacía un resumen de todo. Yo sólo estuve encerrado seis meses, pero él no salió hasta después del triunfo del Frente Popular, en febrero del 36. En abril de ese año nos encontramos un día en los pasillos del Gobierno Civil y no le volví a ver nunca más. Supe que actuaba de Comandante de Guerrilleros en el frente y en la retaguardia fascista y que con su batallón dio golpes sensacionales. Alguna vez, con sus hombres de confianza y vestidos de guardias, asaltaron puestos de la Benemérita y se lo llevaron todo: uniformes, armas y caballos. Un republicano de 86 años, Inocencio Pavón que fue alcalde de Almendralejo (Badajoz), que reside en Caracas y al que veo a menudo, me ha contado cosas muy buenas de Máximo. Murió valientemente, luchando, a fines de 1937. El mismo día de Navidad de ese año, por la mañana temprano, uno de los oficiales de prisiones, un analfabeto, un borracho y un degenerado, nos hizo formar en el patio de la cárcel de Cáceres, para decirnos que la cabeza de nuestro compañero Calvo estaba expuesta en la puerta del cementerio general.

»Eso del golpe de mano es verdad. Lo supimos por compañeros

ingresados por aquellas fechas. Máximo preparaba *algo* en Cáceres para los días 23 y 24 de diciembre de 1937. Nos enteramos que había estado *visitando* varios pueblos y celebrando reuniones con hombres y mujeres —unas veces vestido de pastor, otras de guardia y también de cura—, hasta que logró reunir un grupo de 44 hombres y 8 mujeres. (Pero alguien los delató y fueron detenidos casi todos, se les hizo consejo de guerra sumarísimo y los fusilaron.)

»A mí me detuvieron el 18 de julio con mi compañero Bonifacio Corchero. Nos condenaron a muerte y luego se nos conmutó. Yo salí en libertad el 45 y Corchero el 46. Al poco tiempo de estar en casa una noche se me presentaron dos compañeros, se identificaron y así hice el primer contacto con la guerrilla de Sierra de Gata. Luego, más tarde, además de la información, víveres y ropa que les facilitábamos, me pidieron que subiera al monte a arreglarles un fusil-ametrallador estropeado. Me llevé conmigo a un joven compañero, Marcelino, y se lo dejó como nuevo. Al poco tiempo me traje a casa a un guerrillero que no tendría más de 18 años, muy enfermo de tuberculosis. Era un muchacho excelente. Los fascistas habían matado a toda la familia. Como debía ponerse en tratamiento la situación era muy delicada, sobre todo cuando teníamos que comprarle leche. Como había un terror tremendo no te podías fiar de nadie. El chico se distraía los domingos viendo bailar a la juventud del pueblo por un pequeño agujero que yo le hice en una ventana. Otras veces mis hijos subían a su escondite a jugar al dominó con él. Una noche tuvimos un aviso: que debíamos sacarlo de casa inmediatamente, pues los guardias iban a efectuar varios registros. Lo acompañé hasta las afueras, donde se hizo cargo de él un compañero del monte que bajó a buscarlo. No se le pudo cuidar bien y murió poco después. Nunca vi llorar a mis hijos tan desconsoladamente como aquel día. Otra vez se me presentó en casa el hijo de Marcelino, con la razón de que tenía que subir otra vez a arreglar el fusil-ametrallador. Pero esa vez, por la información que yo iba recibiendo, la seguridad para salir del pueblo era muy precaria. Hacía días que andaba por allí un Tercio Móvil de la Guardia Civil —una contrapartida— y sentí en seguida que el cerco se estaba estrechando. Además, todo hay que decirlo, por vía indirecta los guardias del pueblo —que no podían ver a los de la contrapartida ni en pintura— nos hacían llegar información sobre las idas y venidas del Tercio aquél. Para nuestra seguridad personal simplemente. No sospecharon nunca que estábamos en contacto con la guerrilla, como bien puede suponer. Aquella noche cuando establecí contacto, el carpintero de Santa Cruz de Paniagua ya se había reunido con la guerrilla. Por cierto que tuve que llamarle la atención porque, en el silencio de la noche, no hacía más que dar gatillazos como si fuese un juguete. Les dije que levantasen la posición pues rondaba el peligro. No sólo desoyeron mi consejo sino que al día siguiente se pusieron a comer sin poner a nadie de guardia. Fueron rodeados, les arrojaron unas bombas de mano y los despedazaron. Luego llevaron los cadáveres a la puerta de la iglesia para meter miedo a la gente. Yo, gracias a mi esposa, que siempre fue una mujer muy activa, pude escapar y esconderme en Villa del Campo. Exacto: en la sacristía. Cuando fueron a buscarme a casa, aquella misma noche, mi mujer dijo a los de la contrapartida que había ido al campo y que quizá pasase la noche fuera. Dejaron a cuatro allí y se llevaron a nuestro hijo de 18 años, y le dieron varias palizas. Luego detuvieron a Marcelino y a su hijo Toribio y también a Ángel Plaza, hijo de Silverio —uno de los muertos en la emboscada horas antes—, y los tuvieron un año en la cárcel, con malos tratos y dándoles palizas con tal saña que, al devolvérnoslo, sólo nos vivió unos días. Quiero hacer resaltar el gesto de un compañero mío de infancia, que no era de nuestras ideas, el cual al ser interrogado por la contrapartida les respondió: "Yo no sé dónde se encuentra, pero si lo supiera, no lo diría nunca, porque Ildefonso siempre ha sido decente y un buen hombre... tal vez que de algunos de los que están aquí no pueda decir lo mismo." (Aludiendo a un desgraciado que iba de indicador con la Guardia Civil.)

»En Portugal, huido yo y con los míos aún en el pueblo, las cosas no rodaron siempre bien, ni mucho menos. Es cierto que recibimos una gran ayuda de la clase obrera y sobre todo de los campesinos. Yo correspondía con los míos a través de un amigo socialista de Navasfrías (Salamanca), que es un pueblo fronterizo. Mi mujer, muerto mi hijo de 19 años, tuvo que trabajar de firme y aguantar mucho, pues cada semana los guardias entraban a saco en la casa, y desparramaban todo lo que encontraban —aceite, harina, arroz, café— por el suelo. Fueron tiempos de verdadera tragedia, créame, en que por Cáceres había más guardias civiles que olivos.

»En Portugal nosotros *vivíamos* en una mina abandonada. Hasta que nos enteramos de que en Lisboa existía un Comité Internacional para Refugiados. Nos presentamos allí y nos destinaron a un pueblo de la costa: Ericeira. Luego *hice contacto* con gente adicta a Julio Pina, el jefe de la última guerrilla que quedaba por aquella zona cacereña. Esta guerrilla tenía hombres —ferroviarios— en la línea

Lisboa-Cáceres-Madrid y fue gracias a ellos como pudimos tener contacto periódico con nuestras familias y algunos compañeros.

»Sí, pese a todo un día creímos que las autoridades portuguesas nos devolvían a España. Nos montaron en unos camiones llamados "canguros" y nos dijeron que nos llevaban a la frontera. Nuestra decisión fue "si cruzamos el Tajo nos abrimos todos las venas y formamos el escándalo". Pero nos llevaron a la tristemente célebre prisión de Caixas, y *a los cabecillas* nos metieron en celdas de castigo. Hasta que un buen día, a fines de 1946, empezaron a sacarnos de allí y por grupos de cuatro nos mandaron a Venezuela en avión. En 1951 tuve la dicha de ver llamar a la puerta de mi casa a Julio Pina, el jefe guerrillero, acompañado de un malagueño que había estado conmigo en la prisión de Caixas. Me dijo que, no pudiendo resistir más, decidió salir con su partida hacia Francia. Lo interesante es que se salvaron.

»Mi criterio es que el funcionamiento de la guerrilla cacereña no fue malo. Pero resultó que muchos *informadores* y *abastecedores*, creyendo que la Guardia Civil los había descubierto, se incorporaban a la guerrilla sin la menor experiencia. Y estos hombres, sin querer hicieron mucho daño. Por otra parte, dado el miedo que reinaba —justificado por demás— las ayudas no abundaban, pero las que teníamos eran seguras, de hombres y mujeres de convicciones muy arraigadas, que antes de delatar a nadie se hubieran dejado cortar la lengua. Sólo así se comprende que la guerrilla española durase tanto y no sólo por Extremadura, por supuesto. Quienes hemos defendido unas ideas, sin el menor afán personal, pensando en la colectividad más que en nosotros y en nuestra familia, damos por buenos todos los sufrimientos, el dolor y la sangre vertida, ya que, repito, lo fueron por una causa buena y justa. Lo que sería deseable es que nunca volviese España a conocer semejantes situaciones. Pero para eso se tienen que solucionar muchos problemas, y esto no es posible si no prevalece, por encima de todo, la humanidad de los unos y la generosidad de los otros.

»Perdóneme que no le dé más detalles. Estoy recién operado de cataratas y glaucoma. Espero que lo escrito por mí le sea de alguna utilidad. Le abraza fraternalmente.» (Su carta fechada en Caracas el 25 de noviembre de 1976.)

CESAREO BLANCO, EN UN BAÚL

Aldeanueva del Camino fue un pueblo de mucha lucha durante la contienda. La situación **conflictiva era** grande, y llegó a alcanzar momentos dramáticos. En este pueblo, situado a poca distancia de Béjar, permaneció oculto, durante tres años, el socialista Cesáreo Blanco, quien permaneció refugiado en un baúl. Cuando su madre, su mujer y su hermana salían al campo a realizar tareas agrícolas, le dejaban oculto, y con leña de encina colocada sobre el baúl. Por las noches salía a compartir con ellas un rato. Pero en una ocasión, una prima hermana le sorprendió «in fraganti». Ésta le denunció, pero la Guardia Civil, en vista del tiempo y las circunstancias de su refugio, le dejaron en libertad.

EL HOMBRE-NIDO

En la provincia cacereña hubo, como en otras zonas de España, huidos... Pero resulta original el hecho que ocurrió en Membrío, un pueblecito cercano a Valencia de Alcántara, donde un hombre, según fuentes de un señor del lugar, huyendo de los falangistas se hizo un nido en una encina, en el que permaneció un tiempo.

DIECIOCHO MESES, OCULTO DURANTE LA GUERRA

TIBURCIO DE LA LLAVE: «NO PODÍA NI HABLAR; TENÍA HASTA COHIBIDA LA VOZ»

- «LLEGUÉ A HABLAR SÓLO POR SEÑAS. AQUELLO ERA INSOPORTABLE»
- «ABRÍS UNA FOSA EN EL OBRADOR Y ALLÍ ME ENTERRAIS TAN TRANQUILAMENTE»

Con Tiburcio de la Llave he charlado en su casa madrileña de la calle Francos Rodríguez. Tiburcio tiene varios hijos que por lo que se ve sienten verdadera admiración por este hombre de aspecto campesino, de viejo patriarca, que convoca a los hijos a su alrededor como si fueran niños.
Es difícil definir a este hombre al que yo, en mis ratos de charla, le he tomado verdadero afecto, porque Tiburcio representa ese tipo de hombre rural en el que se encarna una serie de valores muy ricos.
En este breve exordio, hay que reseñar una nota triste. Tiburcio nos ha abandonado para siempre. Un ataque cardíaco acabó con él inesperada y rápidamente. Siento, muy de veras, que él no llegara a ver reflejado su testimonio, aquella andadura amarga en su pueblo toledano de Valdeverdeja.

«Yo era Juez de Paz en Valdeverdeja y poseía unas cuantas tierras, pocas. Mi oficio era alfarero y tenía unos oficiales que venían a casa a ayudarme. Después del trabajo, iban a la taberna y comentaban mi comportamiento. Como yo era de izquierdas, a la burguesía —incluido un cuñado mío— le sorprendía mi manera de actuar con los obreros. Todo esto llegó a tal alcance que un día vino mi propio cuñado diciéndome que le estaba estropeando a los obreros del pueblo. Porque a quien yo veía que en mi casa trabajaba con fe y con intención de satisfacerme y darme mayor rendimiento, le pagaba bien, una peseta más, o le mostraba de alguna forma mi gratitud.

Mi vida política comenzó a raíz de unas elecciones que hubo en Toledo, a las que se presentaban el Conde de San Bernardo y César de la Mora. Los políticos mayores vinieron a mi casa a pedirme que actuara en la mesa de las elecciones. Les dije que me dedicaba a mi alfarería y que no estaba para atender estos asuntos. Pero insistieron tanto «te necesitamos, tienes que venir...» total que fui. Entonces tenía yo 24 ó 25 años y estaba recién casado.

Don Baltasar, el boticario del pueblo, uno de los mayores caciques, terminó contentísimo con la labor que hice, porque cuando me pongo a hacer las cosas, las hago en orden, con fe.

«NO CONTÉIS PARA NADA...»

Tenía yo familiarmente una cuñada, que era curandera, y por una anomalía, que debió de haber, la denunciaron. Vino mi hermano a casa, casi llorando y le dije:

—¿Qué te pasa, Noel?
—¡Coño!, que me han denunciado a la Rita.

Me fui a ver a aquellos que me habían elegido. Ellos eran los que podían salir al paso de estas cosas. Fui a casa de don Baltasar, el boticario. Me dijeron que estaba en el servicio.

—Bueno, pues me siento aquí y le espero —contesté.

Y así no tuvo más remedio que salir, porque además mi cuñado, Castaño, era cuñado a su vez del Secretario del Ayuntamiento; en fin todos de la misma panda. Cuando le vi le dije:

—Pasa esto, Baltasar: mi hermano acaba de llegar a casa diciendo que han denunciado a su mujer. ¿Qué podemos hacer?

Se encogió de hombros. Le contesté:

—No esperaba esto de ti. Cuando tú me pediste algo con buenas razones, yo te hice el favor. Ahora te lo pido yo, aunque no para mí, sino para una cuñada mía que es como si fuera mi hermana.

—Como no hablemos con Eusebio el Secretario...
—Pues vamos a hablarle.

Fuimos a él y me atendió con el mismo signo que el otro. Total que no saqué nada en consecuencia.

Entonces le dije:

—No contéis para nada más conmigo.

Y allí empezó la lucha entre nosotros. Ellos habían pensado que yo les convenía no porque me hubiera jactado de mi valer, no; sino porque yo había actuado siempre con fe.

AFILIADO

Empezaron, por esas fechas, los partidos y yo me afilié al Republicano, y luché con todos los que se afiliaron a él, como don Gregorio Rosado y don Saturnino, el veterinario. Desde el principio, propuse mi independencia. Yo ayudaría y colaboraría siempre que las cosas fueran con una amplitud de beneficios y dentro de la ley, porque a mí siempre me ha gustado que las cosas se forjaran en el marco jurídico. Así empezaron las dificultades. Ellos eran profesionales, pero yo, con mi poca cultura, discutía siempre de corazón y consentía perjuicios a mi costa por colaborar al bien común de la sociedad. Conmigo no se jugaba. Llegaron las elecciones para Juez y el pueblo entero me votó. Estuve actuando desde el 31 al 34. Y más que Juez Municipal fui Juez de Paz. Yo no consentía que atropellaran al burgués, pero tampoco que el burgués atropellara al obrero. Hubo varios conflictos difíciles, pero con mi corto alcance y hasta donde llegaba mi poca inteligencia, argumentaba con buenas razones, y conseguía resolverlos. Yo creía que de todo aquello no quedaba rencor ninguno, que todos actuaban como yo, con la misma sinceridad.

Había muchas denuncias. La mayoría de ellas, de 300 a 400, fueron por abuso de los obreros de la propiedad del Conde de Montijo. Hacían una corta de carrascas en el monte y se la traían para casa. Claro, la Guardia Civil tenía obligación de denunciar estos hechos. Había muchos reincidentes y vi lo que se avecinaba porque gran parte del pueblo estaba implicado. Como yo era un hombre profesional, acudí al Secretario, pero éste no era de mi misma pasta, y viendo la imposibilidad de arreglo, llamé a un taxi, cogí los documentos y me fui a Puente del Arzobispo a hablar con el Juez de Instrucción, que entonces era don Jesús.

—¿Qué hacen ustedes?

—Aquí venimos a hablar con Usía, a consultarle a usted este caso. Hay que resolver esta cantidad de denuncias en el pueblo. Está procesado la mayoría y me temo que pueda haber un conflicto y ante esto vengo a ver si Usted me puede asesorar de lo que puedo hacer.

—Éste no es papel mío. Es usted quien lo tiene que resolver, no se acobarde, hágalo a conciencia.

No había más remedio que empezar a ejecutar estas denuncias. Hubo días que se ventilaban 18 ó 20 casos. Antes de empezar le dije al Secretario: «Vamos a hacer unas notificaciones y bien el Conde o bien el administrador que vengan a presenciar los actos.»

Había citado un día 20 denuncias, para celebrar el juicio. Estaba la plaza totalmente llena de gente, entre los que había avisado y los que les acompañaban. Llegó la hora de empezar, y en esto... llega un coche en el que venía el administrador. Estaba yo en el Ayuntamiento, hablando con el Secretario que también veía la cosa un poco oscura. Bajé a saludarle y le dije:

—Siéntese.

—Le voy a pedir un favor —me dijo—. No me puedo entretener mucho, porque tengo otros asuntos que ventilar. Yo delego en Usted toda la responsabilidad, para que obre en justicia y el hombre que no tenga responsabilidad material, que le absuelva, y el que haya hecho el abuso que pague. Lo que saque de esas cosas repártalo entre los pobres o las personas que estén en alguna necesidad.

—Me recomienda un papel muy bonito. Me gusta mucho eso de que los pobres...

Así que me fui a ventilar todo eso y, al terminar, se lo comuniqué y quedó encantado.

Más tarde el Juez de Instrucción me preguntó qué tal se había resuelto todo. Le conté el caso y el hombre también se emocionó, porque, claro, habíamos evitado un gran conflicto en el pueblo. De estos casos pasaron muchos.

Las cosas que buenamente podía yo arreglar, las arreglaba, porque siempre me ha gustado aconsejar y mis consejos por lo general los han respetado porque han comprendido la fe con que los decía. En este sentido, he intervenido en asuntos y conflictos familiares, entre madre e hija y hasta en problemas de noviazgo. Llegué a decirle al Secretario:

—Vamos a abrir aquí un bufete, porque yo tengo algunas hijas ya mayorcitas y no quiero que oigan algunas palabras de esas que por fuerza tienen que oír.

Yo siempre tratando de reconciliar, de frenar. Más que un Juez Municipal fui el Juez de la Paz. Llegué a creer que todos se conformaban y daban por buena mi actuación, pero nada más lo aparentaban y luego me di cuenta de que no siempre era así. Después alguno ha querido justificarse. Un día, apenas abandonada la cárcel, llegó uno a mi casa:

—Vengo a pedirte un favor.

—Hombre, si está a mi alcance —le dije— lo que te interese.

Entonces tuvo el hombre la debilidad de darme un golpecito en el hombro.

—Me cauen la leche, cuántas veces hemos dicho que este hombre que ha estado en la cárcel...

—Calla, no sigas —le dije.

—Sí, hombre, coño, porque...

—Calla. He estado pagando una deuda que no sabía que la debía; una deuda que, al parecer, tenía contraída con todos vosotros. Si tú no has intervenido, cuando la conciencia te lo pida, podrás contestarle claramente. Digo todos, porque de todos es la responsabilidad que me ha tenido en la cárcel.

PROBLEMA CON EL ADMINISTRADOR

A raíz de la reforma agraria tuve un problema con el administrador. Tuve que denunciarle por un abuso que había cometido en el monte, para perjudicar directamente al pueblo. Hubo un juicio de conciliación, no en el Juzgado del pueblo, sino en Puente del Arzobispo. A ese juicio de conciliación fui yo representando al Partido Republicano, que era al que yo pertenecía. Fue también parte de la burguesía, interesada en la indemnización que querían sacarle, y otras sociedades: la Sociedad Obrera y la Sociedad Republicana. Los burgueses estaban afiliados al Sindicato Católico.

El administrador tomó la palabra y expresó lo que a él le convenía, claro. Los burgueses estuvieron de acuerdo, en principio. Me levanté yo y dije a los señores del Sindicato Católico:

—Ustedes acatan lo que el señor administrador ha dicho. Eso, a mi criterio, significa una conformidad.

Entonces me dirigí al tío Julián Núñez, otro socio republicano, que era quien tenía preparado lo que habíamos acordado sobre las indemnizaciones que íbamos a pedir:

—Si don Raimundo (el administrador) ha terminado, que nos exponga Julián el balance de los perjuicios ocasionados.

Y el administrador no tuvo más remedio que avenirse a pagar la indemnización de los daños que había causado. Los del Sindicato Católico quisieron entonces apuntarse a la solución que nosotros habíamos conseguido.

—Nosotros también tenemos derecho —dijeron.

Yo no me pude aguantar y les contesté:

—¿En qué quedamos? Serán ustedes... Con que hemos venido todos unidos a pedir un beneficio para el pueblo y ustedes se han encogido de hombros, admitiendo lo que proponía el señor administrador, y ahora que nosotros, sin su ayuda, hemos conseguido algo, se quieren también aprovechar.

Al terminar el juicio, dijo el administrador:

—Les invito a ustedes a tomar una cerveza. Les felicito de veras y no deseo más que cuando los guardas de los montes que yo administro vayan a su juzgado a pedirle justicia, la haga usted tan clara y tan terminante como la ha hecho hoy aquí.

Luego tuvimos algunas cosas. Tuve que ir a casa de Guadalperal, porque ya estábamos tratando de la reforma agraria de la finca ésa y él no hacía más que defenderse. El Duque de Peñaranda tenía allí bastantes propiedades. Conseguimos la reforma, lo hicimos bien, muy bien. Luchamos todos, mayormente el Partido Republicano que fue el que nos lanzaba. Nos movilizamos bien y nos costó mucho sacrificio.

EL MOVIMIENTO

El Movimiento me cogió en Talavera. Fuimos a hacer un viaje de botijos y cántaros a San Bartolomé de la Jara, y el día que esta-

lló el Movimiento, dormimos a las afueras de Talavera; y de madrugada, salimos para el pueblo. Poco antes de llegar al mismo nos sujetaron el paso. Habían levantado unas barricadas en la carretera para que no pasara nadie. El padre de mi compañero tenía muy buenas amistades por todas las partes y se fue a ver al alcalde, Felipe Fernández, que era carbonero. En cuanto que le vio, le dijo:
—Oye, mira, que tenemos que ir al pueblo.
—Sí, sí, claro.
Y mandó apartar los cacharros que tenían allí y seguimos camino del pueblo. Cuando llegamos, ya estaba todo el asunto revuelto. Ya andaban por allí los milicianos con los fusiles. Pero yo no intervine en nada de esto. Al contrario. Varias veces tuve que intervenir para que la cosa no se saliera del cauce, con la poca fuerza que tenía. Sufrí mucho durante el Movimiento. Sufrí por los nacionales que no creí que pudieran pasar. Yo estaba con tan buena fe para el progreso de las cosas, que me figuraba que no iban a entrar. No luchábamos más que por eso, por el bien común de todos. Yo veía que la guerra era un freno y que la paz era progreso.
Cuando por fin entraron las fuerzas, a mí me parecía que era un mito lo que contaban. Yo me había echado a dormir un poco, y me despertaron para decirme:
—Están aquí, casi a la vuelta, en Valdetorres.
—No puede ser. Voy a ver si es verdad.
Había allí un chico que dijo:
—Yo voy con usted.
Fuimos por el olivar con intención de subir a un alto a ver si los veíamos. Entonces se asomaron y empezaron a disparar, pum, pum, pum. Estuve a cien o ciento cincuenta metros de ellos. El muchacho que me acompañaba quiso echar a correr.
—Si tienen que matarnos, nos matan, así que no hace falta que corras, le dije.
Cuando entramos al pueblo, tiraban al aire. Margarita la de Pedro me dijo:
—Tiburcio, estate aquí, hombre.
—No, yo me voy a mi casa, que tengo 10 hijos.
Después, los compañeros esperaban a ver qué hacíamos.
—Yo creo que debemos evitar el golpe de entrada, que debemos irnos.
Cuando salimos, a mi mujer se le cayó una alpargata y se paró a ponérsela, y dispararon a dar. Fue un mal momento. Pero reaccionamos y nos fuimos andando hasta la Peña, al otro lado del Tajo.

Un poco más tarde vinieron los guardias, pero no pudieron pasar, porque ya habían cortado el puente. Pernoctamos aquella noche allí. Al día siguiente mandé a uno de mis hijos mayores a ver qué pasaba por el pueblo. La casa estaba toda revuelta, la habían saqueado. Incluso se habían llevado el aceite de las vasijas. No tiraron la puerta, porque se la abrió un primo nuestro, al ver que estaban decididos a todo.

Yo estaba preocupado por mi mujer, que estaba en estado del décimo hijo y quería que volviera a casa. Cuando se tranquilizó un poco el asunto, mandé a mi familia al pueblo. Mi yerno no quería apartarse de mí, pero yo le dije que se fuera.

—Márchate tú a casa, porque si sucumbes tú a causa de algún atropello, malo será que no me salve yo. Y si me atropellan a mí, tú te encargarás de la familia.

Así lo hicimos. Antes de irse, le dije que, si le parecía bien y si podía, que se acercara al día siguiente al Tajo, a un sitio que convinimos, para que me llevara algunas noticias y un poco de comida. Yo me quedé con un buen amigo y pasamos allí el día. Era el 30 de agosto. Mi amigo tenía mucha sed y allí donde estábamos no había agua.

—Vamos a acercarnos donde el tío Gorgoño, que estará cuidando los melonares. Él podrá darnos de beber.

Nos fuimos para allá y, cuando al llegar, alcé la voz para llamarlo, resulta que estaban con él, metidos en el chozo otros ocho o nueve. Salieron de estampida, al oírnos.

—No os asustéis, que nosotros también estamos huidos, les grité.

Se dieron cuenta de quién era y volvieron todos.

—¿Qué hacemos?, me preguntaban.

—Ha llegado el momento —dije yo— de que cada uno piense como le plazca, porque aquí no se puede aconsejar a nadie.

Bebimos un poco de agua que nos trajo el tío Gorgoño y nos metimos hacia el huerto del tío Magdaleno, con el fin de ir hacia el Malezo. Al bajar el Reguerito, se vuelve mi amigo hacia mí diciendo:

—Compañero, yo no paso de aquí.

—Pues yo sigo y que hagan conmigo lo que quieran.

Me dio un abrazo y nos despedimos. Yo seguí camino hacia la finca del Malezo. Había allí también otros siete u ocho hombres camuflados que, al sentirme, salieron corriendo de la caseta. No les dije nada. Seguí campo a través y fui a amanecer aquella mañana a «la Maciosa», otra finca que había. Llegué antes de que se levantaran. Estaba allí el tío Feliciano. No se me olvidará el abrazo que me

dio el hombre al verme:
—¿Qué haces por aquí?
—Pues ni yo mismo lo sé. No quiero despistarme, sin saber si a mi familia le agreden o la acometen, y siempre busco donde me puedan traer noticias.
La muchacha, Paula, que era una buena, me dijo:
—Yo me ocuparé de ello.
La finca esa estaba a dos o tres kilómetros del pueblo. Me quedé allí tres días. Después, una noche, dije que me tenía que ir.
—Tú no te vas de mi lado. Si viene alguno, ¡me cago en...!, soy yo capaz...
Era un hombre que, aunque viejo, tenía muchos arrestos.
—No, tío. Le puedo poner en un compromiso.
Me fui a Bercenuño. Me acerqué a casa de Pablo y allí encontré a Enrique y Amalia. Llevaba yo varios días sin afeitarme y me dijo la chica:
—Déjeme que le afeite, tío Tiburcio.
Lo estaba haciendo, cuando sentimos un tropel de caballos.
—Ahí viene la guardia, dijo la muchacha, asustada.
—No te preocupes. Tú no corres ninguna responsabilidad. Yo me encargo de eso. Asumiré lo que sea.

ESCONDERSE

Me limpié la cara y me asomé a la calle. Había sido una falsa alarma. Eran unos muchachos que venían de recoger los caballos de los guardas. Me fui de allí y camino de Berrocalejo, pasé el río. Decidí llegarme al pueblo, para camuflarme cerca de ellos y estar al tanto de si les pasaba algo. Había hecho una obra en la fábrica de gaseosas que tenía, y me pareció ése un buen sitio para esconderme. Si algo ocurría, podría dar en seguida la cara y asumir la responsabilidad para que mi familia no cargara con las culpas. Y, de noche, me metí en casa. Entré por la puerta trasera, que da a las cuadras y las pocilgas. Estaban los cerdos durmiendo y ni me sintieron pasar. Atravesé el patio y golpeé con los nudillos la ventana del dormitorio de mi mujer.
—¡Que te matan, que te matan!, decía asustada.
—Pero, coño, cállate, que la que me vas a matar vas a ser tú.
Hablé con mi hijo mayor, que entonces era un niño, de hombre a hombre, para que se hiciese cargo de cómo estaban las cosas.
—Tienes que ocuparte de todo.

Cada paso que daba era guiado por mí. Yo procuraba que no se equivocara y que fuera valiente y, a la vez, respetuoso con todo el mundo. Los demás no se enteraron de que yo estaba allí.

Por las noches dormía en la cama con mi mujer. De día me escondía en un pajar grande, donde habíamos metido una veintena de carros de paja. Este pajar se comunicaba con la cuadra. Andaba con mucho cuidado de que no me viera nadie. Teníamos entonces a un oficial alfarero trabajando en casa con nosotros y no se llegó a enterar de mi presencia. Él trabajaba en el obrador, y yo andaba siempre por otros lados. Pero un día que le faltaba fuego, se vino para la cuadra en el mal momento que yo estaba allí, preparando las caballerías. Yo me escurrí en seguida, pero alcanzó a verme. Fui corriendo a mi mujer y le dije que mandara recado a mi hermano para que viniera inmediatamente. Vino mi hermano y se dejó ver por el oficial. Para hacerle creer que era a él a quien había visto, dijo:

—Ya he preparado las caballerías hace un rato, ¿cómo no os habéis marchado todavía? Me voy a almorzar, luego vendré otra vez para sacar la obra.

—Si no llego a ver a tu tío —dijo más tarde el oficial— habría jurado que el que había visto en la cuadra, era tu padre. Pero no lo he visto, claro.

Otro día estaba yo sentado con mi mujer y mi hija en la solanera, en la terraza y vino una amiga de mi hija por unos cacharros. No oímos la puerta y cuando nos dimos cuenta ya estaba arriba. Me dio el tiempo justo de levantarme y salir por la otra puerta. Pero me había oído hablar y había visto también que salía. Fue mi hija la que consiguió arreglar todo.

—¿Se va usted, tío?, dijo dirigiéndose a mí. Ya iremos esta noche a su casa a eso.

Luego habló con su amiga, diciéndole que había estado su tío, que como no sabían de su padre su tío se ocupaba de las cosas del alfar y les ayudaba mucho.

—¿No sabéis nada de vuestro padre?, le preguntó la amiga.

—No sabemos nada del pobrecito. Nos escribió la Cruz Roja Internacional, pero no sabemos nada, que vive nada más, pero no sabemos dónde para.

LA VISITA DE UN AMIGO

Estando yo en mi casa, viene un amigo, de Losa de la Vera, que éramos uña y carne, una amistad interna, muy agradable, de una familia muy buena. Según nos contó, habían ido a buscarme allí, porque creían que yo estaba escondido en su casa. Y resulta que se encontraron un cadáver, cerca de Losa de la Vera, con los ojos sacados por los cuervos y entonces dijo él:

—Seguramente es Tiburcio. O no se ha atrevido a llegar a casa por no ponernos en compromiso, o se ha suicidado.

Entonces se vino al pueblo y se dirigió a nuestra casa. Al ver a mi mujer, empezó por consolarla, para venir a decir de darle el pésame. Mi mujer casi mete la pata, como no sabía de qué le hablaba... Ella no se daba cuenta y estaba allí, con la cara bien alegre. Más tarde, mi amigo me contó lo que le había extrañado: «Cuidao lo que me sorprendió. Y yo a darle el pésame y ella, nada, sonriéndose como si nada.» Yo mismo lo estuve oyendo todo. Cuando se marchó le dije a mi mujer:

—Hija mía, le has debido decir «gracias», que te ha dado el pésame mío.

Menos mal que él interpretó todo de otra manera. Al ver que mi mujer reaccionaba de ese modo tan extraño, se fue para mi hija y le dijo:

—Lo siento, hija, tu madre no lo comprende. Lo siento, tu padre ha muerto, hija.

Mi hija contestó muy bien, siguiéndole la cuerda:

—Y qué vamos a hacerle, tío Manuel, si eso lo estábamos esperando todos.

Antes de volver para Losa de la Vera, el tío Manuel estuvo con las autoridades que le habían mandado llamar, porque sabían que éramos amigos.

—Si Tiburcio llega a mi casa, les dijo, conste que yo le guardo donde no le hubiera visto nadie.

—Habría tenido una responsabilidad muy grande —le dijeron

—Por mi cuenta habría sido. Ya me habría yo encargado.

Era un jabato. Y además un hombre de derechas acérrimo.

Así me pasé los 18 meses. Fue el tiempo en que más tranquilas estuvieron las cosas. Yo seguía trabajando en el oficio. Trabajaba cuando podía. A veces, cuando el oficial llegaba el lunes, después de la fiesta del domingo, veía algunas labores hechas y preguntaba quién las había hecho.

—Mi tío —contestaba mi hija—. Como se aburre, viene y se enreda en algunas cosas.

Un día, estando yo recogiendo género de un horno que habíamos sacado, estaba distraído en la troje, y en esto, miro para atrás y se me presenta mi hijo que estaba detrás de mí. Yo le dije:

—Anda, niño, anda.

Le aparté un poco y me metí en el cuartecito. Él agachó la cabeza y se fue. Al llegar abajo, le dice a mi mujer:

—Madre, en la troje he visto a un hombre que se parece a padre.

Llegó el tío y le dice a mi mujer:

—Luciana, ya hemos almacenado los cántaros del horno este que se ha sacado. Me voy para casa.

Y dijo mi hijo, mirándole:

—Todo se parece a mi padre, todo se parece a mi padre.

Así andaba yo, oculto de que no me vieran mis propios hijos, con una pena y una amargura inmensa.

Otra vez me vio, cuando me subía a la pajera. Entró en la cuadra y alcanzó a verme el pie. Fue corriendo donde mi mujer, gritando:

—Madre, qué ratón más grande he visto que subía a la pajera.

PADRE E HIJO, CERCA DE LA MUERTE

Así me tiré 18 mesecitos. Llegó un momento en que me veía impotente, porque no hablaba nada. Y qué apuro cuando estuve enfermo de pulmonía. Qué apuro. Le decía yo a mi mujer:

—Abrís una fosa en el obrador y allí me enterráis tan tranquilamente. Si véis que me muero, no descubráis dónde estoy. A mí me da igual, me hacéis un hoyito en casa y allí me enterráis. Que me den por desaparecido, que vosotros me custodiáis y sabéis dónde estoy.

Estuve en la cama muy malo. No podía ni hablar porque ya tenía hasta cohibida la voz. Tenía miedo de que me oyeran y no me atrevía ni siquiera a toser. Me decía mi hija:

—Tosa usted, padre, que yo toso con usted, para que nadie se dé cuenta.

Y así, con la ayuda de mi hija, me desahogaba un poco. Tampoco me apetecía comer nada, hasta que un día se me antojó un poco de corteza de tocino frita. Mi hija me la frió muy frita, muy frita y parece que aquello me abrió el apetito y poco a poco me vinieron las ganas de comer, a base de cortecitas de esas y fréjoles.

Luego, mi hijo Justino, el que ahora está en Francia, estuvo también muy enfermo. Pensábamos que se moría. Y yo dije a mi mujer:
—Mi hijo no se va al otro mundo sin que yo le vea y le de un beso.

Me acerqué a él y me llamó madre. La pobre criatura ni tenía conocimiento, ni sabía nada.

Cuando tenía que cruzar cerca de alguna ventana o de la puerta, mi mujer y mi hija se ponían a la boca de la calle para hacer bulto y disimular, por si alguna persona pasaba en aquel momento.

A los 18 meses decidí marcharme de casa. Estaba agobiado por la preocupación. Hablaba sólo por señas y eso no podía continuar así. Era insoportable. Estaba siendo una carga muy grande. Mis hijos iban por los pueblos a vender los cacharros, mi mujer llevaba el timón de la casa y el tío era una tapadera muy buena; y nos echaba una mano en todo. Pero yo no podía aguantar más. Sabía positivamente que padres, hijos y hermanos nunca incurren en delito de ocultación ni tienen responsabilidades por esconder a un familiar. Pero no era eso. Es que no aguantaba más. Estaba agotado y tenía miedo. De los 18 meses que estuve en casa, lo menos diez de ellos los pasé pensando en irme. «Mañana» decía siempre; pero, al llegar la noche, no encontraba manera de arrancar.

Por último no tuve más remedio que decidirme. Estuve todo el día viendo el personal que bajaba a los pozos nuevos y hasta el lagar del molino de aceite que todavía está funcionando y cuando regresaron los últimos, llegó mi hora. Era el día siete de marzo de 1938.

Eran las nueve de la noche. Cuando salí por la puerta falsa, pasaba la guardia por allí mismo, hablando entre ellos y se pararon un rato para ver oscurecer. Al verlos, yo fingí como que iba a hacer del vientre y retrocedí un poquito hacia una rinconada, hasta que pasaron. En cuanto pasó aquel peligro, me enredé —pin, pan, pin, pan— hasta el Tajo. Lo conocía bien porque me había bañado en él muchas veces. Busqué la parte más estrecha, porque a mí el nadar no me preocupaba. Habría allí 15 ó 16 metros de profundidad. Envolví la ropa en hule y me lo puse en la cabeza para que no se mojara y en dos o tres remás, fuera.

Dejé el hule allí y me vestí. Me fui por el campo de la Oliva —esta finca que la llaman La Oliva— que estaba llena de perdices, conejos, un conejo por aquí, la perdiz por allá... Serían las once o las doce de la noche. El camino hasta el Tajo había sido corto, unos dos kilómetros, pero con malos pasos. Y del Tajo para arriba, todo monte, y las perdices pío, pío, alborotando, que me dije: «Estas me van a delatar.» Llegué, por fin, a los Chaparrales. Yo iba con la dirección del Cerro de la Estrella. Al pasar Los Chaparrales, veo una carretera recién hecha. «Ay, coño, este camino lo han hecho para abastecer la trinchera que hay en el puente.» Qué sé yó. Pude cometer una barbaridad. Hasta incluso saqué un cigarro y lo encendí, como diciendo ya, sin pensarlo, que deseaba que ya me dieran el alto. Pero nadie me vio y piano, piano, hasta que llegué a Navalmoralejo. Veo un edificio, y me dije: «Esta es la torre de Navalmoralejo. Oigo a dos que venían hablando, y grito:

—¿Se puede?
—¿Quién habla ahí?
—Yo, no hay que asustarse, un evadido que se pasa a esta zona.
—¿Qué dice usted? Venga para acá.
—Nada, que vengo evadido de la zona nacional. ¿No sabe usted si hay fuerzas por aquí?
—¡Pero, si estamos aquí, a la puerta de la Comandancia!

Estaba haciendo guardia Miguel, el poeta, el muchacho del tío Avispa. Éste avisó dentro y empezaron a salir. Había una cantidad de gente del pueblo. Me cogen y en un coche, me llevan a Fuente del Apio, una finca donde, al parecer, tenían el Estado Mayor. Al llegar allí estaban al teléfono un "Trafalgueras", Magdaleno y Daniel, todos del pueblo. Estábamos hablando allí con mucha animación, y en esto, tocan el teléfono y llaman a los de las trincheras del puente —siempre andaban ellos con bromas—, y les dicen:

—Sus voy a dar una noticia. Se ha pasado un paisano.
—¿Quién?
—Tío Tiburcio.
—Cuidao, ¿eh!, que esa broma no te la admitimos.
—Que no es broma, te repetimos que no es broma. Vais a verlo.

Entonces cogí yo el teléfono:

—Sí, hombre, sí. Aquí estoy entre vosotros.
—Jo, qué algarabía. Al otro día por la mañana vinieron Juan y Eugenio. Cada uno corría por su lado a ver quién llegaba antes para ver a su tío. Y toda la noche nos la llevamos hablando, y eso que tenía yo unas deshoras... Tanto es así, que se levantó el capitán por la mañana, y dice:

—Tenía yo que pedirle una información, pero ya no tengo necesidad de hacerlo. Bien me la ha dado usted, que no me ha dejado pegar los ojos esta noche.

—Usted perdone, pero es que...

Otros soldados que estaban allí acostados decían:
—Esos cabrones no han dejado de reír toda la noche, ¿será posible?

Yo estaba allí muy a gusto, pero, claro, había que irse a la Nava del Comarillo, donde tenía un primo de derechas, cosa que no quita para... Estuve allí tres o cuatro días. Le habían dicho al guarda que estaba en el control, que cuando pasara un coche, lo parara para que yo pudiera ir a Cabeza del Buey.

...Pero esto ya es la Guerra. Luego vino la cárcel y el campo de concentración, y un tiempo sin poder pisar mi pueblo...»

ANTOLÍN HERNÁNDEZ OCULTO DIECISIETE AÑOS EN BÉJAR

SU MADRE JUANA: «HABÍA DÍAS QUE ME DECÍA QUE LE DABAN IDEAS DE MATARSE»

- «DE NOCHE SALÍA A LA HUERTECILLA, A TOMAR UN POCO EL AIRE, ESCONDIDO ENTRE LAS FLORES, LOS CRISANTEMOS Y LAS DALIAS»

- «NO HE VISTO MÁS QUE INJUSTICIAS —ME DECÍA—; Y SON LOS BURGUESES LOS QUE TRAEN TODO ESTO»

Antolín Hernández Hernández permaneció diecisiete años oculto en su casa, una casa sencilla de Béjar (Salamanca), con sabor a antigua y cuyas ventanas miran hacia la carretera de Cáceres — Salamanca. Tiene el inmueble unas parras y una huertecilla pequeña.

Antolín murió hace varios años, en 1958. Yo no lo he llegado a conocer. Por eso, el relato lo hace su madre, Juana Hernández, una mujer con más de ochenta años, de vigorosa salud, a pesar de los sufrimientos que ha tenido.

Juana Hernández pasó por el trance de perder a su marido, al poco tiempo de que naciera Antolín. Luego perdió, en trágicos sucesos bélicos, a dos hermanos.

Es la vida de Juana, una vida rota por la guerra, por el escondite de su hijo, por la muerte del mismo. Ella ha narrado, a veces sobreponiéndose al dolor, unos años llenos de vicisitudes y de dramatismo.

Antolín era muy inteligente. Cuando tenía doce años y estaba aún en la escuela, me mandaron llamar el maestro y el Director para decirme:

—Si pudiéramos hacer algo por su hijo. Habría que intentar que le dieran carrera, porque es un talento.

Pero aquí no se interesaban por nadie, al contrario, nos sacaban hasta las raíces. Cómo sería, que un día que tenía que llevar a mi madre a Madrid para que la operaran de la vista, fui a la fábrica donde trabajamos toda la familia a que me hicieran el favor de pagarme por lo menos el billete del tren, y me contestaron que no concedían préstamos.

—Nos están ustedes sangrando a todos —le dije a don Jerónimo Gómez— ¿y no son capaces de hacernos ese favor? Aquí están trabajando mis hermanos y han trabajado mis padres. Mi madre, no digo. Hasta los setenta años estuvo esta anciana bajando a trabajar a la fábrica en alpargatas. Le pagaban una peseta y tenía que cuidar de 28 telares de repaso sin más ayuda que una persona.

No hicieron caso de lo que decía. Sólo se preocupaban de explotarnos. ¿Quién iba a ayudar a estudiar a mi Antolín? Únicamente se interesó por él el Jefe de Estación. Su mujer conocía a mi hermana y se llevaban muy bien.

—¿Por qué no mandan aquí al niño, para que se vaya interesando por esto?

Así que durante las vacaciones —porque el muchacho no abandonaba la escuela—, bajaba a la estación. Antolín se fijaba en el telégrafo, y le dijo el jefe

—¿Te gusta?
—Sí señor.
—Pues a ver cómo practicas el morse.
Le probó la firma, y al verla tan bien hecha, le dijo:
—Sigue practicando, a ver si sales con el empleo y podemos hacer algo por ti.

Tenía una firma y una letra tan bonita y tan clara y hacía unos dibujos tan preciosos, que el jefe le mandó hacer un cuadro con todas las tarifas. Y lo hizo tan bien, que mandó ponerle un marco y lo colgó en la pared de su despacho. Un día lo vio el Director.
—Don Ramón —le dijo—, qué cuadro más bien hecho tiene usted.
—Lo ha hecho un niño de doce años.
—Hombre, pues esto es digno de que se interesen por esa criatura. Llámele usted, por favor.
Y le preguntó a Antolín:
—Niño, ¿me harías tú un cuadro como éste?
—Sí señor, pero me tienen que dar papel.
Cuando se lo entregó tan bien hecho como el otro, le dijo el Director:
—Yo te he de proteger, he de conseguir que entres en la compañía.
Pero aquel señor murió en el tren durante uno de sus viajes y se acabó la buena suerte.

Y ESTALLÓ LA GUERRA

Pobrecito mío. El jefe se tuvo que marchar de aquí, y al marcharse, le dieron la estafa, porque le quedaron en la calle. Y Antolín se fue al servicio militar a ver si se colocaba. Y, mientras él estaba aquí, de permiso, estalló la guerra. Él se presentó en el cuartel de la Guardia Civil, porque no sabía qué hacer.
—¿Tiene usted algún amigo que pueda llevarle en coche? —le preguntó el jefe.
Por aquí no circulaban más coches que los del Ejército, por aquel entonces.
—Mis amigos son obreros y no tienen coche.
—Pues si nos avisan, le pasaremos el recado.
No pasaron recado y él empezó a enfermar de corazón. Creía al principio que estaba del pulmón y mandó que estropeáramos todo, que nos deshiciéramos de su ropa y de todo lo que había to-

cado para evitar el contagio. No quería hacer daño a nadie, y dijo que no quería ver a ninguna criatura, que no entrasen los niños de la vecina.

Consultamos con don Teodoro, un médico muy bueno que hay en Aldeanueva, y nos dijo:

—Tráiganmelo por la noche, a eso de las once.

Era el año 37, en plena guerra, y él estaba ya escondido, porque no se había presentado. Claro que del cuartel de la Guardia Civil tampoco había recibido recado ninguno. Un compañero que le conocía mucho y era un buen amigo se ofreció a llevarle al médico.

—No te apures, que yo vengo con el coche que tengo para el servicio público y te llevo.

También se ofreció otro amigo, un señor que tenía los hijos trabajando conmigo en la fábrica. Fue también mi hermana la pequeña. Al reconocerla, le dijo don Teodoro:

—No te apures, muchacho, que lo que tienes es estrechez mitral. Estás muy sano de los pulmones y de todo lo demás. Si no, habría que sangrarte.

Ése fue el motivo por el que se quedó aquí.

«NO QUERÍA HACER DAÑO»

—Si no fuera por esto— decía a veces.

Pero además, es que no quería hacer daño a nadie. Y ya sabíamos que mataban a muchos y que habían cogido al maestro que le había dado clases, don Manuel Francisco Crespo. Eso fue lo que le ayudó a decidirse del todo, el que mataran a tanta gente. Aquí, en el año 37, la represión fue muy dura.

Cuando me mandaron ir al cuartel de la Guardia Civil, él llevaba ya bastante tiempo escondido. Tenía un pelo que le llegaba hasta los hombros y una barba que parecía Jesucristo. Al enterarse de que me habían llamado, me dijo:

—Ya no me puedo entregar, porque en cuanto lo haga, me fusilan. Si se hubiera quedado don Manuel aquí, habría sido distinto. Como estoy enfermo, me habrían mandado a casa.

Decía esto, porque a él le querían mucho. Él estaba en las oficinas del Estado Mayor. Pero son así las cosas y la vida se presenta muchas veces como no quisiéramos.

En el cuartel me preguntaron dónde paraba mi hijo.

—Oiga usted —contesté yo—, si ahora pudiera tener a mi hijo donde le tuve nueve meses, seguro que no me lo asesinan como han asesinado a tantos.

Aquel día fui yo tan valiente como inocente era mi hijo. Porque él no había matado a nadie. No quería matar a sus propios hermanos en una guerra que no fue más que eso: un matarse los padres, los primos y los hermanos entre sí.

Como había peligro de que vinieran a registrar la casa, preparamos un escondite. Levantamos un tabique y tapiamos parte de la despensa, dejando sólo un agujero para que él pudiera entrar y salir. Así, cuando había gente por aquí cerca o venía alguien a casa, él se metía en su escondite y yo tapaba el agujero con un arca grande que todavía tengo aquí.

«ESCONDIDO ENTRE LAS FLORES»

No podía salir de casa, porque entonces pasaban los obreros por aquí cerca. Al lado de casa hay una fábrica. Sólo salía de noche, cuando todos se habían ido. Teníamos las flores muy altas, los crisantemos y las dalias, y se quedaba escondido entre las flores, tomando un poco el aire.

Yo seguía trabajando en la fábrica, haciendo ver que no sabía nada de mi hijo. Muchas veces me preguntaban:

—Pero, oiga, ¿no sabe usted dónde para Antolín?

—No, no lo sé, ¿cómo quiere usted que lo sepa yo? Si lo supiera, lo habría traído a casa.

Tuvimos suerte y no registraron nunca la casa. Sólo una vez que yo no estaba vino la Guardia Civil. Mi hermana empezó a enfermar del corazón del susto que se llevó. No pasó nada, pero pudo pasar mucho, porque estaba en casa el niño de una vecina —sus padres se habían ido a Buenos Aires, y él vivía con su tía, una vecina nuestra—. No tenía más que seis añitos, pero estaba muy bien enseñado.

—Ponte donde no te vean —le decía a Antolín.

Era muy gracioso y muy inteligente.

—Si a mí me preguntan —decía—, yo les diré: «Aquí no hay nadie, nada más que mi tía y yo, y mi tía Juana que está a trabajar y mi tía que se fue.» Nos llamaba tías el pobrecito.

Había racionamiento y no nos daban lo necesario. Así que, al salir de la fábrica, yo me iba por ahí, por eso que llaman la Ronda de Navarra, a comprar de estraperlo el pan, el aceite, el azúcar, todo lo que podía. Otras veces sólo conseguía harina, y la Carmen hacía con ella el pan en el horno. Hacía bollos. Luego estaba el panadero ese, Paco Espinosa, que me hacía un chusco blanco todos los días. Me lo hacía a ocultas, porque le tenían muy vigilado. Este panadero sabía que mi hijo estaba escondido. Era muy amigo de Antolín y los dos se llevaban muy bien.

Antolín se entretenía leyendo y escribiendo mucho. Es una pena que no hayamos guardado todos aquellos papeles que él escribía. Los rompió un día mi hermana Gregoria.

—Has hecho mal —le dije yo—. ¿Por qué lo has roto?

—Porque todavía están las cosas como tú sabes y no quiero que le desentierren.

«LOS DOCE APÓSTOLES»

Eran tiempos muy duros. Sacaban a la gente y la mataban, dejándoles tumbados por las carreteras. También mataron al alcalde, a Eloy. En Salamanca mataron al maestro de Antolín, al Secretario, a un Notario, todos gente de izquierdas pero muy respetables, todos gente de carrera. Los fusilaron en Salamanca el día de Reyes. Eran doce, «los doce apóstoles».

A nosotras tres, a mis dos hermanas y a mí, nos llegaron a tener apuntadas para cortarnos el pelo. A mí no me lo llegaron a cortar, porque yo no venía hasta las tres de la madrugada. ¡Bendito sea Dios!, las cortaban el pelo en pleno día y las sacaban por las calles, hasta la Corredera, cantando el *Cara al Sol* y obligándolas a llamarse a sí mismas asesinas y rojas. ¿Y lo que hicieron a la maestra, la mujer del alcalde? La pobre señora se iba ensuciando por la calle, de miedo y de pena, porque le habían hecho tragarse un vaso de aceite de ricino, y alguna de esas señoritas que estaban tomando un *vermouth* soltó una carcajada.

A pesar del racionamiento y las estrecheces de aquel tiempo, a mi Antolín no le faltó nada. No le faltó nunca su alimento, aunque a nosotras nos faltara muchos días. Lo más difícil de conseguir era el tabaco, porque, claro, yo no podía ir sin más al estanco sin llamar la atención. Pero como yo hacía muchos recados en la fábrica, muchas veces me decían los obreros y los encargados:

—Señora Juana, vaya usted a traérme tabaco, un paquete de «cuarterón».

Yo, entonces, aprovechaba y con el tabaco para los obreros compraba el tabaco para mi hijo. Me lo metía en el bolsillo del mandil de trabajar y allí no me lo notaban. Así conseguía el tabaco, los librillos, las cerillas. Cuando se lo llevaba, decía el pobrecito:

—Yo podría estarlo ganando y ayudándote, madre, pero no puedo. Podría estar llevando alguna contabilidad.

«LE DABAN IDEAS...»

Tenía título de contable y había leído mucho, mucho. Había días que me decía que le daban ideas de matarse.

—Porque no he visto más que injusticia —me decía—, hay injusticia por todos los sitios y son los burgueses los que traen todo esto.

Yo no sabía cómo quitarle esas ideas de muerte de la cabeza.

—Qué le vamos a hacer, hijo, todo ha sido así siempre, y así tiene que seguir.

También para mí era dura la vida, una cosa espantosa. Yo trabajaba doce horas seguidas en la fábrica y no paraba ni para comer. Tenía que estar corriendo continuamente, con las máquinas en movimiento, atando los telares. Una cucharada y, ¡hala!, y no dejes de atar, porque tenía que dejarlo preparado. Y enseguida me decían:

—Juana, a las revolturas.

Y me iba a hacer revolturas, hasta setenta mil kilos, que ocupaban toda la nave, y me tenía que agarrar a una cuerda para poder subir arriba a extender la lana. Luego, ya me dedicaron a todo, a todos los oficios de la fábrica, a hacer fardos, a montar el urdidor... Me han dedicado a todo. Y mi hijo sufría de vernos.

—Te he quitado yo no sé cuántos años de vida, madre.

—No, hijo, no.

Me sentía a veces un poco fatigada y fui a ver al médico, no fuera algo del corazón. Pero no era más que cansancio, porque me dijo el médico:

—¡Pero qué naturaleza tiene esta señora!

Y es verdad que soy de una naturaleza muy fuerte, pero no sé cómo aguantaba. Además del trabajo, yo misma lavaba la ropa y la tendía en el desván, para que nadie viera ropa de hombre en mi casa.

Mi hijo seguía sufriendo horrores de vernos sufrir tanto y de estar encerrado sin podernos ayudar. Cogió una artesa que tenía mi hermana y que no nos hacía falta, porque teníamos mucha agua y una pila grande abajo para lavar.

—Déjeme, tía, que voy a hacer como un banco con la artesa. Me voy a dedicar a hacer algo.

Y se puso a hacer unos aparatos para hacer fotografías, porque tenía máquina.

—Yo mismo las revelaré —me dijo.

Por fin un día se presentó en casa el padre Barceló, un padre teatino de ahí, del Castañar, a quien un amigo de mi hijo le había contado, bajo secreto de confesión, cómo Antolín llevaba ya 17 años escondido y la tragedia que eso suponía. Vino varias veces a verle, pero nunca le dijo: «Tienes que confesar, tienes que comulgar...» Nada más le preguntaba:

—Y tú, ¿por qué te quedaste aquí? Vamos a ver.

Y al saber la Historia, le dijo a Antolín:

—Pero, hijo, si tú estás cumpliendo una condena que no has cometido, mientras los asesinos se están paseando.

A LA CÁRCEL

Y se fue a Valladolid a hablar con el Capitán General. Fue a todos los sitios hasta que consiguió que Antolín pudiera salir sin peligro. Lo arregló todo para que Antolín se presentara en Salamanca. Hicimos venir al sastre —el sastre que habíamos tenido toda la vida— para que le hiciera dos trajes, y así poder estar presentable ante las autoridades y ante el pueblo. Vino el hombre a tomarle las medidas a las once de la noche. Se los hizo —que aproveché yo dos cortes que tenía preparados desde hacía tiempo—, y vino a las doce de la noche a entregarlos. Se los probó mi hijo, y le dijo el sastre:

—Te está perfectamente, no hay que hacerles ningún arreglo.

A la mañana siguiente, Antolín salió a tomar el tren acompañado de otro padre que había mandado el padre Barceló, porque él no podía ir por una boda de una señorita que se le había antojado que fuera el padre Barceló quien la casara. A este otro padre, le había dicho el padre Barceló:

—Cuídate, no me lo dejes allí. Si acaso dijeran que se va a quedar detenido, les dices que viene detenido al convento, y así podemos dejarle en su casa.

Bueno, pues el otro no supo hacer las cosas, y mi hijo quedó detenido. En seguida que se enteró el padre Barceló, se fue a Salamanca. Fue directamente a la cárcel:

—Díganme ustedes por qué han detenido a Antolín Hernández. Si le han declarado inocente, ¿por qué han de tenerle preso? Me voy inmediatamente a Valladolid a solucionar esto. Pero hasta que vuelva, le van a tener en la sala de preferencia, porque está enfermo del corazón.

Le tuvieron allí 18 días, y luego le trajeron a casa. Cuando volvió mi hijo, todos los de Béjar tan contentos. Mucha gente decía:

—Claro, pero si este muchacho no se ha metido nunca con nadie.

Las envidias son muy malas, y él nunca la tuvo. No quiso hacer daño a los suyos. Siempre decía que era una pena que se estuvieran matando hermanos con hermanos y padres con hijos. ¿Por qué? Aquéllos eran obligados y los de esta parte también. ¡A ver! Eran obligados. Nunca se ha conocido otra cosa igual.

Había señoritas que decían que de ver un hombre tan... Mi hijo era delgado, muy alto— medía 1,85—, y decían:

—Ese muchacho, da gusto ver el saludo que tiene.

Cuando salió era abril de 1953. Se dedicó aquí a dar cultura a niños y niñas. **Daba** clases. Tenía hasta 70 entre niños y niñas. Unos venían de ocho de la mañana hasta las cuatro de la tarde. Luego venían los mayores que estaban en otras escuelas y no sabían ni dónde tenían la mano derecha. Éstos se quedaban hasta ya bien de noche.

Y yo, ya ve, trabajando como una burra. Luego, él murió, y aquí me tiene, sola en el mundo.

TRASLADADO EN UNA CÓMODA DE UN EXTREMO A OTRO DE BÉJAR

DÁMASO HERNÁNDEZ: «HABÍA VECES QUE ESTABA DESESPERADO, DESEANDO CASI QUE ME DESCUBRIERAN...»

- «ESTUVE EN UNA CUEVA, MARCHÉ A PORTUGAL, Y PERMANECÍ ESCONDIDO EN DOS CASAS»
- «EN UN PUEBLO, DONDE ME OCULTÉ EN UNA BODEGA, TUVE QUE SALIR RÁPIDAMENTE DISFRAZADO DE CAMPESINO»

Dámaso Hernández Domínguez cuenta, actualmente, ochenta y tres años de edad. Dámaso es un hombre que para su edad, se mantiene en plena forma, vive en la calle Mayor de Béjar en compañía de su mujer, Florencia Sánchez López, compañera de fatigas, gran luchadora por mantener oculto a su marido, quien permaneció «vivo de cuerpo presente» diez años.

Dámaso se ocultó a últimos de agosto de 1936, cuando tenía cuarenta y dos años. Su historia es muy interesante y refleja el ambiente que reinaba en Béjar, una ciudad sometida a una tremenda represión —se calcula en unas 130 personas las víctimas ocasionadas después de la contienda.

Dámaso apareció a la luz el 19 de agosto de 1946 entre la sorpresa del vecindario. Con él he dialogado en su casa, de recio sabor serrano. Dámaso se ha dedicado a la matanza del ganado..., y también tuvo coches, que dedicaba al servicio público.

¡El año 36! Sí, nos habíamos significado un poco. Yo era del Partido Republicano. El día 21 ó 22 de julio, llegaron unos de Salamanca en un coche pegando tiros. Todo el mundo salió corriendo. Pero había uno ahí que tenía una escopeta y le disparó a uno de los de Salamanca. Yo estaba en mi carnicería y lo vi todo. Al ver a su compañero herido, el otro salió del coche huyendo y se metió en una carnicería que había más acá, antes de entrar en la calle esta larga, donde ahora hay una dulcería. El de la escopeta y otros tres o cuatro se agolparon a la puerta de la carnicería y le dijeron al carnicero que le mandara salir. Claro, el otro no quería y se metió debajo del mostrador. El carnicero le dijo:

—Salte de ahí, que me estás comprometiendo.

Y le empujó para que saliera. El de la escopeta estaba preparado para sacudirle. Yo, que estaba en la plazuela y lo vi todo, corrí en seguida, me puse delante y dije:

—¡Aquí no se tira a nadie, ni se pega a nadie! Dejarle que salga y que se vaya.

Pero, al salir, se agolpó toda la gente y...

—¡A matarle, a matarle!

Porque ellos habían matado ya a un muchacho, un comunista, uno que llamaban *el Bañero*. Le habían matado por ahí, más allá del parque, desde una huerta. Dicen que si le tiraron una bomba o no se qué. La cosa es que lo habían matado y la gente estaba alborotada a cuenta de eso.

Al irle a tirar el otro con la escopeta, me puse yo delante, le sujeté el cañón y se la puse para un lado.

—Aquí no se mata a nadie —dije.

La gente se puso loca. Yo no podía llevar a aquel hombre a mi casa, porque eso era un compromiso muy grande, delante de tanta gente, pero tampoco quería que lo mataran. Así que lo cogí y lo bajé a la cárcel. Pasé las de Caín, porque desde aquí hasta la prisión que está allí abajo, al lado de la plaza, toda la gente a querérsele comer, como se dice. Le metí en la cárcel.

LOS FALANGISTAS

Mal me resultó a mí eso, porque luego, cuando llegaron los falangistas, él denunció a los dos carceleros y los mataron a los dos. Todo porque él les había pedido agua y los carceleros le habían dicho que esperara, que no tenían orden de darle nada por el momento.

Fue justo al día siguiente cuando se armó el alboroto y dijeron que si venían los falangistas con la tropa. Resultó entonces que todos estaban en claro favor de los sublevados y que nadie iba en favor del Gobierno.

Los falangistas venían de abajo en camiones. Disparaban a pesar de no haber resistencia ninguna. Mataron a dos en la carretera sin motivo ninguno. Nada, venían tirando tiros y los dos infelices se encontraron con dos tiros que los espabilaron.

La gente se juntó aquí en grupo y ahí, a la entrada de La Corredera, o de la Puerta de Ávila —que también se le llama— pusimos unas barricadas de sacas de lana. Yo estaba ahí, hablando con el diputado alcalde, Eloy González, y con Garrido. Por cierto, que luego les mataron a los dos. El secretario era entonces Miñana, el padre de Miguel, este muchacho que se ha puesto a diputado ahora. Estaba también hablando con nosotros un muchacho que tenía una carbonería aquí detrás. En esto, llega uno diciendo:

—Vienen las tropas con los falangistas a coger Béjar.

Entonces, yo les dije al alcalde y a Garrido:

—Aquí no estamos bien. No tenemos herramientas para defendernos. Nos tenemos que marchar. Vámonos de aquí, que estamos comprometidos.

—Nosotros no nos vamos. Nos metemos en cualquier casa y nos refugiamos.

PERSEGUIDOS

El otro que estaba conmigo, el que tenía la carbonería, dice:
—Pues yo me voy contigo.

Como yo conozco todos estos terrenos y todos los pueblos de por aquí, cruzamos por medio de los campos y nos fuimos a los tesos de Val de San Gil. Desde los tesos vimos que ya estaban llegando las tropas aquí abajo. Estábamos mirando las tropas, cuando el muchacho volvió la mirada a un lado, y me dice:
—¡Oye, mira!

Miré y vi una pareja de la Guardia Civil, que iba en busca nuestra. Nos habían visto salir. Al ver que nos estaban mirando para arriba, nos agazapamos hasta que siguieron un poco más para adelante.

—Ya no podemos ir a Béjar. Esta gente viene con ideas de echarnos mano sin haberles hecho nada, dije.

Porque nosotros no habíamos hecho nada. Si ahora nos perseguían era sólo por estar afiliados al Partido Republicano, y por haber ido a los pueblos a hacer propaganda para la República, en las elecciones. Esto era lo único que habíamos hecho, aparte de salvar la vida al fulano ese de Salamanca que era de ellos.

Una vez pasado el peligro, atravesamos los tesos y bajamos a Sanchotello. Allí estaba toda la gente en las eras. Al vernos venir, salieron todos corriendo a nosotros.
—¿Qué os pasa? ¿Qué os pasa?
Se lo contamos.
—Hala, venir a mi casa.

EN UNA CUEVA

Todos nos querían llevar a su casa. Una gente que... Yo tenía allí varios amigos, uno de ellos era como de familia, porque era hermano de una que había estado casada con un tío mío que ya se había muerto. Dice:
—Tú te vienes a mi casa, os venís los dos.

Y nos fuimos a su casa. Allí estuvimos unos pocos días. De allí tuvimos que salir al monte porque nos denunció Domingo, el secretario, y vinieron los de la Falange con la Guardia Civil en busca nuestra. Vinieron tres o cuatro veces. Nos escondimos entonces en una cueva que hay como a un kilómetro del pueblo, un poco arriba, en el monte, y que la llaman «Cacho la Mora». Dormíamos allí, tirados en el suelo y los amigos nos llevaban la comida. A los dos o tres días de estar allí, nos fue a buscar un amigo.

—Vosotros veniros a mi casa, que aquí estáis mal. Podéis esconderos en la bodega mía: Vais a estar a oscuras, pero, ¡qué se le va a hacer! Por lo menos podéis estar tranquilos y os podemos llevar la comida más fácil.

Fuimos allí, y allí a oscuras todo el día y toda la noche, siempre, nada más con una vela, cuando teníamos necesidad.

—Aquí no estamos bien —dije a mi compañero—. ¿Quieres que nos vayamos a Portugal?

—Lo que tú quieras.

Éste que nos tenía en su casa, lo comentó con los amigos:

—Están allí a oscuras, mal...

Y un muchacho recién casado, carpintero de la vía, le dijo:

—Nada, que se vengan a mi casa.

LA MUERTE DEL COMPAÑERO

Aquel día subimos a un montecito que había cerca, porque nos habían dicho que desde allí se podía ver venir a los falangistas de Ledrada, a la Guardia Civil y toda esa gente que, con algunos de Béjar, habían ido a buscarnos ya más de una vez. Estando allí llegó uno con un recado de nuestra casa.

—Tu mujer me ha dicho que no vayas a Béjar ni por nada del mundo —me dijo a mí.

Y dirigiéndose al otro compañero, le dijo:

—A ti te traigo una esquela de tu mujer.

En la esquela decía que un señor le había dicho a su mujer que su marido podía presentarse, ya que no tenía delito ninguno y que por tanto no le harían nada.

—Pues me voy a Béjar.

—No te vayas —le dije—. Mira que te vas a acordar.

Por entonces ya nos habíamos enterado de que habían matado a treinta o cuarenta.

—Te digo que me voy, y me voy.

Nos despedimos allí mismo. Yo me fui a casa del carpintero de Sanchotello y él se fue para Béjar.

No hizo nada más que llegar y ya se enteraron de que estaba en el pueblo. Llegó por la tarde, y esa misma noche lo sacaron y lo mataron ahí en la carretera. Creo que fue por la carretera de Ciudad Rodrigo donde le llevaron. Mataron esa noche a quince o veinte. Los sacaban en coche de Béjar, por la carretera. Les mandaban abrir la boca y les disparaban ahí, en la boca.

Yo me dirigí a casa del carpintero, pero antes de llegar, me dijo:

—Tiene que ser de noche, porque hay una vecina enfrente y si te ve, seguro que se va de la lengua. Las mujeres son así.

Esperamos que fuera de noche, y bien tarde nos decidimos a entrar. A pesar de tantas precauciones, la vecina consiguió verme.

Al día siguiente, estaba yo leyendo unos libros que me habían dejado para que me entretuviera, cuando la mujer de enfrente llamó a la puerta:

—Manola, Manola.

—¿Qué quiere usted? —dijo la mujer del carpintero.

—Baja de prisa.

Bajó y estuvieron hablando unos momentos. Inmediatamente después subió toda angustiada.

—¡Ay, señor Dámaso, que estamos perdidos!

—¿Qué pasa?

—Que están los de Falange y la Guardia Civil registrando en todas estas casas.

Ahora mismo está en la casa de por bajo.

TRAS UNAS ZARZAS

Yo no sabía qué hacer. Quería meterme debajo de un montón de carbón, pero pensé: «No me meto, porque lo mismo me van a encontrar ahí que en otra parte.» Lo que son las cosas de la vida. Me quité la chaqueta y la tiré debajo de la cama. Cogí una blusa de su marido y me la eché al hombro. Me remangué las mangas de la camisa y me puse un sombrero viejo, bien calado hasta las cejas. Me eché un azadón al hombro y salí por entre medias de todos, sin que me conociera nadie. Me cogí la primera calle que tiraba para abajo y trás-trás-trás, me marché a las viñas. A la hora de estar allí escondido detrás de una zarza, sentí que andaba alguien por allí cerca. Me asomé un poco y vi que era uno del pueblo.

—¡Don Dámaso!

—¿Qué hay?

—Que ya se marcharon, ya puede salir.

Así salvé la vida, casi de milagro, a sólo doscientos metros de donde me buscaban. «No es muy viable el estarse aquí», pensé: En esto llegó el lechero que me llevaba los recados de mi mujer.

—Me ha dicho tu mujer que procures esconderte todo lo que puedas. Anoche han matado a Cesario, el que estuvo contigo hasta ayer mismo. En cuanto ha llegado, le han cogido, lo han sacado y le han matado. De manera que no asomes por allí.

Yo vi que tenía que marcharme también de Sanchotello, porque tampoco allí estaba muy seguro. Ya habían ido a buscarme varias veces. Así que cogí por la noche, y trás-trás-trás, salí del pueblo. Yo conozco muy bien todos estos montes. He comprado mucho ganado en los pueblos de Extremadura, y los conozco todos. Seguí todo abajo, y la primera noche llegué a La Zarza de Granadilla. Allí dormí en casa de un amigo. Estuve todo el día allí, y al día siguiente salí y emboqué a Zarza la Mayor. Anduve unos setenta kilómetros. Allí estuve en casa de otro amigo al que había comprado mucho ganado. Le conté lo que me pasaba.

—No sé cómo estará la cosa en Portugal, me dijo. Si quieres podemos intentarlo.

Paso a Portugal y me entero de si puedes ir tú.

EN PORTUGAL

Se pasó él a Cebreira, y estuvo hablando con unos amigos a los que yo no conocía pero que, por mediación suya, había yo comprado muchas veces. A la vuelta me dijo:

—Esta noche nos pasamos y te vas a Cebreira, a casa de esos amigos.

Entonces había mucho contacto con Portugal.

A los dos días de estar en Cebreira, me dice uno de los dueños de la casa:

—Mire usted, el compromiso es muy grande. Si usted quiere puede quedarse en nuestra casa, porque a nosotros no nos pueden hacer nada. Pero el compromiso es muy grande. Están sacando a todos los que se pasan de España. Los llevan a Badajoz y los fusilan. De manera que usted verá.

No había más remedio que salir de allí. Me volví a Sanchotello. Tampoco encontré a nadie en el camino de vuelta. Salía de noche, ya oscuro, y me iba toda la noche andando. Por los sitios que conocía bien, iba fuera de camino. Por donde no conocía tan bien, me iba por los caminos, porque los caminos los conocía todos. Entonces era yo un buen andarín. Muchos días andaba hasta cien kilómetros. Tenía cuarenta y dos años, pero estaba acostumbrado a ir a las ferias. A algunas de ellas íbamos en tren, como a Coria y a Cáceres, y luego a la vuelta, subíamos andando con el ganado.

VUELTA A SANCHOTELLO

Me vine a Sanchotello, a casa del carpintero. Por el lechero mandé recado a mi mujer de lo que me había pasado en Portugal. Por el mismo lechero me comunicaron que habían acordado que me fuera a casa de una hermana. En esta casa un amigo nuestro, albañil, que era también muy de izquierdas, tapió la puerta de una habitación y abrió una tabla por el techo que daba a un desván. Por ahí me metí yo cuando vine de Sanchotello. Salí de este pueblo una noche a las dos de la mañana y a las tres estaba metido ya en esa habitación. No tuve dificultad ninguna ni me encontré a nadie. Entré en Béjar por el puente de San Alvín, y subí toda la cuesta hasta la trasera de la pescadería de mi hermana, en la calle del Horno, una calle poco concurrida. Ella ya estaba avisada y me tenía la puerta abierta. Nada más que llegué, entré y me metí en aquella habitación. Todos los días me daban la comida, metiéndomela por el techo.

DESESPERADO

No me acuerdo qué fecha era. Estuve allí tres años. Varias veces vino la Guardia Civil a registrar la casa, pero no me encontraron. Subían, veían nada más que las dos habitaciones que tenían puerta y se iban.

Sólo sabían que estaba allí escondido mi mujer, mis padres, mis hermanos y dos criadas de confianza. No salía nunca. A los dos años de estar encerrado en esa habitación, construí otro escondite, en la misma habitación en la que me escondía. Me llevaron los materiales y preparé una puerta debajo del fregadero que había. Allí me metía yo en los momentos de más peligro, cuando registraban la casa. Por ese fregadero hice una salida al fregadero de la cocina de al lado. Una noche utilicé esa salida y, sin querer, le di un susto a mi hermana. Cuando salí y entré en su habitación, estaba dormida en la cama. La toqué y se sobresaltó.

—¿Ande vas?

—Me voy a Madrid. Yo no puedo estar tanto tiempo aquí encerrado.

—¿Que te vas? Estás loco. Te van a matar.

Consiguió convencerme y volví a mi escondite. Me entretenía como buenamente podía. Me leí muchas novelas españolas. Como mi hermana tenía pescadería, no hacía más que decir a todas las clientes:

—¿Qué? ¿No tenéis alguna novela? Me estoy muchos ratos aquí, de más y me entretiene la lectura.

Cuando le preguntaban por mí, decía que no sabía nada. Una vez dijo la gente que yo había pasado en un aeroplano tirando prospectos. El encierro en aquella habitación se me iba haciendo insoportable. Al cabo de tres años, me dije un día: «Yo no me estoy aquí más tiempo.» Y mandé recado a mi mujer. Yo no tenía miedo. Estaba dispuesto a morir. Sabía que no me podía entregar y que no había medio de salvarse. Me defendería como pudiera. Si iban por mí, yo iría por el que pudiera. Mi mujer acordó que me fuera a nuestra casa y que pasara lo que Dios quisiera. Eran tres años de estar encerrado y no aguantaba más. Estaba desesperdo. Como soy muy mañoso mandé que me tuvieran preparado el material en casa, para hacer yo mismo el escondite.

TRASLADO EN UNA CÓMODA

Después de pensarlo un poco, encontré por fin el medio adecuado para que me llevaran de casa de mi hermana a la de mi mujer, sin llamar la atención y sin que nadie se diera cuenta. Quité todos los fondos de los cajones de una cómoda que tenía mi hermana, menos el fondo del cajón de abajo. Así, me metía por el cajón de arriba, cerraban los cajones, y parecía que dentro no había más que ropas o lo que fuera. El día del traslado bajé a pie hasta el portal de la casa de mi hermana y allí me metí en la cómoda. Acercaron la camioneta —una camioneta blindada de la carne— a la puerta, en plena calle Mayor, a la vista de todos, y entre un hermano y una hermana cargaron la cómoda. Eran las once de la mañana. Era mejor hacerlo de día, porque de noche daría que sospechar. Al descargarme en la otra punta de la calle Mayor, aquí, tras venir por la Solana, mi hermano no podía solo con la cómoda. Le dijo a uno que tenía una tienda cerca y que le llamaban *el Quesero*:

—¿Me hace usted el favor de echarme una mano? Es que mi hermana viene a vivir con mi cuñada para ayudarla un poco, y traemos aquí la ropa.

Entre mi hermano, el tendero, mi mujer y dos criadas que tenía yo entonces bajaron la cómoda y la metieron en el portal. Cuando mi mujer cerró la puerta, yo me fui en seguida arriba.

No había tenido miedo. Me había acostumbrado a mi situación como el condenado a muerte está acostumbrado a que le digan todos los días que le van a matar. Había veces que estaba desesperado, deseando casi que me descubriesen para matar al que pudiera y que me mataran a mí.

Yo era muy mañoso y preparé mi escondite debajo de un water de esos antiguos que eran como una platafrma, con el water en medio. En un lado de la plataforma preparé una puerta con nueve azulejos que pegué con cemento a una tabla. Lo hice de forma que ajustara muy bien y que no se distinguiera de los otros azulejos que cubrían la plataforma. Esa puertecilla daba a un desván. Yo me metía debajo, y encima, en medio de la plataforma, preparé un water falso con un tiesto de flores lleno a medias de agua.

REGISTROS

Un día vinieron a registrar la casa. Lo hacían siempre a la hora de comer o a las dos o las tres de la mañana. Levantaban a mi mujer de la cama. Era un desastre, porque todos los chiquillos comenzaban a llorar al ver a la Guardia Civil. Tenía cinco niños, el mayor de ocho años. Yo me metí rápido en mi escondite y oí decir al capitán de la Guardia Civil:

—Aquí no hay nada, vámonos.

Yo estaba a menos de un metro de él. Pude haberle agarrado con la mano.

Lo hacían siempre de la misma forma. Obligaban a mi mujer a ir delante, y ellos iban detrás, con las pistolas en la mano. Mi mujer iba delante, quitando las ropas de las camas, abriendo los armarios, por si estaba en algún sitio de ésos. Les enseñaba toda la casa, incluida la habitación donde estaba el water, mi escondite.

Hicieron bastantes registros durante los diez años que pasé escondido en mi casa. Mi mujer contó una vez hasta sesenta y tres individuos entre guardias civiles y falangistas. Unos se subían a los balcones de enfrente, otros en los de las casas de atrás, con los fusiles preparados como si yo fuera *el Pernales*. Mi mujer sufrió mucho con todo eso. Estaba criando al más pequeño —dio a luz mientras yo estaba escondido— y le salió una erupción que le cubría todo el cuerpo. Le dijo el médico que era de la leche, que se le había repartido por todo el cuerpo; pero eran los sustos. Menos mal que la curaron pronto.

Mi mujer se iba defendiendo bien económicamente. Yo tenía dos carnicerías. Al desaparecer yo de la vista del público, de una de ellas se encargó mi mujer y a la otra fue a despachar una hermana mía. Al principio tenía contratado a uno para ir a comprar las reses y matarlas. Ella se ocupaba después de deshacerlas y despacharlas. Pero ese individuo la estaba estafando. Se quedaba con toda la ganancia. Me dijo mi mujer:

—Me estoy matando a trabajar, para que ése se quede con todo.

Decidió prescindir de él. Cogía al chico mayor, que tenía entonces doce años, y se iba con él al mercado. Había días que compraban siete y ocho reses. Las mandaba matar en el matadero y luego se las llevaban a casa en el camión del Ayuntamiento. Al encargarse ella de todo mejoró un poco la situación.

Una tarde había ido a la huerta con una amiga suya que tenía una frutería. Estaban allí las dos distraídas, cuando llegó la criada diciendo que se viniera en seguida, que tenía la casa llena de falangistas y guardias civiles. Cuando llegó, ya estaba allá un hermano mío al que habían obligado también a levantar las camas y abrir los armarios. Registraron todo, como siempre, y quedaron convencidos de que yo no estaba. Incluso vigilaron la puerta trasera.

Hubo casos curiosos que demostraron la poca vergüenza de algunos. Vino a registrar mi casa una vez un individuo que había sido íntimo amigo del hermano de mi mujer, acompañado de otro cuyo padre me quería a mí como si fuera hijo suyo. Don Nicolás García era el padre de éste, un hombre que tenía una fábrica de harinas y con el que siempre nos habíamos tratado como en familia. Llamaron y fue mi mujer a abrir la puerta.

—Vaya, hombre, sois vosotros. Venís buscando a mi marido para matarle, ¿no es así? Tú, íntimo amigo de mi hermano y de toda la familia, con las veces que has ido a merendar a nuestra casa, y te lo hemos ofrecido sin interés ninguno. Y tú, cacho gandul —le dijo al otro—. Si viviera tu padre y te viera cometer esta acción, te partía la cara. ¿No sabes tú lo que quería tu padre a mi marido? Así que venís a matarle...

Bajaron los dos la cabeza y se fueron avergonzados.

GENTE SIN LEY

Algunos eran gente sin ley, que actuaba en puro provecho suyo, sin ni siquiera ideal ninguno. Entró otra vez uno de la ronda en compañía de otro que todavía vive y anda por ahí agobiado, como un castigo de Dios por lo canalla que fue. Esos dos vieron una cómoda que había en una habitación y sin hacer caso a mi mujer, abrieron los cajones y se llevaron todo lo que había de valor: 18.000 pesetas que había cobrado mi mujer por una partida de pieles, un retrato mío, «para sacar copias» —dijeron—, un medallón de bronce que tenía yo, precioso, de Isabel II, muy grande, del año 1868, un mechero, un mazo de cigarros puros. Todo se lo llevaron, esos dos y los otros falangistas que les acompañaban.

Eran hasta ladrones. Cada uno de nuestros cinco hijos tenía una cartilla en el Banco del Oeste. Todas las semanas les íbamos metiendo un poco de dinero. Un día fue mi mujer a reclamar ese dinero, y le dijo el Director:

—Han venido los falangistas y se lo han llevado.

Da rabia recordar todo esto, rabia y vergüenza.

Durante diez años no vi a mis hijos. Los niños eran muy pequeños y podían haberme delatado sin darse cuenta. Cuando salía del escondite, me quedaba en la habitación de arriba. Allí me subía la comida una criada que teníamos de mucha confianza. Sólo me dejé ver de mis hijos, cuando entre mi mujer y yo acordamos mi salida. Aquello fue un duelo, una cosa tremenda, todos llorando de rabia. Ninguno sabía nada. Su madre les había dicho que yo estaba fuera, muy lejos. También llegaría hasta ellos lo que decía la gente. Y la gente decía que estaba en Rusia, en Francia; y un día que pasó un avión tirando propaganda, dijeron también que yo iba en el avión.

SALIDA

El día 19 de octubre de 1945, vino un amigo falangista, y le dijo a mi mujer:

—Dígale a su marido, dondequiera que esté escondido, que puede salir. Su marido no ha cometido ningún delito y no le harán nada.

Este hombre era un buen amigo y por eso supimos que no lo había dicho con intención de engañar. A la mañana siguiente, mi hija mayor —que ya tenía trece o catorce años— bajó a la estación del ferrocarril y sacó un billete para Valladolid. Yo fui también a la estación por unas callejas, a escondidas de la gente, y me quedé aguardando en un terraplén que hay detrás. Cuando llegó el tren, monté en él y mi hija, que había subido antes que yo, me dio el billete y se apeó para volverse a casa. Yo me fui a Valladolid, a casa del Capitán General de la Región que era amigo mío, porque lo había conocido cuando era teniente de la Guardia Civil en Béjar. Salió su señora.

—Hola, Dámaso. ¿Cómo usted por aquí?

Le conté el caso.

—¿No está Don Juan?

—Se ha ido a León, pero no se preocupe. Preséntese usted a las autoridades. Si le dejan libre, vuelva a decírmelo. Y si no le dejan venir y no recibo ningún recado, cuando venga Juan, le diré lo que pasa. Él irá a ver por qué le han detenido, porque usted no ha cometido delito ninguno.

Me presenté entonces a las autoridades militares de Salamanca. Había allí dos tenientes coroneles y un comandante sentado a una mesa.

—¿Qué desea usted?

—Mire, yo he estado escondido diez años, y al enterarme del decreto de amnistía que ha concedido Franco, me vengo a presentar, porque yo no he cometido ningún delito.

—¿Cómo se llama usted...? Díganos cómo fue la cosa.

—Nada, al estallar el Movimiento, vi que cogían muchos compañeros que tampoco habían hecho nada, y me escondí.

—¿Usted no intervino?

—No me dio tiempo. No he intervenido en nada. No teníamos ni armas para defendernos. He estado diez años escondido. Me presento a ustedes, ahora que el Caudillo ha concedido la amnistía, para ver si puedo seguir ganándome la vida porque tengo cinco hijos y tengo la obligación de darles de comer.

Apuntaron todo lo que había dicho y me despidieron muy amables.

—Puede usted marcharse a su casa, que nadie se meterá con usted.

Así fue. Otros tuvieron que presentarse a las autoridades todos los meses; yo no. A mí no me volvió a molestar nadie. Solamente ese día, en Salamanca, uno que había vivido enfrente de mi casa y era muy falangista, familia de los Redondo, me vio por la calle y avisó a la Policía. Me estuvieron siguiendo todo el día, por todos los sitios, hasta que me subí al tren para volver a casa. Cuando llegó el tren, a las doce de la noche, me estaban esperando en la estación dos de la policía secreta. Pero yo había puesto un telegrama a casa, diciendo cómo se había solucionado todo y cuándo llegaba, y también me estaban esperando treinta o cuarenta amigos. Uno de la Policía, que me conocía mucho, se acercó a mí.

—Te estábamos esperando por una denuncia que ha habido, pero no tengas cuidado, puedes irte a casa tranquilo.

Aquella noche no me pude acostar. Toda la noche estuvo viniendo gente a saludarme y a darme la enhorabuena.

«EN VEINTE AÑOS SE ACABA PERDIENDO EL CONTACTO CON LA VIDA»

ÁNGEL BLÁZQUEZ: «MI VIDA ESTABA ROTA, DESHECHA POR ESOS AÑOS ESTÉRILMENTE PERDIDOS»

- «MI TEMPERAMENTO INFLUYÓ, DE UNA MANERA ESPECIAL, PARA RESISTIR EL OCULTAMIENTO»
- «UNO SE SIENTE ALEJADO DEL MUNDO, COMO EXTRAÑO, COMO ALGO QUE FLOTA»

Ángel Blázquez es un bejarano, soltero, antiguo militante de UGT, que lleva, en la actualidad, la recepción de un hostal-residencia, muy cercano a la antigua calzada camino de la Plata, hoy carretera de Gijón a Sevilla.
Ángel Blázquez es un buen conversador y hombre culto, cuyo trabajo le permite leer. Blázquez tiene una historia tan interesante como dramática. Perdió trágicamente a uno de sus hermanos. Él es protagonista excepcional de los acontecimientos que vivió la ciudad de los paños; la fuerte represión que llevó a ocultarse nada menos que a cinco personas. En este sentido, Béjar es la ciudad española que tuvo mayor número de hombres ocultos. No hay que olvidar que esta población por su contingente obrero era muy avanzada; contraste que chocaba fuertemente con las ideas reaccionarias de un mundo ya lejano.

Con siete años, yo acompañaba, en Béjar, a los manifestantes del que llamamos «motín del pan». Era el 22 de mayo de 1920, y el motín lo había provocado la subida del precio de las subsistencias.

Los manifestantes se encaminaron al comercio de Mateo Iglesias, que estaba situado frente a los portales de Pizarro. La muchedumbre invadió el establecimiento, sacó las ropas que allí había y con ellas hicieron dos grandes fogatas: una, frente a la puerta principal; la otra, en la calle de las Armas.

La gente presenciaba, impasible, todo este espectáculo. Los mismos empleados les entregaban las ropas a los manifestantes. Cuando acabaron de arder las fogatas, proseguimos hacia la calle de la Feria, donde se hallaba el almacén de ultramarinos de don Rafael Calzada. Isabel Gutiérrez Pérez y la «Rila» (Gerarda Pérez Blázquez) fueron las primeras en golpear las puertas, que se fozaron a hachazos. Luego, los manifestantes la emprendieron a pedradas, y todos los cristales de las ventanas caían hechos añicos. Forzadas las puertas, entraron los manifestantes, que destruyeron los artículos y abrieron las espitas de las zafras; y el aceite corría por el suelo.

SETECIENTOS MANIFESTANTES

Posteriormente, continuamos a la fábrica de harina de la viuda de Asensio. La escena volvió a repetirse: los cristales caían destrozados, la máquina hecha polvo, y los sacos de harina, tras sufrir diversas puñaladas, caían desde una barandilla a las aguas. La manifestación la integraban unas 700 personas, mujeres y niños.

A medida que pasaba el tiempo, aumentaba el número de manifestantes. Marchamos al centro para pedir armas. En Béjar, en aquella época, sólo había dos establecimientos que las vendían. Eran las dos mejores ferreterías: La de Apolinar Fraile y la de don Lino Rodríguez Frías. En la primera no dejaron penetrar a los manifestantes, pero el dueño, para evitar destrozos, las prometió siempre y cuando no entraran. Y en efecto: desde el primer piso las arrojó.

LOS NIÑOS CON ARMAS

En la otra ferretería, las lunas quedaron destrozadas. Recuerdo que por el hueco de éstas se introdujeron unos cuantos niños con el «Salao» (Esteban Téllez Becerra), uno de los dirigentes de la huelga.

El «Salao» se apoderó de una escopeta y de un arma corta; entretanto, los niños cogían las armas y se las entregaban a los huelguistas. Después se asaltó una zapatería. Uno de los niños intentó calzarse un par de zapatillas, que le quitó la multitud, tras propinarle una buena paliza: La manifestación se había organizado para protestar por la subida de las subsistencias. Era el «motín del pan»: 20 de mayo de 1920.

ESTADO DE GUERRA

Con este motivo se declaró el estado de guerra. Un teniente leyó el bando. Cuando lo estaba haciendo público, a un muchacho se le ocurrió la idea de apuntar a las fuerzas con una pistola de las arrebatadas en la ferretería. Pero el teniente respondió con gran serenidad y, con su actitud, evitó una matanza. Después, los manifestantes se disolvieron pacíficamente.

LA CRISIS DE LOS UNIFORMES

En febrero de 1924, Béjar entraba en una crisis industrial. Primo de Rivera, mediante decreto, suprimía el paño que, a la sazón, se utilizaba para los uniformes del Ejército. Desde entonces se sustituía por el popular «Kaki». Los fabricantes de Béjar que abastecían, oficialmente, al Ejército, se vieron desbordados por esta orden y con la mayoría del producto acumulado en las fábricas.

No cabe la menor duda que la ruina, la miseria y el paro afectaban a la ciudad. Tanto fabricantes como obreros se convertían en víctimas por el decreto. El diputado por Béjar, don Filiberto Villalobos y comisiones de obreros y patronos trataron de mediar en la solución de este problema. Y se entrevistaron con el ministro de la

Guerra y Primo de Rivera. Éstos prometieron que el decreto no entraría en vigor en tres años. De esta manera, podrían los fabricantes deshacerse tranquilamente de las existencias, y evitar los perjuicios consiguientes. Se incumplió la promesa, y las fábricas se paralizaron, y la miseria inundó los hogares obreros y muchas familias emigraron.

En esta crisis, los obreros de Béjar recibieron la ayuda de los de Salamanca. Hubo mítines, dinero para los afectados y hasta una canción que aludía a la unión de los obreros de una y otra ciudad.

Béjar y Salamanca
hermanas han de ser
para que nunca pueda
con ellas el Burgués.
Por eso si una huelga,
se llega a plantear
Béjar y Salamanca
la tienen que arreglar.

En Béjar, la gran mayoría de los obreros textiles estaban afiliados a la UGT. Algunos simpatizaban con la CNT. Estos fueron precisamente los que hicieron que el Sindicato de la construcción se organizara dentro de la Confederación.

Yo estaba afiliado a este Sindicato. Mi actuación era de militante, por mi edad, pues sólo tenía 18 años. Mi formación como la de mis compañeros la adquiríamos, a más de nuestro contacto diario en el trabajo, con diversas lecturas de obras de Marx, Bakunin, Malatesta...

EN LA CARCEL

Al llegar la revolución de Asturias, yo fui detenido el 7 de octubre de 1934. Me condujeron a la prisión de Salamanca y me procesaron con once obreros de mi pueblo. Pasamos en la cárcel, tras sufrir un Consejo de Guerra, año y medio. Al encontrarme en libertad —yo seguía pensando que me habían juzgado injustamente— marché hacia Portugal.

Digo que me condenaron injustamente, porque me detuvieron sin que yo hubiese participado en la manifestación que, el día 6 de octubre de 1934, se produjo en la plaza, cuando un obrero de UGT se subió a un banco y dijo: «Compañeros, esto es una huelga general revolucionaria, y desde ahora mismo debemos actuar como revolucionarios.» Desde este instante, la muchedumbre se encaminó por la calle Larga hasta La Corredera. Los manifestantes obligaron a cerrar los comercios por donde pasaban. Hubo choques entre las fuerzas del orden y los obreros. Éstos, desde el tejado, les lanzaban todo tipo de objetos contundentes. Y digo que fueron injustos conmigo porque yo seguí los acontecimientos desde la casa de un amigo mío; ahora bien, como los obreros se encaramaron en los tejados aledaños a mi domicilio, las autoridades creían que yo había sido uno de los participantes.

Bien, la frontera portuguesa la atravesé por la localidad cacereña de Zarza la Mayor. De allí pasé a Salvaterra de Extremos. Un zapatero del pueblo cacereño nos ayudó. Por la ayuda pidió 15 pesetas. Íbamos cuatro compañeros y permanecimos en Castelo Branco tres meses. De este país nos expulsaron por indocumentados, y nos entregaron a las autoridades de la República. Era el 17 de agosto de 1935. Estuve encarcelado en Badajoz hasta el 29 de setiembre. Ese día me trasladaron a la prisión salmantina. El día 23 de febrero salía en libertad, después de la amnistía concedida tras el triunfo del Frente Popular.

LA GUERRA

Y llegamos a la guerra. El día 17 de julio ya conocíamos la sublevación de África. En Béjar se declaró la huelga general. Los obreros permanecíamos tranquilos; esperábamos acontecimientos.

Supimos que varias provincias se habían sublevado. Empezaron a pasar, procedentes de Plasencia, tropas hacia Salamanca. Entonces se levantaron barricadas con sacas de lana; un grupo de obreros y la junta de la Casa del Pueblo pidió armas al comandante de la Guardia Civil. Éste, tras jurar su fidelidad a la República, prometió darlas en su momento.

Eloy González, alcalde a la sazón de la ciudad, recibió un telegrama de su hijo político, teniente de la Guarnición de Salamanca. Éste le sugería que la ciudad no opusiera resistencia al Ejército. La gente, sin armas, decidió desperdigarse. Algunos obreros, que estaban armados, se encaminaron hacia los bosques aledaños a Béjar; estaban dispuestos a morir antes de entregarse.

OCULTO

Yo permanecí, como casi todos, en el campo, en un lugar que llaman «Tronco del diablo», en el río Cuerpo de Hombre. Allí me enteré que mi hermano Martín había sido fusilado. Unos amigos, a instancias de mi madre, fueron a buscarme para que regresase a casa. Según una orden de los nacionalistas, todo individuo que cogieran en el campo sería acusado de «desafecto al Régimen». Fue entonces cuando decidí ocultarme.

Y preferí esta postura antes que incorporarme, tras ser llamado a filas para cumplir el servicio militar.

Mi refugio era un desván al que se llegaba únicamente por una gotera del tejado. Sus dimensiones eran muy reducidas: tenía unos 5 metros de largo, la altura era de 1'25 por la parte más alta y unos 50 ó 60 centímetros por la otra parte. De ninguna manera podía estar de pie; se sobreentiende que las posturas usuales eran de estar echado o sentado. Vivir así era un infierno. La comida me la introducía mi madre por el hueco de la chimenea de la cocina; un hueco tan pequeño que no entraba un plato. Ella utilizaba una cuchara que yo cogía por el otro lado de la pared. Por lo que respecta a hacer aguas, usaba una vasija; luego los tiraba al tejado de al lado por un agujero estrecho. Para beber utilizaba una paja de trigo. Mi madre situaba el recipiente al lado del agujero, y yo ingería los líquidos por la otra parte de la pared. Los dos primeros años dormía encima de los escombros del desván, con una manta debajo y otra encima. El desván era de teja, simplemente, por eso las condiciones climatológicas eran muy duras. Luego tiramos un tabique de la chimenea e introdujimos un colchón. Como los inviernos en Béjar son gélidos me ponía una pelliza y los pies los forraba con tiras de lana. Ya digo: la vida allí era muy dura y ni bebía ni fumaba por temor a que me descubrieran.

Leer sí leía mucho, y releía, ya que adquirir mi madre libros nuevos le resultaba muy difícil y ¡además que era muy peligroso! Libros como «Los tres Mosqueteros», «Veinte años después», «Ensayos de Marañón», «Historia de varios continentes» y un libro de medicina que databa de 1868. En él se recogía toda la ciencia de las épocas de Paracelso y Galeno. Algunos eran muy grandes, y como no cabían, mi madre los destripaba, de tal suerte, que me los introducía de igual manera y por el mismo sitio que los alimentos.

En el año del hambre —año de 1940— después de cuatro años de permanecer inmóvil en esta situación, decidí pasear por la casa. Teníamos la ventaja de que era nuestra, y esto me permitía moverme con facilidad, y con poco miedo, dentro de lo que cabe.

Dada la situación de inmovilidad, de asentamiento en que estuve durante esos años engordé de tal manera que difícilmente se me reconocía; yo mismo, ante el espejo, me quedaba anonadado de mi figura...

Esta obesidad que adquirí —pasé de 58 kg. cuando me escondí a 95 al salir— me permitió algún que otro escarceo, dado que difícilmente se me reconocería. Y así pude darme el lujo de salir durante las ferias para ver la ciudad. Pasé ante amigos y ¡nada!; anduve cinco días y no me reconoció nadie. Se dice pronto: ¡ni los amigos de infancia! Después pensé, con harto dolor, que había que volver a ocultarse...; yo seguía siendo prófugo.

«VEINTE AÑOS SON MUCHOS»

Son muchos veinte años escondido, muchos. Uno acaba perdiendo el contacto con la vida y esto, sin duda, se nota. Uno se siente alejado del mundo, como extraño, como algo que flota. Gracias a que soy un hombre tranquilo, el calvario del ocultamiento se me hizo más llevadero. Luego, estaba mi madre. Ella me comprendía.

En principio me animaba el recuerdo de una mujer que me esperaba... después, cuando se enteró de mi desaparición, abandonó el luto que había llevado durante tres años. Yo estoy soltero; ella ya tiene nietos.

Mi temperamento influyó de una manera especial, para resistir la dureza del ocultamiento. La verdad es que yo no pensaba permanecer tanto tiempo, porque, naturalmente, yo tenía esperanzas; esperanza de que, con el triunfo de los aliados, tal vez habría una amnistía, y con ella se habría acabado todo. Pero, desgraciadamente, no fue así. En el año 45, Franco dictaba un indulto parcial; indulto al que yo no podía acogerme, ya que el mismo decía que sólo los que no tuvieran antecedentes políticos podrían beneficiarse del mismo. Yo, por desgracia, no estaba entre los beneficiados. Había estado en prisión por la Revolución en Asturias, y además era prófugo.

Mi juventud anclada en el escondite, la mejor parte de mi vida dejada allí... lógicamente estaba ansioso por salir. Tenía 43 años cuando abandoné mi refugio el 24 de diciembre de 1955. Ni qué decir tiene que causó una gran sorpresa entre mis paisanos. Se iniciaron las gestiones pertinentes, y en vista de que no estaba reclamado por ningún tribunal —toda vez que yo no había cometido ningún delito— el director de la DGS me puso a disposición del Gobernador Civil de Salamanca, y éste a la del alcalde de Béjar, quien, tras recibirme, me animó a que no volviera a meterme en política.

Después pensé más claramente que mi vida estaba rota, deshecha por esos años estérilmente perdidos. Mis ilusiones se habían quedado en el desván, mi juventud se había enterrado allí.

Luego, tras salir, tuve algunos desengaños: para mí no había trabajo. Y esto hizo que marchara a San Sebastián, y que volviera a Béjar; que más tarde emprendiera viaje a San Sebastián para quedarme en Béjar definitivamente —mi madre anciana estaba enferma y yo me encargaba de cuidarla—. He trabajado en las obras de un hermano mío, y después construí un grupo de viviendas.»

BÉJAR, UN NIDO DE «ESCONDIDOS»

Béjar llegó a ser un verdadero nido de hombres ocultos. Nueve años y medio permanecieron «escondidos» Manuel Sánchez y su padre. Manuel fue presidente de los Albañiles y Canteros de la Unión General de Trabajadores, y vivía en su pueblo, Horcajo de Montemayor. Con Manuel y su mujer, Antonia, he conversado, brevemente, en Puente del Congosto, donde Manuel trabaja como albañil. Ella se oponía a contar la aventura, sin embargo, entre oposición y oposición iba desgranando parte de la negra historia que vivieron. Manuel, tras huir de la muerte milagrosamente, se escondió en su casa; casa que para más «Inri» tenía dos peligrosos vecinos: un cura, que habitaba el piso inferior, y un cabo de carabineros. «¡No se puede imaginar el miedo que pasé!», mientras su mujer agrega: «¡Si le contara las calamidades que pasamos...!» El caso es que un día decidieron cambiar de domicilio. Para llegar a éste, Manuel tuvo que taparse bajo un colchón que se echó a la espalda —y como llovía— se amparó en un paraguas. La historia del padre es muy oscura. Mientras, Antonia me decía que su suegro no aguantaba el ocultamiento y se largó hacia Portugal; en Béjar la gente cree que murió durante el tiempo que estuvo escondido, y que la familia lo enterró en la bodega.

Nueve años y medio permanecieron asimismo escondidos en Béjar —salieron hacia 1945— Gregorio Padín Grande, que ha muerto, y Cándido, que era de un pueblecito cercano a Béjar, Fuentebuena.

TRES AÑOS OCULTO, MANUEL SÁNCHEZ, AMIGO DE MAURÍN

Hay que señalar, además, que durante los primeros días del Alzamiento en la provincia de Salamanca hubo bastantes huidos que buscaron amparo en los sitios más inverosímiles. Salamanca, por su situación geográfica, obligaba a esconderse o a entregarse. Había que descartar la aventura de refugiarse en Portugal y, por otra parte, intentar buscar una salida a Francia era un riesgo muy peligroso. En este sentido, Manuel Sánchez Rodríguez (*), que actualmente vive en Sevilla, tuvo una impresionante aventura que comenzó el día 19 en Salamanca. En vista del cariz que tomaba el asunto, abandonó su casa para irse a refugiar —lo cuenta muy bien en su obra «Maurín, gran enigma de la guerra y otros recuerdos», publicada por Cuadernos para el Diálogo. También se lo ha contado al autor de estas páginas—. Pues bien, Manuel Sánchez Rodríguez, como iba diciendo, se refugió en la dehesa de Abusejo, finca en la que estaban sus padres de encargados. Pero como quiera que se presentaran dieciocho señoritos a buscarle, él tuvo que buscar el camino de Morille, pueblo natal de su madre. Allí, al identificarla, Manuel le dirían que lo sentían. Y Manuel, anda que te anda... hasta que alcanzó un pajar en La Torre, y cuál no sería su sueño que le despertó el pigorro. Los raros avatares de la vida: la dueña del pajar, Virtudes, había sido amiga de infancia... No había problema. Pero Manuel anduvo días y días, noches y noches durmiendo en el campo, en el bálago del trigo. Recogía, de cuando en cuando, algún comentario de los campesinos de cómo iba la guerra. Por fin, tras muchas peripecias llega a Doñinos, donde permanece quince días, oculto en casa de unos parientes. Al fin, decide irse a su casa. Salamanca está en ferias; es el día de San Mateo, y Manuel entra en su casa, camuflado como enfermo por el puente del Arrabal con un pariente con el que previamente se había convenido el trance. Manuel pasaría en su casa de la calle Caleros, 5, tres años y medio hasta que el día 12 de febrero de 1940 salía para Portugal. Durante ese tiempo hubo un paréntesis: una marcha a Pamplona, en 1937, con ánimo de irse a Francia mediante la ayuda de algún contrabandista. Toda una odisea de viaje de Salamanca a Pamplona y de Pamplona a Salamanca. Marchó a Portugal. Oculto. Perseguido por la PIDE. Expulsión... Cárcel...

(*) Es un hombre muy interesante, y con una vida muy densa. «En setiembre de 1935 —cuenta— se constituyó el P.O.U.M. con la infusión del B.O.C. y el grupo que dirigían Andrés Nin y Juan Andrade, de los que era amigo yo y a los que me unía relación personal; y a través de ellos dos conocería después a Maurín, dando la casualidad de que nos encontrásemos después, Maurín y yo, en la misma prisión, él, secretario, y yo el último y más insignificante de los miembros del Comité Central de Partido.»

OCHO AÑOS OCULTO EN DISTINTOS PARAJES DEL CAMPO Y PUEBLO DE FUENTES DE OÑORO (SALAMANCA)

- «ALFONSO NAVALÓN ESTUVO UN MES INMOVILIZADO DEBAJO DEL CAMASTRO DE UN PASTOR EN MEDIO DEL MONTE»
- «LOS FALANGISTAS LE QUITARON TODAS SUS PROPIEDADES»

Ésta es la historia de Alfonso Navalón Peral, quien permaneció oculto en diversos lugares del campo de Fuentes de Oñoro, pueblo fronterizo con Portugal. Como quiera que el protagonista de esta historia ya no vive, es su hijo mayor Alfonso Navalón, crítico taurino, quien nos relata algunos pasajes de una vida zarandeada por un dominio ideológico.

Alfonso Navalón Peral, huérfano desde muy niño y de familia humilde de Higueruela (Albacete), ingresó en el Cuerpo General de Policía. Destinado a Fuentes de Oñoro (Salamanca) se casa en 1932 con Rosalía Grande, rica propietaria del lugar. Hombre liberal, respetuoso con todos, con una cultura muy superior a su oficio, habla correctamente francés e inglés. Se granjea el cariño del pueblo a base de hacer favores a todos y de proteger a los obreros de los abusos caciquiles. Sin aspiración política y funcionario ejemplar, los caciques empezaron a sentirse molestos cuando las gentes humildes recurrían a él para que los defendiera de los abusos y atropellos.

El 20 de julio de 1936 van a detenerlo para fusilarlo al día siguiente, encabezando una lista de 40 vecinos que habían decidido matar los falangistas. Tiene tiempo de huir a Portugal por la puerta trasera de la casa. Esa misma noche su mujer da a luz el segundo hijo, Juan Antonio. En la desesperación de aquellos momentos, la mujer se encierra en casa y el niño nace. Unas vecinas logran entrar por una ventana y salvan al niño, que ya no respiraba.

REFUGIADO EN PORTUGAL

Mientras Navalón vive refugiado en Portugal, los falangistas expolian la hacienda de la familia. Se llevan vacas y ovejas. Le expropian la Rivera del Berrocal que pasa por el centro de una de las fincas. Asaltan la casa repetidas veces en brutales registros. Y destierran a toda la familia entera (desde el bisabuelo hasta los hijos), durante un año. Mientras tanto, Navalón vive en Portugal refugiado en casa de un amigo. Denunciado a la PIDE tiene que volver a España donde vive protegido y escondido por los pastores, carboneros y gentes de la comarca, buena prueba de la calidad humana de Navalón, habida cuenta del clima de terror donde nadie se arriesgaba a esconder a nadie, sabiendo que serían inmediatamente fusilados. Así vive ocho años, oculto en cuadras, pajares, desvanes y un mes inmovilizado debajo del camastro de un pastor en medio del monte. Comienza a padecer frecuentes crisis cardíacas que hacen todavía más penoso su ocultamiento.

El 15 de agosto del 37, cuando la familia vuelve del destierro, el jefe local de Falange, a la salida de misa mayor, coloca la pistola en la cabeza del hijo mayor, Alfonso (ahora crítico de toros de *Pueblo*), y dice que va a volarle los sesos y al pequeño hacerlo chorizos para que no quede casta «del criminal del comunista».

En 1944 se presenta a las autoridades en Salamanca para ser juzgado. Ingresa en la Prisión Provincial donde permanece un año, dedicado al estudio. Por su comportamiento ejemplar lo nombran contable del economato. En el Consejo de Guerra sale totalmente absuelto. Su cargo más grave fue «peligroso por su inteligencia y por sus ideas liberales». El informe del cura era negativo porque «iba poco a misa, aunque daba limosnas». Al salir de la cárcel se dedicó por entero a recuperar el patrimonio familiar que estaba en la más completa ruina. Volvió a ser el hombre querido y respetado en toda la comarca, trabajó infatigablemente, pero cada vez eran más frecuentes los ataques al corazón. La víspera del 18 de julio de su primer año de libertad se lo llevaron detenido otra vez, sufriendo aquella vez una grave crisis cardíaca en la detención. Luego se le dijo que era una medida de seguridad, previniendo posibles maniobras de los «Desafectos al Régimen». Tres años seguidos, en julio, se lo llevaron a la cárcel y lo devolvían a los dos días. Una madrugada se quedó muerto en la cama sin que nadie pudiera hacer nada por auxiliarlo. Su corazón destrozado por tantas injusticias ya no pudo seguir. Era entonces Jefe de la Hermandad de Labradores y en los oficios que le mandaba el gobernador con el yugo y las flechas lo llamaba «Camarada», quejándose de que en los actos públicos no llevara la camisa azul como era preceptivo.

A pesar de sus esfuerzos por salvar la ruina familiar dejó al morir una deuda de ochocientas mil pesetas, cantidad astronómica en aquellos años cincuenta. Pero sus hijos estuvieron en los mejores colegios. La persecución siguió, después de muerto, a sus hijos. Alfonso fue denunciado por ganaderos fascistas como «hijo de rojo» cuando escribía en *El Ruedo* pidiéndose su expulsión en

1965 por esta causa. Ante la conducta del neófito crítico, La Prensa del Movimiento no se atrevió a tomar represalias. Pero Navalón ha sufrido por ello un sinfín de atropellos, denuncias y agresiones.

TESTIMONIO DEL HIJO MAYOR

No le deseo a nadie aquella infancia de terror que nos tocó vivir. Cuando más desprevenidos estábamos, entraban a registrar los pelotones dando culatazos, derribándolo todo, amenazando con matarnos si no le decíamos dónde estaba escondido. Parece mentira que un niño tan chico pueda acordarse con tanto detalle de aquellas pesadillas, cuando el tío Boiné, jefe de Falange, nos acechaba al salir de párvulos o cuando estábamos jugando en el Toral para ofrecernos un caramelo si le decíamos dónde estaba mi padre. Tony y yo nos callábamos o rompíamos a llorar y salíamos corriendo en busca de la protección de los abuelos. Debe ser un secreto instinto que da la sangre. Pero es triste venir al mundo aprendiendo a negar a tu padre. Sólo decíamos que estaba en Méjico, que nunca lo habíamos visto. Y algunas noches, cuando llegaba a vernos un hombre con la barba muy larga y la mirada muy triste, mi madre y mi abuela decían que era un criado de la casa. Y «el criao» nos besaba y lloraba mucho y se iba otra vez. A veces pasábamos temporadas de calma y «el criao» vivía en el desván y lo subíamos a ver por las noches, con una vela chica que tapaba con las manos. Había una misteriosa complicidad. En el pueblo sabían que gracias a la huida se salvaron los otros treinta y nueve de la lista. Mucha gente sospechaba que andaba por allí, en el falso techo de un pajar, en cualquier escondite. Y cuando alguien notaba algo alarmante venían a decirlo. «¡Que andan registrando; esconder lo que podáis!» Cuando pasaban los falangistas por la puerta de la vecina ésta entraba rápidamente y daba unos golpes en la pared medianera.

Cuando el asma ya no lo dejaba vivir, porque padecía mucho con los calores del verano, se fue al campo y volvía de madrugada. Una tarde estaba refugiado en un montón de heno. Federico, el fogonero de la «Renfe», iba a clavar ya la tornadera para echarlo al carro y le dio un susto: «Quieto, Federico, que estoy aquí.» Y Federico fue al pueblo, vio que no había peligro y lo metió dentro del carro y lo trajo de noche hasta que pasó por delante del corral de casa y a una seña convenida saltó y el otro siguió su camino. Desde entonces lo llamábamos «tío», como al pobre Ángel Maneta que también lo sacó de algún apuro. Todavía me acuerdo cómo lloraban el día que salió de la cárcel y cómo venían por la noche a escuchar la radio cuando el desembarco de Normandía, cuando parecía que los días del franquismo estaban contados. Creo fue la única reacción que pudo traicionar a mi padre. Cuando los alemanes perdieron la guerra le dijo a los gañanes que ese día no trabajaran. Que era fiesta.

EN LAS FACHAS DE PAJA

Recuerdo las noches de los ataques de asma, sin poder llamar a un médico, hasta que mi madre fue aprendiendo a poner inyecciones y a saber que se nos podía quedar muerto en cualquier momento. Recuerdo cuando estaba escondido en la casa de *la Trápala*. En el desván se guardaban las fachas de paja de centeno para chamuscar los cebones. Ese día debían traer una pista muy segura porque entraron derechos a donde estaba y comenzaron a echar abajo los haces de paja. Imaginaros la angustia de aquel hombre al sentir que se acercaban ya al rincón donde estaba. Dios debió iluminarlo, porque se dedicó a deshacer los haces. Cuando los falangistas empezaron a ver que la paja se deshacía al tirar, dejaron de buscar. Un metro más y ya no habría salvación. Luego supimos que fue un criado portugués que estuvo de voluntario en la guerra.

Recuerdo a mi pobre bisabuelo, llorando en el escaño de la cocina, cuando nos vinieron a decir que la Rivera del Berrocal pasaba a propiedad del Ayuntamiento. Y a mi abuela una tarde, sentada en la solana donde cosían las mujeres del barrio. Y llegó el tío Boine, con el pistolón y media docena más. Y le quitó los pendientes y los anillos. Y cuando ya no quedaba más que una vaca en el boyal, llegaron los de Intendencia y dijeron que estaba tísica y que había que quemarla. Era la última disculpa para quedarnos hasta sin la leña de la tenada.

Recuerdo cuando llegaban las mujerucas de los pueblos vecinos a contar cómo le habían matado a los padres, a los maridos, a los hijos. Cómo se los llevaban de las eras o del medio del campo donde estaban segando.

UNA INFANCIA SIN PADRE

Y recuerdo sobre todo nuestra infancia sin padre. Aprendiendo a negarlo. Sabiendo que «el criao» tenía que ser él a la fuerza. Viendo su cara de muerto cuando le daban los ataques, viéndolo llorar cuando nos besaba. Y callando y negando siempre: «Está en Méjico.»

Un día, cuando ya tenía once años, estaba regando en la huerta del Moralito, de las aguas comunes. De pronto se cortó la corriente. Y vi que era el tío Boine que tenía el huerto más arriba y me había quitado el agua. Cuando lo vi agachado le tiré un par de pedradas en el rengadero y salí despavorido. Estuve todo el día escondido en un pajar y ni siquiera me atreví a contárselo a mi abuela que era la más tolerante. Imaginaros el terror que sentiríamos hacia aquel hombe y lo hombre que me sentí al acertarle con aquellos peñascazos en el rengadero.

Las visitas a la cárcel, donde una vez nos dejaron entrar el día de la Patrona a comer con mi padre, ya sin barba, pálido y triste, como todos aquellos presos políticos, algunos de ellos esperando el pelotón de ejecución. Todo ha sido horrible. Así llegamos a la vida Tony y yo. Ésa fue una infancia llena de pesadillas. A Carlos, que nació años después, nunca le hablamos de estas cosas. Era también un poco hijo nuestro. Mi padre nos enseñaba a perdonar. Cuando salió de la cárcel dimos una fiesta en el comedor grande. Mi abuela hizo perronillas y obleas. Y allí estaban a comer algunos de los que querían fusilarlo. «Papá, echa a esos canallas a la calle.» Y él no se cansaba de repetir «hay que olvidar y perdonar». Y cuando llegaban los oficios del gobernador llamándolo «camarada jefe de la Hermandad de Labradores y recordándole lo de la camisa azul» me llevaban los demonios. Pero él repetía lo mismo de siempre: «Las guerras vuelven loca a la gente y luego no son tan malos como parecían. Hay que perdonar...»

El día que se murió Franco, hubiera dado cualquier cosa por tener a mi padre vivo. Estaba haciendo la plaza de tientas con los mismos jornaleros portugueses que servían a mi padre. Habíamos terminado el corral de retén y empezábamos los chiqueros esa mañana. En la radio del coche sonó música fúnebre y dieron la noticia. Francisco Palos dijo que ya estaba «Franco haciendo campaña a Salazar». Estábamos allí, en la Rivera del Berrocal que nos quitaron los falangistas, a dos pasos del pajar donde también tuvo que esconderse aquel alma de Dios «peligroso por su inteligencia». No lo pensé más: «Hoy no se trabaja. Hoy es fiesta. Con treinta años de retraso, pero hoy es fiesta en esta pobre hacienda.»

Otros «escondidos»

La lista de hombres ocultos es muy prolija, por eso el autor promete una segunda entrega. Quiero destacar los «escondidos» en la Rioja. En Logroño permaneció oculto veintiocho años, en Nanclares de Oca y en Tudelilla, Gonzalo y Julio *Coroqui* que estuvieron en una cabaña varios años, en el lugar llamado Cabañas de las Quemadas. Los dos hermanos se significaron en su pueblo durante la República.

En Madrid, a raíz de la toma del cuartel de la Montaña, se ocultó en el Ministerio de Marina el señor Domínguez Ardois, quien permaneció en dicho lugar hasta que, liberado Madrid, se presentó a las autoridades.

Y la sorpresa se produjo durante el verano de 1977 con la aparición de don Protasio Montalvo, antiguo regidor de Cercedilla, que había batido una marca por lo que a ocultarse se refiere: 38 años. Yo he estado con don Protasio, y tengo mis dudas sobre el tiempo que este hombre se encontró «escondido».

Don Juan Fernández, practicante, de Moral de Calatrava (Ciudad Real), tuvo que esconderse durante toda la guerra, ante la persecución a la que estaba sometido. Don Juan, durante ese tiempo, aprendió e hizo encaje de bolillo.

Éstos fueron los indultos del Régimen de Franco

9 de octubre de 1945; 17 de julio de 1947; 9 de diciembre de 1949, con motivo del Año Santo; 1.º de mayo de 1952, dado con ocasión del Congreso Eucarístico de Barcelona; 25 de julio de 1954, en celebración del Año Jacobeo; 31 de octubre de 1958, Coronación del Papa Juan XXIII; 11 de octubre de 1961; 24 de junio de 1963, en la Coronación de Pablo VI; 1.º de abril de 1964, Conmemoración de los «XXV Años de Paz»; 25 de julio de 1965, Año Santo Compostelano; 10 de noviembre de 1966, primer indulto sobre responsabilidades políticas. Decreto Ley de 31 de marzo de 1969, por el que se declaran prescritos todos los delitos cometidos con anterioridad al 1.º de abril de 1939.